Wilhelm Salber

KUNST – PSYCHOLOGIE – BEHANDLUNG

Werkausgabe Wilhelm Salber

PSYCHOLOGISCHE MORPHOLOGIE

Herausgegeben von Armin Schulte

Band 7

W. SALBER
KUNST-
PSYCHOLOGIE-
BEHANDLUNG

VERLAG DER BUCHHANDLUNG WALTHER KÖNIG, KÖLN

VORWORT ZUR DRITTEN AUFLAGE

Vieles läuft so, wie es läuft, weil es nach einem unbewußt gewordenen Muster vor sich geht – das denkt, fühlt, rationalisiert gleichsam für uns. Paradoxerweise sind solche unbewußten Schemata richtig und falsch zugleich. Denn eine ganze Menge kommt gar nicht in Gang, wird nicht gesehen, weil es nicht in das (organisierende) Muster paßt. Es sind Muster, die die Wirklichkeit sauber aufteilen in subjektiv, objektiv, perfekt, unperfekt, Form, Inhalt, schön, häßlich. Was das Schema stören könnte, wird umgangen oder unter den Tisch gefegt.

Aber dann kommen auch wieder einmal Zeiten, wo die Einäugigkeit des Musters stärker gestört wird – wo das Störende stärker zu Wort kommt. Das führte in den 70er Jahren nicht allein zu einem Aufschwung von Experimentierbewegungen, die den Umgang mit Kunst von irgendeiner anderen Ecke packen wollten als bisher. Das brachte zugleich auch eine andere Gestalt ins Spiel, wenn es darum ging, den Umgang mit Kunst in Worten und Bildern darzustellen.

Bis dahin – und danach auch wieder taten die Bücher über Kunst so, als sei der ,Inhalt' weitgehend unabhängig von der Form der Darstellung. Es schien wichtig, daß sich Definitionen aneinanderreihten; daß alles in vollständigen Wenn-und-Aber-Sätzen ausgebreitet wurde; daß sich ohne viel Rücksicht auf den komplexen Erlebensprozeß des Autors und des Lesers beim Umgang mit Kunst eine Gedankenmasse – auf 30 bis 40 Seiten – an die andere reihte – auch wiederum auf 30 bis 40 Seiten. Mit dem Ergebnis: Es wurde einfach langweilig. Das ,saubere' Denken und die Ordnung nach altem Muster wurden zu einer Art Selbstbetrug.

Daher schien es in den 70er Jahren an der Zeit, die alten Muster heftiger zu stören und dabei zugleich neue Gesichtspunkte anschaulich und wirklich unübersehbar sichtbar zu machen. Es ging eben nicht nur darum, neue ,Inhalte' zu verkaufen; das Bild der Bücher damals wurde beweglicher, wilder, weniger perfekt, ,angstfreier', sinnlicher. In dieser Richtung versuchte auch „Kunst – Psychologie – Behandlung" die Dinge der Kunst anschaulich und erlebensnah, von mehreren Seiten her darzustellen – ohne dabei die ganze Wirkungseinheit des Umgangs mit Kunst aus dem Blick zu verlieren.

Da hier von einer Morphologie der Kunst die Rede war, sollte das auch sichtbar und in der Entwicklung des Erlebens beim Lesen spürbar werden: die eigentümlichen Dimensionen des Ganzen wie Schräge, Indem, Verrücken, Entwicklung; oder die Paradoxien von Seelischem und Kunst – die sollten nicht entschuldigt, sondern ausdrücklich ins Zentrum von Wirkungszusammenhängen gestellt werden. Es kam darauf an, die Herstellungsprozesse und Metamorphosen bewegender und beweglicher Bilder ins Bild dieses Buches zu rücken; wie das eine zugleich mit dem anderen wirkt, wie die Gestalten von Kunst immer nur als eine unvollkommene, fragmentarische Wirkungseinheit ,im Werden' zu verstehen sind.

Das sollte die besondere Form der Ausgestaltung auf den 4-spaltigen Doppelseiten zum Ausdruck bringen: Sie macht Metamorphosen, Zusammenwirken, Umstellungen und Umwandlungen sichtbar. Damit das Ganze in seinen Teilen nicht verlorengeht, wurde versucht, die Entwicklung des Umgangs mit Kunstwerken in der Entwicklung dieses Buch-Werkes nachzubilden – es ist ein ,rotierendes' Entwicklungs-Ding, das in den Mittelpunkt rückte.

Zwischen den 70er Jahren und heute liegt fast eine Generation. Dazwischen liegt auch eine zweite Auflage dieses Buches, bei der das Buchformat so umgestaltet wurde, ,daß das Buch besser ins Bücherregal paßte'. Das veränderte leider die Gestalt des ganzen Buches; gestrichen und umgestellt wurde auch einiges (was aber nicht so schlimm war). Daher hat es mich gefreut, daß der Verleger Walther König vorschlug, die dritte Auflage des Buches „Kunst – Psychologie – Behandlung" wieder im alten Format der 70er Jahre herauszubringen.

Das hat seinen Sinn nicht allein in der Erinnerung an eine Zeit, in der nicht zu übersehen war, daß es verschiedene Auffassungen gibt und daß sie miteinander in Streit lagen. – Heute tritt alles so gleichberechtigt auf, daß es einförmig wird. Es hat auch seinen Sinn darin, daß ein morphologisches Gesamtkonzept auch heute noch eine unbehagliche Provokation für das dahinströmende Allerlei des ,Mainstreams' darstellt. Es ist ein altes Buch und zugleich ein neues Buch, weil es eine andere Wirkung in einer anderen geschichtlichen Situation gewinnt; wir bewegen und verstehen uns immer nur in solchen geschichtlichen Produktionen.

Die Situation heute ist anders geworden durch die ungeheure Ausbreitung der Welt von Computern und des Internets; heute geht es nicht mehr darum, wie wir wieder zu Ekstasen kommen, sondern eher darum, wie wir uns wieder von einem Zwang zu Ekstasen freimachen können. Es hat sich so vieles ausgekuppelt, daß wir immer öfter auf panische Reisen zu geraten drohen. Demgegenüber gewinnen die ,alten' Hypothesen dieses Buches neuen Sinn. Ich könnte es heute so ähnlich formulieren wie damals: Es geht darum, eine ungeheure Verwandlungswirklichkeit in lebensfähige Bilder zu fassen – dazu muß man sich auf das Hin und Her von Entwicklungsprozessen einlassen, in denen sich (dennoch) ,alles auf eins regt' – eine Metamorphose der Wirklichkeit ins Werk zu setzen. Das ist etwas anderes als Veränderungen zu betreiben, Erlebnisse zu erjagen oder seinen Besitzstand zu wahren.

Zu ergänzen wäre 1999, daß aus dem Vorsatz, von den Auffassungen dieses Buches her eine Geschichte des Seelischen und der Kultur zu schreiben, ein Buch geworden ist – „Seelenrevolution". Und daß die Eigenart der bewegenden Bilder in Leben und Kunst genauer erforscht wurde von den Märchen unserer Kultur her – in einer „Märchenanalyse".

Nettersheim im August 1999
Wilhelm Salber

INHALTSVERZEICHNIS

Einleitung ... 7

Kapitel I: Vorgeplänkel ... 9

Erwartungen ... 9

Ansatzpunkte ... 9

Tradition ... 9

Ausweichen ... 9

Ein anderes Konzept ... 10

Austausch Kunst — Psychologie ... 10

Nutzen für Umgang mit Kunst ... 10

Zwiespältiges ... 11

Kunst überall ... 12

Grundproblem — Hypothesen ... 13

Vorgehen ... 13

Beschreibung: Goya ... 14

Variation: Cézanne ... 14

Rekonstruktionsansatz: Seelische Störungen ... 15

Montage ... 16

Theorie — Methode ... 16

Zugang durch Werke ... 17

Kapitel II: Produktion ... 19

Übersicht ... 19

Kernkomplex ... 19

Beschreibung: Goya / Manet ... 20

Transfiguration ... 21

Verhältnisse und Entwicklung von Transfiguration ... 23

Behandlung — Transfiguration in Tätigkeit ... 24

Geschichten und Geschichtlichkeit der Transfiguration ... 26

Paradoxe Produktionen ... 27

Variation: Museumsbesuch ... 28

Brechung ... 29

Doppelleben und Ausdrucksbildung von Brechungen ... 32

Kombinierbarkeit und Bildungsprinzipien als Folgen ... 34

Rekonstruktionsansatz: Entwicklung bei S. Steinberg ... 34

Entdecken von Wirklichkeiten als Brechung von Wirklichkeiten ... 35

Versalität ... 36

Probleme und Lösungsprinzipien von Versalität ... 38

Psychästhetik ... 39

Richtlinien von Psychästhetik ... 40

Psychästhetik als Metasprache ... 41

Verwandlung ... 42

Produktionsanalyse und Kunst ... 44

Kapitel III: Rekonstruktion von Metamorphosen ... 45

Gestaltbildung ... 45

Mechanik von Metamorphosen ... 46

Beschreibung: Vostell „Mania'' ... 46

Variation: Vostell — Umgang mit Bildern ... 47

Rekonstruktionsansatz: Zeichenunterricht ... 49

Realisierung ... 50

Realisierung und Störung ... 52

Schräge ... 53

Verrücken ... 56

Verrücken als Erfahren ... 58

Ins-Werk-Setzen ... 60

Endlosigkeit und Endlichkeit des Ins-Werk-Setzens ... 62

Verkehrung ... 63

Hinweise auf Übergänge ... 65

Übergänge ... 66

Auslegung von Übergängen ... 67

Morphologie ... 69

Kunstvorbild ... 71

Kapitel IV: Gestaltbrechung 73

Transfiguration und Gestaltbrechung 73

Versionen der Gestaltbrechung 74

Beschreibung: H. Bosch 74

Gestaltlogik 77

Gestalttransformation 78

Gestaltkonstruktion 80

Gestaltparadox 82

Entwicklungsgang und Bildungsprinzip 86

Entwicklung als Vermittlung 86

Entwicklungsprobleme 88

Variation: Magritte/Steinberg/Vostell 89

Entwicklung als Methode und Maß 91

Rekonstruktionsansatz:
Film und Sexualität 93

Kapitel VI: Kunst — Behandlung 125

Wirken, Einwirken, Nachwirken 125

Kunst und Behandlung 125

Drehpunkte 126

Beschreibung: Behandlungstendenzen beim Umgang mit Bildern 127

Leiden-Können 129

Leiden und Freuden 130

Methodisch-Werden 130

Variation: Literaturunterricht 131

Ins-Bild-Rücken 133

Bilder: Werke in Bewegung 134

Rekonstruktion:
Fallanalyse im Behandlungsraster 136

Bewerkstelligen 138

Paradoxien des Bewerkstelligens 138

Bildnachweis 140

Literaturverzeichnis 144

Kapitel V: Kunst 95

Darin und Darüberhinaus 95

Beschreibung: Kunstmarkt Köln 1975 95

Doppelspirale 96

Variation: Absichten und Wirkungen Steinbergs 97

Zuspitzung 98

Umbrechen 100

Konstruktionserfahrung 102

Durchlässigkeit 103

Expansion 104

Realitätsbewegung 105

Störungsform 107

Inkarnation 108

Entwicklung in sich 110

Entwicklungsspielraum wird Gebilde 113

Gestalt als Werk der Entwicklung 115

Rekonstruktionsansatz:
Werke als Entwicklungsgebilde 116

Materiale Symbolik 118

Paradoxie der Kunst 119

Typisierungen 121

Spielraum — Verkehrung 122

Verabsolutierung 123

EINLEITUNG

Hier werden Kunst — Psychologie — Behandlung zusammengebracht. Aber nicht so, als werde Kunst mit einem psychologischen Anhang versehen — Wirkung aufs Gemüt —, und auch nicht so, als werde Kunst als Spezialgebiet von Psychologie erforscht. Kunst — Psychologie — Behandlung werden vielmehr als Stichworte einer Ansicht von Wirklichkeit betrachtet, in der sich Kunst — Psychologie — Behandlung gegenseitig auslegen.

Kunst ist kein „Extra", das sich isoliert definieren läßt; und doch gibt es Kunst, die sich von Nichtkunst abhebt. Kunst ist Ins-Werk-Setzen: es macht Werke beschaubar und lebt zugleich davon, daß wir von den Werken auf etwas kommen, das mehr und anderes als dieses Werk ist. Kunst bildet Wirklichkeit heraus — und die Entwicklung von Wirklichkeiten wird zur Formel, Kunst einzuschätzen. Diese seltsamen Verhältnisse werden uns beschäftigen, wenn wir uns psychologisch mit Kunst beschäftigen.

chen, was wir Kunstwerken „ansehen": von ihnen aus läßt sich eine Ordnung in die Geschichte bringen, die über den Leitfaden des Nacheinanders und das System traditioneller Psychologie und Ästhetik hinausgeht. Von der Ordnung her, die sich aus unseren Untersuchungen ergibt, ließen sich die Theorien anders gruppieren: wo wird Produktion analysiert, wo wird die Logik von Ergänzungen beachtet, welche Mechanismen werden herausgestellt usw. Die Folge der Kapitel dieses Buches ergibt ein Gerüst, die Geschichte von Psychologie und Kunsterfahrung überschaubar zu machen.

Damit zeigt sich auch, daß die Geschichte von Kunst — Psychologie — Behandlung eine Geschichte des Herausführens unserer Wirklichkeit ist — und damit eine Analyse „konkreter" Kultivierungsprozesse. Das dient nicht zuletzt einer Analyse der eigenen geschichtlichen Position; die Kunst der Gegenwart macht an der Geschichte der Kunst wie an der Ge-

Die Skizzen von P. KLEE oder S. STEINBERG sagen mehr über unsere Wirklichkeit aus als „Abmalen" von Menschen. Seelisches Leben ist Ins-Werk-Setzen: es wird erkennbar „zwischen" den Wirkungen, die ins Bild gerückt werden. Seelisches Leben ist Kunst: es wird durch Kunstwerke in seinen fundamentalen Voraussetzungen transparent — als Metamorphose von Wirklichkeiten und als Produktion.

Indem wir dieses Hin und Her verfolgen, geraten wir in Zwist mit unseren Selbstverständlichkeiten: wir möchten gern in einer Definition festhaben, was das Extra von Kunst ist. Daher wird sich beim Lesen immer wieder einmal die Frage einstellen: wann kommt denn etwas über die „reine" Kunst? Wir werden der Frage nicht ausweichen — aber man darf vorher nicht übersehen, daß hier von Kunst gesprochen wird, sobald von den Verwandlungen der Wirklichkeit und ihrer Wirksamkeiten die Rede ist — von seelischen Wirkungen, von Dingen, von Werken. Kunst repräsentiert einen Grundzug unserer Wirklichkeit und stellt sich — paradox — zugleich als ein eigenes Erzeugnis, eine eigene Verfassung heraus.

Dieses Buch ist so etwas wie ein Vorwort zu einer Geschichte von Psychologie und Kunsterfahrung. Es geht um Kategorien, die verständlich ma-

schichte der Psychologie Dimensionen sichtbar, die nur mit psychologischen Kategorien zu fassen sind, welche von den vertrauten Begriffen der Aufklärungspsychologie völlig abweichen.

Psychologie von den Kategorien her betreiben, die der Umgang mit Kunst — mit alter und neuer Kunst — nahelegt, bedeutet: nicht von Gefühl, Phantasie, von Bewußtsein, von Reiz-Reaktion, von Ich und Es ausgehen, sondern von Produktion, von Metamorphosen, von Übergängen, von Brechungen, von Entwicklungsgefügen, von Wirkungseinheiten. In dieser Sprache werden die Zusammenhänge von Kunst — Psychologie — Behandlung überhaupt erst greifbar.

Die Beispiele, deren Beschreibung andere Kategorien als üblich nahelegt, sind mit Absicht teils aus der Kunst nach 1900, teils aus der Kunst davor gewählt. In den meisten Fällen hätten moderne

Kunstwerke einzelne Gesichtspunkte extrem verdeutlicht; doch sollte gerade an der Kunst früherer Zeiten gezeigt werden, wie die neuen Kategorien sich bestätigen. Bei einem Teil der Beispiele liegen Hunderte von Protokollen (Beschreibungen, Interviews, experimentelle Variationen) vor; da hier die methodische Entwicklung eines Zugangs zu Kunst — Psychologie — Behandlung im Vordergrund steht, sind statistische Zusammenstellungen der Untersuchungsbefunde nur an wenigen Stellen zur Illustration verwendet worden — mehr besagen sie ohne systematische Einordnung sowieso nicht.

Ein Grundgedanke dieses Buches ist: wenn wir Kunst und Seelisches zusammenbringen, wird deutlich, daß Brechungen, Widersprüchliches, Paradoxes, Verkehrung und „Kunst" konstituierende, notwendige Züge jeder Entwicklung sind. In diesen zunächst seltsam anmutenden „Verbindungen" werden Regeln und Mechanismen erkennbar, nach denen sich Entwicklung wie eine Wirkungseinheit ausbildet.

Entwicklung von Wirklichkeit ist Motiv und Sinn unseres Tuns. Wir „haben" etwas davon, daß sich Entwicklung als eine Produktion „in sich" steigern läßt und daß dabei Wirklichkeiten herauskommen, die wir leben können. Von vornherein ist daher auch Behandlung mit Entwicklung verbunden; sie kann bei Störungen unseres Tuns von Kunst-Prinzipien her „verwendet" werden.

Die Erforschung der Geschichte der Psychologie läßt erkennen, daß die Psychologie als Wissenschaft weiterkam, wenn sich ihr Verhältnis zur Kunst vertiefte — das war so bei NIETZSCHE, bei FREUD, bei Phänomenologen und Gestaltpsychologen. Das ist die Richtung, die auch dieses Buch verfolgt.

Erwartungen

Irgendein Wissen um Kunst ist vorauszusetzen, genauso ein Wissen um Seelisches. Alles weitere macht Mühe, weil es durch Tradition, Einstellung, Erwartungen, Wünsche zurechtgemacht ist:

Was ist von einer Kunstpsychologie zu erwarten?

— nichts: mit Kunst ist nichts anzufangen, also auch nicht mit Kunstpsychologie;

— vielleicht etwas über die Persönlichkeit des Künstlers oder über verschiedene Gruppen und ihre Beziehung zur Kunst;

— welche Gründe Gefallen oder Mißfallen haben, welche geheimen Motive dabei eine Rolle spielen — was uns packt, abstößt, ändert, übersättigt;

— warum gemalt wird und warum uns dieses Gemalte beschäftigen kann;

— was Kunst mit unserem Leben sonst zu tun hat;

— wieso man etwas von Kunst hat — was man lernen sollte, um etwas von Kunst zu haben;

— worauf die Wirkung von Kunst zurückzuführen ist und was Kunstwerke mit uns machen können;

— woran man Kunst erkennen kann, was man Bildern ansehen kann;

— worin das Besondere von Kunst liegt, was sie von anderem unterscheidet.

Das meiste davon ist richtig gefragt, aber zuviel auf einmal. Zu schnell werden letzte Formeln, endgültige Anweisungen erhofft. Es fehlt etwas, ein Zwischenstück, das wir genauer kennen und von dem wir solche Folgerungen ableiten können.

Ansatzpunkte

Von einer Kunstpsychologie kann man zunächst einmal Anhaltspunkte für ein solches Zwischenstück erwarten. Erste Anhaltspunkte sind Erfahrungen, die einigermaßen erstaunlich sind:

— daß bemaltes oder bedrucktes Papier uns in Bewegung bringt;

— daß man so wenig darüber weiß, wie das funktioniert und zusammenhängt und daß es doch klappt;

— Kunst kann „wahrer" sein als Fakten, aber sie ist auch verrückter; sie kann die Dinge unter der Hand verändern, sie macht Illusionen, aber sie kann auch aus unübersehbarer Fülle „Wesentliches" herausrücken;

— Kunst hat mit „farbigem Abglanz" zu tun, aber nur darin „haben" wir Leben; „Inhalte" an sich kommen gar nicht vor, alles ist in Gestaltung und Umgestaltung, in Übergang, Entfaltung, Auslegung.

— Kunst macht fundamentale Verhältnisse der Wirklichkeit sinnlich erfahrbar; sinnlich und fundamental sind hier nicht zu trennen.

— Kunst läßt sich nicht sauber in bestimmten Kästchen unterbringen: sie lebt „zwischen" Aufteilungen, in wechselnden Gestalten, mit sich verändernden Funktionen;

— Umgang mit Kunst gleicht einer Spirale, die sich voranbewegt in Verdoppelung, Ausbreitung, Zusammenfassen, Steigerung, Umbruch, Fremdwerden, Wiedergewinnen;

— mit dem Seelischen und der Kunst geht es nur deshalb gut, weil sie so verrückt und paradox sind.

Weil das so ist, werden die Kunstwissenschaftler sagen, das sei zu psychologisch, und die Psychologen werden sagen, das sei doch Kunst.

Tradition

Nun ist natürlich zu fragen, ob die traditionellen Begriffe der Kunstpsychologie an derartige Erfahrungen herankommen. Seit der Psychologie der Aufklärung im 18. Jahrhundert hält sich die Psychologie gern an einige Grundbestimmungen:

— Einteilung nach Vermögen: wir sehen, weil wir Wahrnehmung haben, wir verstehen, weil das Denken tätig wird, etwas geschieht, weil Motive oder der Wille wirken, was unordentlich ist, hat mit Gefühl und Phantasie zu tun;

— Kunst ist bei Gefühl, Phantasie, Einfühlung anzusiedeln;

— Seelisches erscheint als Innen, Subjekt, subjektiv; Beziehungen im „Innern" und nach „Außen" vollziehen sich als Wechselwirkung;

— von Interesse sind neben Grundfunktionen (Vermögen): Persönlichkeit, Entwicklungsphasen, soziale Gruppen, Kommunikation;

— andere Einteilungen: statt mit Vermögen haben wir mit Reizen und Reaktionen zu tun, mit Sendern und Empfängern, mit unbewußten Impulsen und Ichtätigkeiten;

— es gibt primäre Funktionen und sekundäre Funktionen; Kunst ist nicht primär;

— es wäre zugleich praktisch und „schön", wenn die Kunst sich daran hielte, daß sie eigentlich nur zusätzlich da sein darf.

Statistik, Fremdworte, Datensammlungen sind von sich aus nicht in der Lage, diese traditionellen Schemata aufzulösen; das kann nur ein anderes Konzept.

Ausweichen

Die traditionellen Begriffe sollen überschaubar machen und vereinfachen. In Wirklichkeit tun sie das aber nicht; sie umgehen die Beschreibung der Sache und eine darauf bezogene Rekonstruktion ihrer Entwicklungsmotive:

— sie verknäueln verschiedene Annahmen, wenn sie festlegen, Kunst biete unklare Erkenntnisse, sie sei willkürlich und phantastisch und subjektiv;

— sie tun so, als seien bei Kunst nur bestimmte Teile von Wirklichkeit in Betrieb;

— die Vereinfachungen (Elemente, Reize, Vermögen, Sender—Empfänger) sind selber kunstvolle Tricks; sie sind einfache Modelle zu Prüfungszwecken, sie versagen aber angesichts komplexer Wirklichkeiten;

— die Vereinfachungen nutzen heimlich unser Wissen um Verstehen und Handlungszusammenhänge aus, wenn sie von Senden—Empfangen, Reiz—Antwort, Verstärkung, Verminderung sprechen. Sie verschieben die Probleme statt zu zergliedern, wie „Denken" fabriziert wird oder wie „Kunst" funktionieren kann.

Kunstpsychologie wird unter dem Druck dieser Begriffe langweilig: worüber man sich wundern sollte, wird unterdrückt, was paradox und kunstvoll ist, wird geleugnet, auf „Sehen" und Rekonstruktion der Produktion im ganzen wird verzichtet.

Demgegenüber kann eine Kunstpsychologie nicht davor ausweichen, die Phänomene zu retten, die sich in Stichworten wie Gepacktwerden, Abgestoßenwerden, Neuentdecken, Weiterkommen, Umgestaltung, sinnliche Fülle, Reichtum bergen.

Ein anderes Konzept

Wie funktioniert Kunst — das soll ohne unsachgemäße Zerstückelung und mit den Worten, die sich der Beschreibung aufdrängen, dargestellt werden. In einem Konzept, das erkennen läßt, was notwendig zusammenwirken muß, was sich ergänzt, stört — im Leben und in der Kunst.

Was geschieht beim Umgang mit Kunst und worauf ist das zurückzuführen? Wir werden feststellen:
— daß Kunst das Vorbild der Produktionen ist, in denen Wirklichkeit entdeckt und entfaltet wird (Herausbilden von Wirklichkeit);
— es ist stets dieses Total von Seele und Welt, das in „ganzer Breite" wirksam wird; in jedem noch so banalen Akt, in jeder konkreten Situation;
— indem dieses Ganze sich entwickelt, beleben sich verschiedene Versionen der Wirklichkeit; es ist nicht so, als sei zuerst ein kleines Häufchen von Elementen da, zu dem dann noch etwas und noch etwas dazukommt;
— Beschreibungen von Kunstwerken werden zu Aussagen über diese Konstruktion; sie finden ihre Entsprechung in der Beschreibung des Umgangs mit Kunstwerken. Gemeinsamkeiten von Kunstwerk und Umgang mit Kunst werden zu psychologischen Erklärungen: Gestaltung, Brechung, Ausdrucksbildung, Zwischenstellung, Indem, Verrückung, Verkehrung, Spirale. Diese psychästhetischen Wirksamkeiten machen Zusammenhänge verständlich, ohne Denken, Fühlen, Wollen bemühen zu müssen.
— Seltsames, Paradoxes, Verrücktes wird als etwas anerkannt, das zu diesem Ganzen notwendig gehört; das Seelische folgt „ästhetischen" Gesetzen; es vollzieht sich in einer „phantastischen" Wirklichkeit aus Natur und Kunst; darin steckt System;
— künstlerische Behandlung macht die Regeln seelischer Behandlung besser verständlich.

Austausch Kunst — Psychologie

Diese Kunst-Psychologie bringt Kunst und Psychisches in Austausch. Die Grundzüge der von ihr erforschten Wirklichkeit sind nur zu fassen, indem Seelisches auf „ästhetische Gesetze", Kunst auf psychische Begebenheiten hin analysiert werden. Das führt zur Einsicht in fundamentale Kategorien unserer Wirklichkeit.

Die Psychologie hat daher etwas von der Kunst:
— weil Kunst ein „Königsweg" ist, Seelisches zu

begreifen: die Eigenart seelischer Probleme, das Funktionieren seelischer „Mechanismen", die Verwandlungsmöglichkeiten und Ordnungen seelischer Produktionen;
— weil Kunst in ihren Metamorphosen die Geschichte der Chancen und Begrenzungen menschlicher Lebensgestaltung spiegelt;
— weil Kunst einen Zugang eröffnet, den seelischen Alltag genauer zu erforschen: Störungen, Umgestaltungen, Schwebezustände, Steigerungsmöglichkeiten usw. Die Wirklichkeit wird erforscht in ihrem Zustandekommen, Verändertwerden, Gemachtwerden, Gestaltetwerden;
— weil Kunst erkennen läßt, wie und wann Gestaltung und Umgestaltung sich auf Prozesse der Beeinflussung, des Unterrichtens, des Gesprächs, der Selbstdarstellung auswirken (Literatur, Bilder der Werbung und Propaganda, Umweltgestaltung, Kleidung, Ware);
— weil die paradoxen Konstruktionsprobleme von Kunst den Problemen jeder seelischen Produktion entsprechen: Schein und Sein, Sein und Wollen oder Sollen, „natürliche" und „gemachte" Realität, Geheimnisse und Transparent-Werden;
— weil Kunst zu einer Methode verhilft, an das System von Selbstverständlichkeiten heranzukommen, das wir sonst geheim zu halten suchen. Es verschließt sich einer direkten Befragung, weil mit seiner Analyse unser Halt gefährdet wird;
— weil der Weg über den Umgang mit Kunst nicht den Zusammenbruch (Leidensdruck der Neurose) abzuwarten braucht; der Weg führt durch einen weniger befestigten Grenzstreifen, in dem man mehr zuläßt. Im Experimentieren mit Kunst werden Chancen und Begrenzungen künftiger Entwicklungen erfaßbar;
— weil Kunst uns Erfahrungen von Geschichtlichkeit und Notwendigkeit gewinnen läßt;
— weil der Umgang mit Kunst deutlich macht, welche Rolle „Entwicklung" als Organisationsprinzip und als Methode spielt;
— weil Kunst ein Ansatzpunkt ist, die Grundlagen psychologischer Behandlung zu erkennen und von da her „kunstgerechte" Eingriffe vorzunehmen;
— weil der Umgang mit Kunst erfahren läßt, daß sich die Psychologie mit Dingen beschäftigt, die Spaß machen;
— weil Kunst darauf aufmerksam macht, was in psychologischen Lehrbüchern fehlt: die Psychologie des Blicks, der Tagträume, der Dinge, der Schlager, der Literatur, der Reise, des Films;
— nicht zuletzt: Kunst erprobt die Begrenztheiten wissenschaftlicher psychologischer Systeme: kommt diese oder jene Theorie vom Seelischen überhaupt mit der Kunst zurande? Können sie sagen, was wir an Kunstwerken haben, wie man sie „lesen" kann, was man ihnen ansieht, welche Funktion sie in seelischen Sinngebilden entwickeln?

Nutzen für Umgang mit Kunst

Die Psychologie gewinnt einen anderen Blick für die Wirklichkeit im Austausch mit Kunst. Umgekehrt hat aber auch der Umgang mit Kunst seinen Nutzen von der Psychologie:

— weil die Psychologie die Wandlungen aufzeichnet, denen der Umgang mit Kunst folgt; damit werden unangemessene Hindernisse erkennbar, die man sich selbst in den Weg legt oder die anerzogen werden; damit werden Wege sichtbar, die man immer schon geht, ohne es zu wissen — sie werden jetzt in ihrem Stellenwert als Zugang zur Kunst deutlich;

— weil Psychologie den Mut zum Erleben und Erfahren im Umgang mit Kunst bekräftigt und die Befürchtung abbaut, es gebe nur einen richtigen Weg; das stärkt die Wirksamkeit von Kunst;

— weil die Analyse seelischer Produktionen verständlich macht, wie Produktion von Kunst funktioniert: das sagt etwas darüber, wie Kunst gemacht wird, wie sie Sinn gewinnt, wie ihre Beziehung zur Wirklichkeit ist. Das verhindert, ungelöste Probleme in „Kreativität", „Persönlichkeit", „Phantasie", „Gefühl" abzuschieben;

— weil die Analyse seelischen Funktionierens falsche Annahmen über Kunst — wie über Seelisches — abbaut: „elementare" Erklärungen, Patentrezepte, Forderungen nach Direkthilfe, selbstverständlich gewordene Traditionen, Ewigkeitsansprüche, Zurückführung auf Abnormitäten, Sondertriebe, Simplifikationen;

— weil Psychologie das Paradoxe, Unsagbare, Bewegende, Verrückte von Kunst zu retten und aus der Logik menschlichen Handelns zu verstehen sucht;

— weil durch diese Art psychologischer Analyse schön und häßlich, Gefallen und Mißfallen nicht als einfache „Gefühle" erscheinen, sondern als Eigenschaften oder Folgen komplizierter Produktionsprozesse, in denen wir auf die Notwendigkeiten und Chancen des Lebens in dieser Wirklichkeit eingehen;

— weil dadurch die Eigenart von literarischen Formen und anderen Kunstwerken mit dem Sinn der Verwandlung dieser Wirklichkeit zusammengebracht wird; dabei werden auch „Grenzphänomene" wie Kitsch oder Gebrauchslyrik als Formen mit Eigenrecht verständlich;

— weil die Erforschung seelischer Prozesse zeigt, wie Kunst sich entwickelt: wie, wo, wann es weitergehen kann, wo sich Wendepunkte finden, was sich vermitteln läßt, wo Probleme aufkommen;

— indem sich die Beschreibung seelischer Prozesse und die Beschreibung von Kunstwerken ergänzen, können gemeinsame Züge entdeckt werden, die die Trennung in Form—Inhalt, Subjekt—Objekt, Innen—Außen überwinden.

Zwiespältiges

Umgang mit Kunst ist zwiespältig. Kunst zieht an, fasziniert, begeistert; wir haben „was" an ihr, finden sie vertraut, „schön" und „ideal". Zugleich sind wir aber auch unsicher, wir schwanken; Kunst erscheint uns fremd, ärgerlich, überfordernd, ungreifbar und unbegründbar. Wir lassen sie links liegen, betrachten sie als Scheinwelt oder als museales Schattenreich.

Dieser Zwiespalt ist nicht zu vermeiden, und er läßt sich nicht wegschaffen durch Aufteilung in Gefühl und Verstand, in Kunstbegabte und Unbegabte. Denn in diesem Zwiespalt kommt zum Ausdruck,

daß Kunst ein paradoxer Vorgang ist, ein permanenter Übergang, ein Muster für Metamorphosen. Das entspricht der nicht weniger zwiespältigen Erfahrung vom Seelischen.

Zwiespältiges, Umwandlung von Eindrücken und Feststellungen, Kippendes sind bei keinem Kunstwerk zu eliminieren; nur durch einen Entwicklungsgang, in einem Hin und Her gestaltet sich Umgang mit Kunst. Daher können Kunstwerke, gemäß unserer Verfassung von Entwicklung, verlieren und wieder gewinnen. Sie geraten in die Zwielichtzone „Kitsch" — als zu Deutliches, als Herausforderung, aber auch als Camp, als Ironie, als Paradox —, und sie rücken wieder in ein Verhältnis zu unseren Bedeutsamkeiten, zu unserem Maß von Wirklichkeit heute, zu der Erfahrung menschlichen Gestalten-Könnens.

Kunst hat zu tun mit Ordnungen und Entsprechungen, mit Beschaubarem; sie vermittelt Ausdruck und Können. Zugleich kann sie uns verärgern durch ihre Perfektion und Glätte, als Gepinsel, als Gekramtes, als Schönfärberei. Auch das ist nicht durch Trennung und Aufspaltungen zu beseitigen; dieser Übergang gehört zum Umgang mit Kunst. Wenn man ihn leugnet, um „Reines" von „Unreinem" zu trennen, verfehlt man den Zugang zur Kunst und zur Kunstpsychologie. Das Zwiespältige wiederholt sich: ob wir Kunst beziehen auf Möglichkeit und Wirklichkeit, auf Leben und Handeln, auf diese oder jene Wahrheiten. Wer hier Trost braucht, dem wird es vielleicht helfen, wenn er erfährt, daß die Psychologen auch nicht mit reinlicheren Dingen zu tun haben.

Die Frage nach zusammenhängenden Erklärungen steht im Mittelpunkt wissenschaftlicher Untersuchungen. Das gilt auch für eine Kunstpsychologie. Wenn sie von dem ausgehen will, was zu sehen und zu erleben ist — auch wenn es noch so seltsam anmutet —, dann muß sie Zwiespältiges, Übergänge und Metamorphosen anerkennen. Denn wir sehen Verwandlungen, Hin und Her, Doppelsinniges, Wirkungszusammenhänge, Gestaltung und Umgestaltung.

Das darf nicht wegfallen, wenn die Psychologie rekonstruieren möchte, in welchen Wirksamkeiten sich Kunst herstellt. In diesen „seltsamen" Bewegungen spielen sich die Geschichten unserer Begeisterung ab, die Bedeutungen und das Spiel der Bilder. Das hat seinen eigenen Sinn, den wir erfahren wollen — er darf nicht untergehen in Säuberungen, die uns einfache und reine Elemente von Zusammenhängen zu bescheren suchen.

Kunst überall

In amerikanischen Lehrbüchern werden dem Leser „Aufgaben" gestellt. So wäre jetzt sinnvoll: bitte aufschreiben, wo sich Kunst im Alltag findet! Oder: bitte aufschreiben, wo sich nichts von Kunst findet!

. . . .
. . . .
. . . .
. . . .

Derartige Fragen zerstören den Eindruck, Kunst sei nur im Museum zu finden. Sie können zugleich darauf aufmerksam machen, in welcher Fülle uns Kunst entgegentritt; von da aus spitzt sich die Frage nach einem einheitlichen psychologischen Konzept von Kunst umso stärker zu. Wir sprechen von Werbekunst, Kochkunst, Lebenskunst, Fahrkunst; von „Kunstgriffen" als Charaktereigenschaften, von der Kunst des Lesens, des Pfeiferauchens, der Kriegskunst oder Liebeskunst. Das ließe sich vielleicht noch damit abtun, die Sprache nehme es bei ihren Metaphern nicht so genau.

Man braucht jedoch nur zu beschreiben, wie es bei diesen „Künsten" zugeht, dann bestätigt sich die sprachliche Formulierung. Dann brauchen wir Charakterisierungen wie Stil, Anordnung, Schwung, Eleganz, „Visualisierung", Ins-Bild-Rücken, Ausschmükken, Zurecht-Machen; ganz abgesehen von den direkten Anleihen bei der „freien" Kunst und ihrer Weitergestaltung in Werbung, Mode, Sensitivity-Training, Sex-Boutiken. Daher ließe sich die Lehrbuch-Aufgabe auch etwas anders formulieren: bitte aufschreiben, nach welcher Kunstrichtung gekramt sind — Schaufensterpuppen, Tischdekorationen, Schulbücher, Karosserien, Umgangsformen, „unschönes" Gebaren, Schmeicheleien, Sozialwohnungen, Gebrauchsgegenstände, Tapetenmuster, Gartenanlagen, Warenhauskataloge.

Kunst findet sich in der Entwicklung von Gestalten, in der Bildung von „Typen", im Ausformen der Rhythmen von Bewegung und Gegenbewegung, im Konzept eines Werkes, in Überblicken, Gesamtanschauungen, Modellen, Bildern. Kunst wirkt in der Verwendung von Mustern, in der Modifikation von Entwürfen, in der Übertragung von Ordnungsprinzipien. Sie findet sich in der Geschichte des Übernehmens, des Anders-Verwendens, des Umdefinierens, des Vergröberns und Überzeichnens.

Das „Bild" der Handschrift KANTs: als Aufbau, Betonung, Verrücken, Weglassen, Ergänzung.
Graphologisch deutbar: von den „Bildern" seiner Bewegung, seines Raums, seiner Form aus.

Wir werden verstehen, wieso das möglich ist, wenn wir Kunst und Seelisches genauer auf gemeinsame Strukturen hin erforscht haben. Vorerst sollten wir diese Erfahrungen einmal festhalten und sie durch erste Anhaltspunkte oder Vermutungen bereits etwas aufgliedern.

Vermutungen

— *Das Seelische kann nach Art eines Kunstwerks verstanden werden.*

— *Das Kunstwerk zeigt Seelisches als Natur und Kunst, Gegebenes und Aufgabe, Struktur und Geschichte, als Produktion und Verwandlung.*

— *Kunst macht Gestaltbildung spürbar: als Metamorphose, als Spektrum, als Spirale.*

— *Kunst ist Muster menschlicher Werke, ihrer Probleme, ihrer Entwicklung, ihrer Verselbständigung und Auflösung.*

— *Kunstwerke entdecken in ihren Brechungen den Zusammenhang von Ansichten und Bearbeitungen der Wirklichkeit.*

— *Das Kunstwerk läßt das „Entwicklungsgesetz" des Seelischen spielen. Es ist ein Exerzierplatz der wandelbaren Wirklichkeit (Versalität).*

— *Kunst ist Prototyp der Beweglichkeiten und Konstruktionsmöglichkeiten des Seelischen (Eingriff, Magie, Fabrizieren, Spielraum, Entwicklung, Zuspitzung). Sie entziffert den Reiz von Lebenssituationen.*

— *Kunst ist mehr und zugleich weniger als „Praxis"; sie stellt das Paradoxe ins Zentrum; sie rückt das Unverrückbare heraus.*

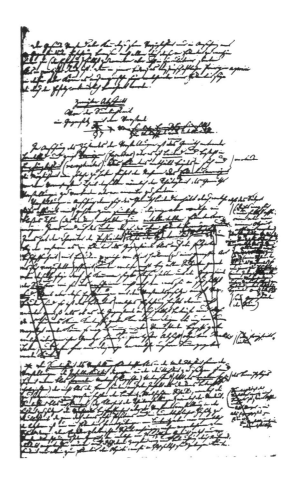

Grundproblem — Hypothesen

Kunst-Psychologie und Psych-Ästhetik sind nicht nur Überschriften. Sie umschreiben vielmehr die zentrale These dieser Untersuchung: Psychisches ist nur zu verstehen, indem wir es auf Kunst beziehen — Kunst lebt nur, indem wir sie in die Wirklichkeit stellen, die in seelischen Prozessen herausgeführt wird. Der Austausch von Kunst und Psychischem fördert gemeinsame Grundzüge zutage.

Am farbigen Abglanz haben wir das Leben: das ist Kunst als Vorbild und Paradox. Darin erweist sich aber auch Kunst bezogen auf Leben. Wie ästhetische Gesetze seelische Prozesse bestimmen, so ist Kunst auf die Banalitäten des Sich-Verstehens von Wirklichkeit angewiesen. Kunst und Seelisches existieren nur in Hin- und Her-Bewegungen, im Übergang in anderes, in Ergänzungen und Brechungen. Sie entfalten einander in Metamorphosen. Keine Gestaltung-Umgestaltung ohne Kunst als Vorbild — aber auch keine Kunst ohne die Metamorphose von Wirklichkeit überhaupt.

Die gemeinsame Grundlage von Kunst und Seelischem ist eine phantastische Realität. Sie zu zerlegen und wieder zusammenzusetzen, so daß wir sehen, wie Kunst und Psychisches funktionieren — das ist das Problem, das sich aus der These einer Psych-Ästhetik ergibt. Es wird zum Leitfaden der ganzen Untersuchung. Damit steht diese Kunstpsychologie zwischen Daten-Sammlung und Philosophie. Denn sie ist einerseits dadurch charakterisiert, daß sie beschreibend, experimentierend, austauschend den Umgang mit Kunst in der Gegenwart wiederholbar macht (Empirie). Andererseits ist sie sich darüber im klaren, daß jede „Empirie" von Konzepten bestimmt wird und daß es notwendig ist, ein Konzept von Wirklichkeit unter psychologischem Gesichtspunkt ausdrücklich herauszustellen. Das Konzept sucht die Grundkategorien von Kunst und Seelischem als in sich bewegliches System zu entwickeln.

Das Konzept ist nicht von methodischen Absichten zu trennen: es geht um ein Entwickeln-Können, das uns lehrt, den Dingen und Bildern anzusehen, was mit ihnen los ist. So wie sich einem Graphologen die Schrift gliedert: er sieht durch ihren Rhythmus, ihren Strichcharakter, ihre Gliederung, was sie bewegt und was sie zu sagen hat. Oder wie FREUD dem Traum ansah, wie er arbeitete und was er dabei verarbeitete. In diesem Neu-Zusammensehen liegt die Leistung von FREUDs Psychologie. Das „Geschiebe", das FREUD aufdeckte, läßt sich auch auf die Kunst hin übersetzen. Eine solche Übersetzung ist wichtiger als ständig „das" Es, „das" Sexuelle oder „das" Kindheitserlebnis herbeizuzitieren.

Vorgehen

Mit Definitionen beginnen kann man allenfalls, wenn man fertige Kategoriensysteme nicht in Frage stellen will. Wenn wir lernen wollen, bisher weniger beachtete Wirklichkeiten zu beschreiben, ist es sinnvoller, Bestimmungen durch Einkreisen, auf Probe, Schritt um Schritt zu entwickeln — aus dem Gesamtprozeß heraus, auf den wir uns einlassen.

So halten wir uns zunächst an einen Sinn von Kunst, der sich auf Machen, Können, Bilden, Herausgestalten von Wirklichkeit bezieht; darüberhinaus beziehen wir uns auf Gestalten, die mit Anschaulichkeit und Erleben, mit einer sinnlichen, beschaubaren Ordnung und ihrer Entwicklung verbunden sind. Das wirkt nicht durch Druck und Stoß aufeinander, sondern erweckt den Eindruck einer Sache, die sich in sich bildet und umbildet.

Auch die Wissenschaft unterliegt solchen psych-ästhetischen Gesetzen; sie ist keineswegs „rein" logisch oder „rein" empirisch. Wir können durchaus von einer „Ästhetik" der naturalistischen Reiz-Reaktionspsychologie sprechen; genauso von der „Ästhetik" einer Psychologie der „Innerlichkeit" oder der „Kreativität". Und wir stoßen auch auf Züge von Kunst, wenn wir uns „Fälle" und „Neurosen" genauer ansehen, wenn wir uns mit dem Alltag beschäftigen oder wenn wir den Unterricht in der Schule untersuchen.

Indem wir die Entwicklungsmöglichkeiten von Kunst und Seelischem mehr und mehr einkreisen, gewöhnen wir uns an das, was zu sehen ist, und wir arbeiten durch Veränderung heraus, wie die Sache funktioniert. Wir bewegen uns dabei in einer Spiralform, die uns mit den seltsamen Zusammenhängen der ganzen Konstruktion vertraut macht. Indem wir das immer wieder nach den gleichen Prinzipien tun, entwickeln wir diese Untersuchung nach einer einheitlichen Methode, die die Entwicklung des Problems Kunst und Psychologie spiegelt.

Der erste Schritt unseres Vorgehens — und Argumentierens — beschreibt, wie Bilder oder andere Werke sind und wie man mit ihnen umgeht. Die Beschreibung setzt voraus, es sei sinnvoll, auch bei scheinbar banalen Akten mit einer ganzen „Gedankenfabrik" oder „Seelenfabrik" zu rechnen — mit Querverbindungen, übergreifenden Zügen, mit Strukturierungsprozessen, mit Auslegungen und Umwandlungen. Das wird in den folgenden Kapiteln genauer auseinandergelegt.

Dazu trägt auch der zweite Schritt bei, die Variation, die sich ebenfalls bei allen Kapiteln wiederholen und vertiefen läßt. Wie etwas zusammenwirkt, wird durch Variation in seinem Wo, Wann, Wodurch, Womit charakterisiert. Schließlich werden in einem dritten Schritt die Wirksamkeiten beim Umgang mit Kunst ausdrücklich in anderen Zusammenhängen aufgegriffen. Das dient der Rekonstruktion von Produktionszusammenhängen.

Die Bewegung von der Beschreibung zur Rekonstruktion kann als Austausch bezeichnet werden. Vor allem die Rekonstruktion verdeutlicht, wie Austausch zu verstehen ist. Austausch ist eine Methode, die an Entwicklung heranführt, an ihre Polaritäten, Steigerungen und Kreise: indem erforscht wird, was sich abwandeln läßt, was vermitteln kann, was sich ergänzt oder widersetzt, was anderes brechen und umgestalten kann. Daher macht der Austausch auf Konstruktionszusammenhänge, ihre Chancen und Begrenzungen sowie auf Entwicklungsgesetze aufmerksam.

Das ganze begründet die Beweisführung dieser Kunstpsychologie: sie argumentiert für die Kategorien, die sich aus kompletten Beschreibungen und aus der Zergliederung von Wirkungseinheiten entwickeln lassen — gegen unzureichende Zerstückelung in Elemente, gegen Einschachteln von Kunst in Gefühl und Phantasie, gegen die Auffassung, Kunst sei ein Sonderfall, gegen ein Gleichsetzen von Kunst mit Harmonie, Ideal, Reinheit.

Hier wird nicht eingeteilt nach Gefühl, Denken, Empfindung oder nach Tragik, Witz, Novelle, Genre-Bild. Die Gliederung folgt vielmehr den Charakteren, die anschaulich da sind, die in Veränderungen beim Umgang mit Kunst zutage treten oder die einen Zusammenhang herstellen, aus dem sich unsere Beobachtungen ableiten lassen.

Das kann man als Entwicklungsmethode verstehen. Indem wir die „Bedingungen" von Entwicklung verfolgen, erfahren wir, was Kunst mit dem Ganzen von Leben und Erleben zu tun hat: mit den Notwendigkeiten von Bewegung und Gegenbewegung, von Ergänzung, von Umwandlung, von Begrenzung, von Zusammenhalt und Auseinandersetzung. Beschreibend und rekonstruierend wird hier Entwicklung zugänglich gemacht — als werde nachgebildet, wie das Total unserer Wirklichkeiten zusammenhalten kann und wie es sich in Produktions- und Gestaltungsformen bricht.

Beschreibung: Goya

Einen Eindruck davon, wie wir vorgehen, können drei Beispiele vermitteln — eine Beschreibung, eine Variation des Beschreibens durch ein Gruppengespräch und ein Austausch mit der Betrachtung eines „Falles". Durch unser Vorgehen hoffen wir allmählich zu lernen, wie sich einem Kunstwerk ansehen läßt, was psychologisch daran wichtig ist.

A.: o, my goodness!

B.: da hat er aber wirklich etwas Schreckliches gemalt,

C.: das malte Goya, als er sehr krank war.

D.: (La Romera de San Isidoro) Ein vieläugiger, vielmündiger, verschlingender, umwälzender Wurm. Bahnt sich durch Fels, ist schwarzer Fels, ist in Nacht, ist Nacht — Felsbewegung, Nachtungeheuer.

In „das" wird Menschenwelt, Kleidung, Hüte, Mäntel, Lumpen, Greifen, Augenverdrehen, Gesänge hineingezogen. Was da zum Ausdruck kommt, steigert sich gegenseitig, es überfällt uns und strebt uns entgegen.

Wirkt wie eine Kurve mit Ecken; in dunkle Flächen sind bleiche Akzente eingebettet. Das Heranrückende mit weißlichem Haupt, darunter Farben, Material — als sei etwas geschminkt und überdeckt. Rundherum Abkürzungen, Abstraktes, kubistische Muster.

(Al Aquelarre) Als sei das aus dem Fels losgerückt, was da schwebt, fliegt, weg- und hochgeht; zugleich aber auch, als wolle das wieder einrücken, sich ergänzen. Das hält sich so dazwischen. Dazu: mal scheint sich das Paar zu bewegen, während der Fels steht, mal ist es umgekehrt; mal ist das Paar das „Irgendwas", das Beunruhigende, Unbekannte, mal paßt das alles besser auf die Umstände oder die Umgebung.

Ebenso seltsam beunruhigend und zugleich beruhigend ist, daß aus der rechten Ecke fest darauf angelegt wird. Das ist so geordnet, aufgeteilt, geklärt, fest, daß man das ganze für beglaubigt hält. Ähnliche Kurven, Ecken, Ordnungsmuster wie bei den anderen Bildern Goyas — dennoch „irgendwie" auf den Kopf gestellt.

Wer das sein mag, was das ist, die Frage tritt erst später auf, drängt nicht sehr, kann offen bleiben.

Variation: Cézanne

Der Umgang mit Bildern durch Beschreibung — ohne Zerlegung auf Subjekt und Objekt — wird in seinen Wirksamkeiten deutlicher, indem er variiert wird. Etwa durch ein Gruppengespräch, in dem die verschiedenartigen Komponenten von Kunsterfahrung gleichsam mit verschiedenen Stimmen zu Wort kommen.

Überlegung, was man sich in diesem Museum „ansehen" soll; vor der „Landschaft im Westen von Aix-en-Provence": Weitergehen oder nicht? Zunächst einmal ist „nichts da"; erst im „Eindringen" beginnen Sache und Umgang mit ihr Farbe, Qualität, Gesicht zu gewinnen. Erste Akzente, „was Typisches": Himmel und Erde, drei Schichten, etwas Unsagbares, Heimliches und Unheimliches zugleich, Serpentinen, eine Bewegung im Bild, wie ein gebrochenes „S".

Das kommt in Zug und Gegenzug heraus: die verschiedenen Betrachter ergänzen sich, führen sich weiter, befragen und widersetzen sich. Die Akzente werden verdeutlicht: da kann man raufklettern, da fällt was ab, da ist eine Verbindung; kräftig, schwer, viel drin — das Gesagte wird nicht genau definiert, sondern bleibt in der Schwebe. Das grob Umrissene wird mehrfach betont und durch Einzelheiten ergänzt.

Wie zur Überprüfung geht man Schichtung und Serpentine von vorn nach hinten, von links nach rechts durch. Irgendetwas wirkt gespannt. Kann man sich zufriedengeben mit „Heimat und Sich-Verbergen" oder mit „Drum-Herum-Gehen" und „Drin-Herum-Gehen"? Soll man sich ein anderes Bild ansehen?

Aber jetzt wird das noch einmal wiedergekaut, modifiziert und umkreist: das Bild ist ein Rahmen, es ist ein Rahmen von Festhalten und Weitergehen zugleich, ein Kontrast in sich. Was zunächst schlicht wirkte, fast langweilig, ist Heimat und Hintergründiges, Bescheidenes und Herrliches, Anziehendes und Verborgenes.

Man möchte „dahinter kommen", wie das gemacht ist und wie sich das „Seltsame" auflösen läßt. Dazu werden Vergleiche bemüht (Kunstgeschichte, andere Bilder von Cézanne; Pinselstriche „wie Bausteine"). Wie soll man vorgehen, um das richtig rauszukriegen — nicht vorschnell, mit Kontrollen, ohne sich zu verlieren? Daraufhin erscheint wichtig, daß überhaupt so einiges ineinander umkippt, daß das ein geschaffenes Gerüst und eine Landschaft ist, daß das durchgestaltet ist und doch in der Schwebe bleibt.

Daraufhin Nachforschungen im einzelnen. Zugleich Versuche zusammenzufassen: Auf Landschaft eingegangen und etwas dazugetan — Künstler und doch bei Landschaft geblieben. Bild dreht sich um (beweglichen) Mittelpunkt und wird zugleich seitlich abgelenkt: das Bild fordert Hin und Her, Tiefe und Fläche wirken gegeneinander, heben sich in der Landschaft auf.

Man möchte das in Worte fassen: Darin-Herumgehen-Können in Heimatlichem — das kann aber auch umschlagen. Heimat: „sowohl als auch" — ein Vexierbild, das zugleich zerlegt ist: eine Sache, wie durch Erinnerung gesehen. „Eigentlich sind alle Leute, die Schwerpunkte der Welt festmachen, Fälscher". Nochmal locker überprüfen, umspielen, mehr Arbeit machte ärgerlich. Eigentlich egal, was (genau) drauf ist, das hat eine Stimmung.

Einige Tage später ein weiteres Gespräch über das Bild und sein „Heimatlich-Unheimliches": Als entfalte sich etwas mit einem Mittelpunkt, der flüchtig ist, und in Strecken, die schräg sind; als begegneten sich Tropfen-Bewegungen mit Streckungen — woraus Grenzen, Kreise, Schrägen entstehen.

Die Darstellung des Umgangs mit dem Cézanne-Bild variiert die Beschreibung der beiden Goyas. Die Variation ist der zweite Schritt bei unserem Vorgehen und Argumentieren. Er gliedert schon deutlicher Wirksamkeiten und Zusammenwirken heraus: Formen des Verarbeitens, Sich-Ergänzendes, Offenes und Sich-Schließendes, Korrekturen, Wiederholungen; Anverwandlungen, Umbildungen, Widerstände, Fassen, Zulassen, Aufgliedern.

Rekonstruktionsansatz: Seelische Störungen

Der dritte Schritt des methodischen Austauschs verfolgt Ansätze zur Rekonstruktion. Er verbreitet das Beobachtete und vertieft es durch Einsicht in Zusammenhänge. Natürlich kann es bei unseren ersten Beispielen nicht darauf ankommen, alles zu erklären, was sich herausheben läßt. Wir finden jedoch schon jetzt Hinweise auf einige Züge, die uns immer wieder begegnen werden: Wendungen und Umbildungen wie bei einer Spirale, bewegliche Ordnungen, Ergänzungen und Gegenläufe von Wirksamkeiten, Umsatz, zusammenfassende Organisationen.

Das nächste Beispiel behandelt kein Kunstwerk im üblichen Sinne, sondern einen klinischen Fall. Wenn wir seelische Störungen analysieren, stoßen wir auf Alltags-Künste, von deren Gestaltungsmöglichkeiten man im allgemeinen nichts ahnt. FREUD kam zu einer neuen „psychologischen" Psychologie, als er merkte, mit welch kunstvoll gestalteten „Fabrikationen" er zu tun hatte. Das bestätigt der Fall einer jungen Frau, die vor dem Examen einen auffälligen Selbstmordversuch unternahm und in eine Klinik eingeliefert wurde. In 180 Stunden Analyse konnte ein kunstvolles Gefüge von Bild-Motiven aufgedeckt werden (Analyse: Dr. Grüttner).

Zunächst armiert sich die Störung, indem das Bild von „Dummheit", „Leere", „Unfaßbarem" und „Brei" dargestellt wird. An einigen Wendepunkten zeigt sich jedoch, daß darin Ansätze zu einem anderen Bild belebt werden können: die „dummen" Fragen können sich als scharfsinnig erweisen, „Leere" und „Brei" werden zu Löchern, in die sich vieles hineinziehen läßt — und das kann auch ausgekostet werden.

Zunächst undeutlich, dann in Zeichnungen ausgedrückt und bestätigt, hebt sich wie eine Struktur, die die anderen Bilder zusammenhält, ein weiteres Bild-Motiv heraus: heldisches Leiden, scheiternder Held. Dieses Bild wird verunklärt durch Zerschneidungen, „Collagen"; es dauert lange, ehe Verdrehungen und Durchdrehen als organisierende Gestaltungsprozesse dabei bemerkt werden.

Zwischen diesen Bildern kann man sich nun bei einer Analyse aufhalten: man kann sie anders akzentuieren, verschieden kombinieren usw. Das ähnelt dem Umgang mit Kunstwerken und den Zwiespältigkeiten bei ihrer Einordnung. Wie beim Herstellen von Kunstwerken oder bei ihrem Einordnen drängt auch die Analyse von Störungen und Umbildungsmöglichkeiten zu einer Entschiedenheit.

Es ist nicht zu umgehen, das in Bewegung Geratene durch mühsame Arbeitsleistungen in ein „Werk" zu bringen, das Grenzen hat, zu denen man steht. Das Festlegen eines Rahmens durch „äußere" Eingriffe verhalf der jungen Frau zu einer entsprechenden Festsetzung von Haupt- und Nebenlinien der Bild-Motive, die ihre Wirklichkeit herausstellen: Wir gewinnen Einblick in ein Gefüge, indem wir Entsprechungen, Gegenläufe, Übertreibungen, Untertreibungen, Entwicklungsprozesse und „Symbolisches" aufsuchen und miteinander austauschen.

Dabei finden sich paradoxe Verbindungen zwischen Widerspenstigkeit und Übergehorsam, zwischen übertriebener Abwertung anderer Menschen und eigenen Schuldbekenntnissen, die provozieren, weil sie wie eine Parodie auf die Forderungen von Kirche und Staat wirken. Eine Vermittlung liegt darin, daß die junge Frau der Kultur ihr Angebot an Erziehung kunstvoll zurückgibt, aber für sich selbst auch nichts mehr übrig behält.

Bezogen auf ein Maß „heroischer Leidenschaften" kommt sie mit der Erfahrung von Widersprüchlichkeiten und Paradoxien nicht zurande; aber sie hat gelernt, geschickt damit umzugehen. Ihr verkehrt sich alles; sie ist scharfsinnig im Aufspüren von Absurditäten und „dummen Fragen", hält dadurch alle in Bewegung. Zugleich ist sie darin verwickelt, alles geht ineinander über, sie kommt aus den „Verdrehungen" nicht heraus; sie ist „überdreht" und verfügt nicht über die Drehpunkte des ganzen. Daß sie nicht mitkriegen konnte, worum es wirklich geht, ist ein Grund für ihre geheime Betroffenheit; daß es nicht so ist, wie es sein sollte, veranlaßt ihre Riesenansprüche und Enttäuschungen.

Es fällt schwer, bei diesem Fall nicht an Kunstwerke zu denken: an „Alice in Wonderland", an Hamlet oder an Bildformen der Zeit nach 1900. Die Kunst dieser Neurose komponiert Wirklichkeiten mit „geheimer Intelligenz" zu einer eigenen Wirklichkeit. Alles rückt in eine Schwebe, sogar der Selbstmordversuch. Extreme und Unvereinbarkeiten bleiben kunstvoll am Leben; entschieden wird, daß nicht entschieden wird. Das ist ein Zustand, in dem immer noch alles drin ist, irgendwie ineinander ist, zugelassen wird, zur Ordnung anheimgestellt wird; zugleich ist das aber auch „Brei": „alles egal", „nichts zu verstehen", „nichts, was Spaß macht".

Montage

Ein Gedankengang läßt sich besonders eindringlich darstellen, wenn ein „Fall" behandelt wird. Man darf das jedoch nicht auf eine Person oder eine Situation einengen. Auch der Umgang mit Kunst ist ein „Fall", bei dem danach gefragt wird, was Kunstwerke in Bewegung setzt. Das entspricht einmal unserer Auffassung, daß immer das Seelische „in ganzer Breite" am Werk ist; und das entspricht auch der Auffassung, daß Methode letztlich eine Sache nach allen möglichen Seiten zu variieren sucht, wenn sie experimentell vorgehen will.

Der Umgang mit Kunst ist das „eine Phänomen", an dem wir die Seelen-Kunst, wie sie im ganzen wirkt, durch Variation auf ihre Entwicklungsgesetze hin erforschen wollen. Wie bei einer Filmmontage werden verschiedene Ansichten und eine Reihe von Modifikationen dazu benutzt, eine Grundgestalt in ihrer Entwicklung zu verdeutlichen. Indem wir Verschiedenes miteinander austauschen, werden Reihen gebildet, Polaritäten, Minderungen und Steigerungen erforscht, Produktionen auf Zwischenstücke und Kompositionsmöglichkeiten hin analysiert.

Dem dient die Beschreibung verschiedenartiger Formen von Kunsterfahrung (Literatur, Film, Malerei, Plastik); dazu werden die Übergänge erforscht zwischen Alltag und „Kunst" i.e.S. Daher wird mit Kunst experimentiert durch Abwandlung, durch Verfolgen von Störungen, durch Beeinflussen und Unterrichten, durch „Vergrößerung" oder „Verkleinerung" von Gegebenheiten, durch Anbieten von Auswegen und Abhilfen und nicht zuletzt durch Umbilden von Verkehrungen. Damit stellt sich von vornherein eine Beziehung zwischen Kunst und „Behandlung" her.

Daß Kunst und Seelisches stets in ganzer Breite — als Transfigurationen — wirksam sind, drängt auf einen anderen Darstellungsstil als die übliche Aneinanderreihung von Bandwurmsätzen. Daher werden hier Zusammenfassungen, Tabellen, Vorentwürfe, Übersichten, Kurzanalysen, Illustrationen das Prinzip einer Transfiguration auch anschaulich vor Augen führen. Das entspricht der Methode des Austauschs und ihrer „Montage".

Einmontieren von Ergänzungs-Kapiteln erspart Fußnoten, historische Exkurse, die Längen sprachlicher Ausformulierungen von Positionen und Gegenpositionen; die Notizen sind Argumentationshilfen, Beweise und Beweismaterial in Stichworten. Sie weisen von vornherein darauf hin, welche Bedeutung einem Verrücken bei der Organisation von Wirklichkeit zukommt.

Theorie — Methode

Die Entwicklung einer Theorie kann als „Methode" des Umgangs mit Wirklichkeit angesehen werden, die Ausbildung einer Methode als Erarbeiten einer „Ansicht". Diese untrennbare Einheit von Theorie und Methode ermöglicht es, den Weg zu dieser Kunstpsychologie sowohl im ganzen als Methode wie als Konzept in Bewegung zu bezeichnen.

Es ist eine experimentell herzustellende Einsicht, daß ein Denkansatz besser verständlich wird, wenn man seine Genese und sein Erfahrungs-Material darstellt. Wie es zu dieser Kunstpsychologie kam, ist eine eigene Methode, ein kunstvoller Umweg, Gesehenes und Verspürtes Schritt um Schritt in den Griff zu nehmen.

Am Anfang stehen Untersuchungen über komplexe Gestalten des Geschehens, die sowohl „natürlich" als auch „kunstanalog", sowohl Werdendes als auch Sich-Ordnendes sind: das seelische Geschehen erscheint organisiert in Handlungseinheiten oder Handlungsformen. Sie sind Ganzheiten und zugleich mehr als Ganzheiten: Bewegungen, Umgestaltungen, Produktionen. Sie sind das Bezugssystem aller Einzelheiten, eine Umformungsstelle, die Ansichten und Tätigkeiten, Übergreifendes und Sich-Begebendes verbindet. Aus dem Experimentieren mit „Reihen" solcher Handlungseinheiten — Problemlösen, Entschließen, Spiel, Sprachformen, Zeichnen — ergaben sich erste Hypothesen über Zusammenhänge von „Bildgefüge und Erlebensgefüge".

Ein Weg zu klären, was im Erfassen dieser Gebilde vor sich geht, ist die wissenschaftstheoretische Reflexion. Wir können nicht einfach und naiv psychologische Tätigkeit mit Sammeln und Abstraktion oder Induktion gleichsetzen. Die wissenschaftliche Psychologie sucht vielmehr die Eigenart des seelischen Geschehens „nachzumachen" — als bilde sie in ihren Tätigkeiten überhaupt erst einen „Psychischen Gegenstand". Von der Ausprägung dieses Gegenstandes hängt es ab, worauf man achtet, was wichtig erscheint oder was als Zusammenhang von Verhalten und Erleben herausgestellt wird.

Das bedeutet für eine Kunstpsychologie, daß sie sich bewußt werden muß, mit welchen Kategorien sie arbeitet; viele Aussagen über Seelisches und Kunst sind eher Wiederauflagen geschichtlich gewordener Begriffsprägungen als Kennzeichen der Sache selbst. Durch das Aufdecken von Gegenstands-Bildungen werden einerseits vertraute „Gegenstände" fragwürdig — Form, Stoff, Künstlerpersönlichkeit, Rezeption, Genuß —; andererseits zwingt uns dieses Wissen zu einem Training in Methoden.

Der Weg zu einer Kunstpsychologie führte nun für einige Zeit zu Untersuchungen über den Blick, über das „Faktische", über Film, Werbung, Kleidung, Dinge und Produkte; das waren wissenschaftlich unklassifizierte Erfahrungsbereiche, die in den Lehrbüchern gar nicht vorkamen. Hier rückten Züge des seelischen Geschehens in den Blick, die sich mit dem Konzept der Bildung und Umbildung von Handlungsformen besser vertrugen: Doppelleben, Komplexentwicklung, paradoxe Übergänge, Schwebezustände, bildanaloge Organisationsmuster. Damit änderte sich auch das Konzept von Wirkung und Nachwirkung.

Unter dem Stichwort einer „Morphologie" ging es nun um Antworten auf die Frage, wie Gestaltung und Umgestaltung in sich verbunden sind, welche Entfaltungsrichtungen es für diese Verbindung gibt. Zusammengehalten wird das durch den Gedanken, Seelisches sei als eine Produktion zu verstehen, die bestimmten „Konstruktionsgesetzen" unterliegt. Von da her war es möglich, Grundkategorien einer Kunstpsychologie zu verfolgen: als Verbindung von Gestaltung-Umgestaltung und als Entwicklung dieses Zusammenhangs durch Prozesse wie Aneignung, Umbildung, Einwirkung, Anordnung, Ausbreitung, Ausrüstung.

Mit Hilfe eines solchen Schlüssels wurden Untersuchungen über Unterrichten und Beeinflussung, über Lern- und Umlernprozesse, über Filmerleben und Lektüre durchgeführt. Wieder zeigten sich Prozesse, die auch beim Umgang mit Kunst eine Rolle spielen; und es war gar nicht zu umgehen, die Übergänge zu „Kunst" i.e.S. zu verfolgen. Die Erfahrungen dieser Untersuchungen bestätigen die Annahme, es sei möglich, komplexe Formenbildungen wie Beeinflussung, Unterrichten, Filmerleben, Lektüre zu erfassen. Über diesen wissenschaftlichen Umweg eröffnete sich ein neuer Zugang zu einer Kunstpsychologie. Sie soll ebenfalls nicht mit Kategorien wie Sinnesempfindung, Triebfeder, Willensakt, Cognition, Gefühl operieren; sie soll vielmehr von Kategorien her entwickelt werden, die mit Gestaltung—Umgestaltung und Produktion zu vereinbaren sind.

Zugang durch Werke

Der Umgang mit Werken rückt ein unvertrautes Bild der Wirklichkeit, des Seelischen, der Kunst heraus. Von Werken her zu definieren, ist nicht üblich. Üblich ist, „den" Menschen oder seine „Vermögen" und „Triebe" zu kennzeichnen, dann diesem Menschenbild Werkzeuge, Dinge, Situationen hinzuzufügen.

Die Sache ist jedoch umgekehrt: Werke zeigen, was gemacht, erfahren, erlitten wird. Wenn wir fragen, auf welches „Total" dieses Ins-Werk-Setzen hindeutet, gehen wir von Erfahrungen aus: daß Wirksamkeiten da sind, die sich in anderen Wirksamkeiten fortsetzen oder brechen — daß in Entwicklungen etwas zustande kommt, das einen Sinn gewinnt — daß die Werke und die Kunst, die „zwischen" diesen Vorgängen vermitteln, Wirklichkeit weit angemessener und realistischer definieren als allgemeine Überlegungen über den Menschen.

Das ist eine Analyse, die an unseren Werken die Transfigurationen aufdeckt, denen wir verdanken, daß wir Seelisches, Kunst, Kultur und Fabriken produzieren können. „Trans" bedeutet: hinüber, durch, hindurch, darüber-hinaus, über-weg. Transfiguration hat mit Konstellationen und Vermittlungen von Wirkungen und Gestaltungen zu tun. Wir setzen Übergangsstrukturen ins Werk — wir machen sie im Werk gegenständlich, praktikabel, funktionstüchtig.

Die Analyse von Werken bringt ein eigentümliches „Dazwischen", „Indem", „Dadurch", Verrücken, Übergänge, Umwandlungen zum Vorschein: die Untrennbarkeiten und Fortsetzungen dieser Entwicklungsstruktur sind das Wesentliche. Das Werk zeigt das Wesentliche selbst als Übergang. Es gibt kein seelisches Geschehen, das sich nicht in anderem „ausdrückt", „findet", versinnlicht. Doppeltes und Dreifaches sind konstitutionell.

Kunst geht dem Herstellen von Wirklichkeit nach und stellt etwas damit an. Sie repräsentiert die Transfigurationen, in denen wir leben und in denen wir Wirklichkeit herausrücken. Sie spitzt das ganze aber auch in „eigenen" Werken zu: sie macht in (an) Werken sichtbar, in welchen Wirksamkeiten wir stehen.

Wir finden neue Zugänge, wenn wir Wirklichkeit von Werken und Kunstwerken her aufzudecken suchen: hier wird das „Zwischenwesen" Mensch durch das Dazwischen selbst definiert — durch Trans-figuration, Meta-Morphose, durch Produktion, durch Verrücken, Verkehrung, Übergang, durch Ins-Werk-Setzen. Wir gehen nicht von Geist, Trieben, Fähigkeiten, Bewußtem und Unbewußtem aus, sondern von dem, was Dinge, Werke und Kunst aussprechen — entwickeln, brauchen, ergänzen.

Hindernisse, sich auf psychologische Überlegungen einzulassen:

— *Erwartung einfacher Erklärungen*
— *Direktbehandlung, Patentrezepte erwünscht*
— *fertige Vorstellungen vom Seelischen*
— *Testergebnisse, Experimente, Befragungen*
— *Warten auf Charaktererfassung*
— *Abnormitätenforschung und Psychologie verwechselt*
— *Verwechslung mit Psychiatern*
— *äußere Festlegung (feste Vorurteile)*
— *politische Bewertung der Psychologie*
— *Überbewunderung, Übererwartungen*
— *Abwertung von Psychologie (Entlarver, Analytiker, Besser-Wisser, Selbstveränderer)*
— *Nichtstuer (nur Beobachten), nichts Handfestes (jeder kann deuten), keine Wissenschaft (Sinnfragen)*

Übersicht

Der Komplex Kunst-Psychologie gliedert sich in einer Folge von Problemstellungen. Im Kapitel „Produktion" geht es um die gemeinsame Grundlage von Kunst und Seelischem. Ihre Eigenart wird methodisch aufgeschlüsselt, indem Kunst und Seelisches wie die Repräsentanten der zwei Seiten eines Ganzen behandelt werden.

Das Ganze der Wirklichkeit erweist sich stets als etwas „Doppeltes und Dreifaches". Kunst und Seelisches gründen in diesem Total. Daher trifft das, was sie jeweils besonders repräsentieren, auch für die andere Seite zu — aber es kann sich nur in Entzweiungen und Ergänzungen, in Umsätzen und Spiralen entwickeln.

Dem suchen wir durch Begriffe wie Brechung, Indem, Verrücken, Dazwischen gerecht zu werden. Das Kapitel „Metamorphose" stellt heraus, was die Analyse von Kunst dazu beiträgt, an die so gekennzeichneten Mechanismen des sich entwickelnden Totals heranzukommen.

Daraus erwächst nun die Frage nach dem Verbindenden und Zusammenhaltenden in den vielfältigen Prozessen, durch die wir Wirklichkeit herausführen — Kunst und Psychisches sind dabei, wie die beiden ersten Kapitel zeigen, vorausgesetzt. Die Antwort findet sich in einem paradoxen Prinzip, das Gestaltung und Brechung umfaßt. Die Wendungen und Vermittlungen der „Gestaltbrechung" kennzeichnen ein Entwicklungsgesetz von Kunst und Seelischem.

Ein Kapitel über Kunst, die sich „als Kunst" querstellt, führt dieses Konzept weiter: Kunst spitzt die Brechung der Wirklichkeit in einem sinnlich-gegenständlichen Werk zu, macht ihre Grundverhältnisse anschaulich und läßt dabei Wirklichkeit als Entwicklung in sich erfahren.

Das abschließende Kapitel beschäftigt sich mit dem Übergang von Kunst zu Behandlung — im Sinne psychologischer Therapie. Die Entwicklung von Wirklichkeit ist von vornherein Behandlung; mit dem Sinn ihrer Verwandlungsmöglichkeiten und Begrenzungen hängt auch die Lösung von Störungen der Lebenszirkulation zusammen. Kunst-Behandlung bestätigt den methodischen Ansatz dieser Kunstpsychologie: die Beschreibung des Umgangs mit Werken führt an Fundamente der Behandlung von Wirklichkeit heran.

Der Gang unserer Untersuchungen zur Kunstpsychologie gewinnt damit seine Gestalt: sie setzen breit an, sie brechen und vertiefen dann das zunächst Umrissene, und sie entfalten schließlich die Grundkonstruktion in der Qualifizierung von Kunstwerken und Behandlungsstrategien.

„Wie" man es macht, spezifische Situationen aufzuschlüsseln und spezifische Fragestellungen zu verfolgen, folgt dem Schema dieser Spiralform. Es ist jedoch nicht erforderlich, all diese Überlegungen bei jeder Untersuchung von vorn bis hinten zu entwickeln. Eine ausreichende Strategie des Vorgehens zentriert sich um die verschiedenen Wendungen der Gestaltbrechung. Hier wird in vier Schritten die Methode im ganzen zu einer Vorgehensweise, einer Strategie oder einem Verfahrensschema handlich gemacht.

Bis das im einzelnen dargestellt ist — Gestaltbrechung ist Kapitel IV —, können wir uns auf die Abfolge Beschreibung, Variation, Ansatz zur Rekonstruktion beziehen.

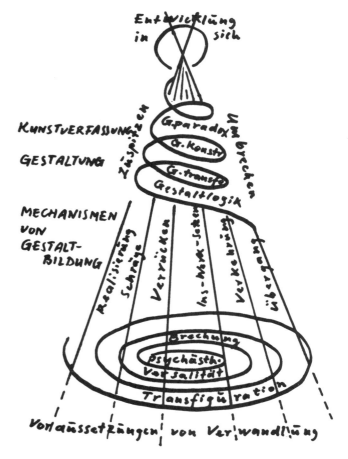

Zunächst ist es wichtig herauszuarbeiten, wie der Zusammenhang des Ganzen der seelischen Wirklichkeit zu denken ist und was uns Kunstwerke darüber sagen können. Dann läßt sich auch entwickeln, wieso Kunstwerke das ganze durch Zuspitzung und Umdrehen in besonderer Weise erfahrbar machen.

Die Psychologie gewinnt so durch die Kunst Einblick in die Paradoxien der Wirklichkeit: das Seelische ist zugleich etwas Umfassendes und etwas Unfertiges. Kunstwerke decken auf, daß Seelisches nur von „anderen" Wirklichkeiten, von „anderem Material" her etwas werden kann — während das Seelische zugleich das Umfassende ist, das die anderen Wirklichkeiten ihre Entwicklung äußern läßt.

Kernkomplex

FREUD spricht von einem „Kernkomplex", wenn er darlegt, welche Bedeutung der Ödipussituation für die Gestaltung des seelischen Schicksals zukommt. Indem er den Entfaltungen, Widersprüchen und Ausgängen dieses Grund-Problems folgt, ent-wickelt er die Grundzüge, die bestimmen, wie Seelisches funktioniert. Was drängt im Seelischen auf Wirkung, Ausdruck, Lösung, Gestalt — das ist die Frage, auf die der Kernkomplex antwortet.

Auch die Kunstpsychologie braucht so ein einheitliches Zwischenstück, das verständlich macht, was uns im ganzen und im einzelnen begegnet. Unsere Untersuchungen legen nahe, diesen „Kernkomplex" in der Struktur der Verwandlungen zu suchen, die Kunst und Seelisches zusammenhalten. Wir fragen danach, wie Verwandlungen produziert werden oder „in sich" zusammenhalten (Produktionstheorie). Die Entwicklungsmöglichkeiten von Kunst und Seelischem sind Eigenschaften oder Folgen dieser Übergangsstruktur.

Produzieren bedeutet: hervorbringen, weiterführen, leiten, herausführen, erzeugen, vorführen. Das setzt voraus, daß mehreres zusammenwirkt und daß daraus etwas gemacht wird. Daß Verwandlungen Erklärungen sind und zugleich produziert werden, erscheint paradox; das ist weder selbstverständlich noch einlinig zu verstehen, und wir haben hier mit nicht erwarteten Wirksamkeiten zu rechnen. Das merken wir schon, wenn diese Struktur als „Fleisch und Blut" des seelischen Geschehens angesehen wird — statt der vertrauten Versicherung, Seelisches sei „innen" und denke und fühle und wolle.

Produktionen

— *Komplexe Werke statt „Sender—Empfänger", Reiz—Reaktion, „Objekt—Subjekt";*
— *Produktionssysteme als Entwicklungen, mit eigenen Konstellationsproblemen;*
— *Gegenlauf, Ergänzungsprozesse als konstituierende „Zusammenhänge"; Etwas-Werden statt gleichbleibender „Elemente";*
— *„Medium", das selbst „Subjekt" wird, jenseits von Zusammensetzungen;*
— *Fortsetzungen von Kunst, Kunst als Fortsetzung: Werbung, Bildung, Therapie;*
— *Funktionieren-Können ist sowohl eine Folge von Konstruktionen als auch Aufgabe, Kontrolle und Richtmaß für Konstruktionen; das paßt in ein Konzept, das um Entwickeln-Können zentriert ist;*
— *statt einfacher Beziehung Zeichen—Bezeichnetes sind komplette Ausdrucksbildungen wichtig: Sprachliches ist von vornherein durch Literarisches bestimmt;*
— *es gibt kein „An-sich" von Idee, Symbolen, Vorstellungen, Reizen; statt dessen: Kreise, gegenseitige Auslegung, Gestalt und Wandlung;*
— *Methodisch bedeutet Produktion: immer mit mehrerem operieren müssen (zwei ist die einfachste Einheit); mindestens: 2; besser 3 und 4, noch besser 2 x 3.*

Beschreibung: Goya / Manet

Wir erfahren etwas über Produktionen, indem wir sie beschreiben. Dabei zeigt sich ein Ineinander von Konstellationen und Begebenheiten. Verschiedene Züge wirken aufeinander; das ist zugleich immer Bewegung, und das qualifiziert sich immer in Zuständen und Ereignissen.

Goya:
(El Destino) wirkt wie Hexen über einem Sumpf, schräg von rechts oben gesehen. Aber dann wird der „Sumpf" eine komplette Waldlandschaft, das „Helle"

(des Sumpfes) wird zum gelben Himmel; das „Land", das zunächst hinter der „Helle" (des Sumpfes) aufzutauchen schien, sind Wolkenbänke.

Schon kippt das wieder um: oder beginnt der Horizont doch erst hinter dem Land (der Wolkenbank)? Das wirkt als doppelter Horizont — kommt „dahinter" erst der Himmel? Hier kommt etwas Ungeheuerliches zustande — ein Trick? Oder bricht sich das ganze mehrfach in verschiedene Welten, Himmel, Tiefen? — „Tiefe". Seltsam Rührendes und Beunruhigendes; ein Schweben-Bewegen und doch nicht Bewegen. Reiten sie, sitzen sie, springen sie, fliegen sie? Etwas müßten sie doch tun — oder wir sollten sie auf etwas festlegen und das andere weglassen — oder ist das etwas aus einer anderen Welt?

Erinnert an Aquelarre, an Boschs Komplikationen (das ist das und wird dieses und geht noch anders weiter) — als würden Übergänge gegenständlich gemacht, in Anschaulichem verrückt. Wie der „Entwurf" eines Künstlers für ein Theater: der Entwurf stellt eine Wirklichkeit her und macht dadurch Wirklichkeiten sichtbar (die ihn wiederum rückwirkend beglaubigen).

Manet:
(Frühstück im Freien) anders als bei Goya: Kontrast zwischen dem nackten Körper, den nackten Köpfen und dem Andeutungscharakter der Kleidung, des Grüns, des Wassers, des Himmels — das ist so hingestellt, wie wir die Dinge „im allgemeinen" hinstellen — halbfest, halbfertig, ohne viel Zwischentöne,

zum Umgang genügend voneinander abgehoben.

Dadurch wird Goyas Modellierung der Materie verlassen: wir beginnen eine sich doppelnde Realität zu erfahren: eine „seiende" (nackte) und eine als „seiend" angedeutete, gemalte, gemachte. Die Farbflächen können dadurch als „gemalt" Interessantes herausrücken; der Übergang Gemaltes — Malen wird ausdrücklich erfahrbar. Man sieht der Welt bei Manet an, wie wir so mit ihr umgehen — damit wird ihre Konstruktion genießbar. Aus diesem Grunde fällt auch der Gesamtton des Licht-Schatten-Realismus unter den Tisch, der so verfährt, als fasse er eine Welt an sich.

Manet betont gewissermaßen: viel mehr, viel Tieferes, noch Sinnhafteres ist nicht. „Fleisch" und genügend „reale" Kulissen, mit eigener Ordnung und Farblichkeit, das ist auch ein Welt-Sinn; das ist die praktisch so erfahrene Welt. „Impression" ist zunächst nicht Licht- und Farbreiz, sondern Eindruck als Umgangsqualität. Manet stellt die Welt „praktisch" und „klar" und zugleich malerisch „frei" geordnet dar.

Transfiguration

Wie Produktion hier zu verstehen ist, soll durch Trans-Figuration genauer charakterisiert werden. Die Beschreibung des Umgangs mit Bildern stellt ein Ineinander heraus, das gar nicht sauber auf „Objektives" oder „Subjektives", auf „Sensorik" und „Motorik" verteilt werden kann. Da sind einmal Gliederungen, die sich in anderen Gliederungen fortsetzen und modifizieren — Gestaltungen und über die Gestaltungen Hinausgehendes: Transfigurationen. Das sind zugleich Bewegungen — Fortsetzungen, Abwandlungen, Ergänzungen: Transfigurationen. Wir erfahren das schließlich als Begebenheiten, in Ereignissen, Zuständen, Gegenständen, Qualifizierungen — und auch das sind Transfigurationen.

Trans-Figuration umschreibt, wie Produktionen in sich geordnet sind. Kunst und Seelisches sind Transfigurationen; das heißt: verschiedene Gestaltungsmöglichkeiten bewegen einander, und sie werden dabei in Begebenheiten verständlich. Was wir an Produktionen vorfinden, bricht „zwischen" diesen Transfigurationen als etwas auf.

Weil Kunst und Seelisches in gleicher Weise Transfigurationen sind, kann man Seelisches nach Art eines Kunstwerks, Kunst als seelische Lebensform verstehen. Man kann das ganze methodisch in den Griff zu nehmen suchen, indem die Kunst für die Seite der Transfiguration eingesetzt wird, die Konstellationen in Bewegung zeigt, und das Psychische für die Seite, die in Begebenheiten erlebbar wird. Das dazwischen Aufbrechende macht darauf aufmerksam, daß wir immer wieder ein Ganzes zu kennzeichnen haben.

Ein Austausch von Kunst und Psychischem ist die Methode, nach der hier Produktionen systematisch aufgeschlüsselt werden. Die einzelnen Abschnitte dieses Kapitels beziehen Kunst und Psychisches so aufeinander, als handle es sich um Spiel und Gegenspiel: Kunst vertritt die mehr unbemerkte Seite von

Transfiguration und Psychisches die erlebte Folge ihrer Begebenheiten.

Bei der Analyse von Produktionsprozessen verfolgen wir unter den Stichworten Kunst und Seelisches nicht voneinander zu trennende Züge eines Totals. Kunst macht an Transfiguration sichtbar: Ergänzungen, Zwischenstücke, Leitlinien, „kritische" Grenzen, Übergänge, Paradoxien, Gefüge, Zuspitzungen, Konstruktionsprobleme — kurz, das „Mehr" der Transfiguration gegenüber den als „fest" oder „bewegt" bemerkten Begebenheiten.

Umgekehrt rückt das Psychische an Transfiguration — und Kunst — heraus: daß Qualitäten auseinander hervorgehen, daß sich Zustände und Gegenstände beziehen auf „Intentionen", auf Tätigwerden und Erleiden. Auf diese Weise läßt sich sogar einordnen, von welchen Erfahrungen her üblicherweise Seelisches klassifiziert wird. Darüberhinaus wird hier jedoch betont, daß Kunst zum Seelischen mitzuzählen ist; entsprechendes gilt für die seelischen „Eigenschaften" von Kunst, die Begebenheiten.

Daher bedeuten FREUDs Einsichten eine so entscheidende Wende in der Geschichte der Psychologie. Unter einem Begriff wie Kernkomplex deckte FREUD die kunstvollen Transfigurationen des Psy-

Drei Tassen so herauszustellen und als so herausgerückt zu erfahren, setzt für den Künstler wie für den Betrachter einen umfangreichen „Fabrikationsprozeß" voraus — zugleich gewinnt das in (erlebten) Begebenheiten Anhaltspunkte, die die unbemerkten Wirksamkeiten als verständlichen, praktikablen und beweglichen Lebenszusammenhang qualifizieren.

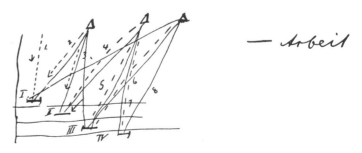

Alle punktierten Linien, Pfeile und Ziffern sind im Original rot; ebenso das Wort »Arbeit‹.

S. FREUD stellt in seinen Zeichnungen (für W. FLIESS) die Wirksamkeiten heraus, die die Begebenheiten des Verhaltens und Erlebens verständlich machen. Das bezieht sich auf „Fabrikationsprozesse", das setzt die „Künste" der Transfiguration voraus, die Wirklichkeit zusammenhalten, und das spiegelt sie in einem „schrägen" Bild.

chischen auf. Wenn wir FREUDs Analysen würdigen wollen, müssen wir allerdings seine Begriffe in eine Sprache übersetzen, die auf das Funktionieren von Produktion bezogen ist. Daher genügt es nicht, von festen Einheiten her — Ich, Es, Überich — an Kunst heranzugehen; daher muß auch das Bild bzw. die Erzählung von König Ödipus auf Grundprobleme der Produktion zergliedert werden.

In den Produktionen erweist sich Verwandlung als Sinn des Herausbildens von Wirklichkeit. Verwandlung allein reicht zur Erklärung jedoch nicht aus. Erst durch die Zergliederung von Verwandlung wird die Erklärung praktikabel: die Notwendigkeiten, Ergänzungsmotive, Chancen und Begrenzungen von Transfigurationen erschließen die Probleme der Verwandlung. Verwandlung wird zur Erklärung, indem sie als Sinnbildung in den Konstruktionsnotwendigkeiten der Transfiguration „gesehen" und verstanden wird. Dadurch läßt sich der Herstellungsprozeß verfolgen, in dem sich unsere Wirklichkeit als Verwandlung herausbringen läßt.

Die seelische Realität kann als „Apparat" oder „Mechanismus" oder „Fabrikation" umschrieben werden, weil sie Transfiguration ist. An ihren Begebenheiten wird die geschichtliche Seite von Transfiguration erfahrbar, an ihrer Kunst die Konstruktionsprobleme des Totals. In der Spirale von Gestalt und Zeit deckt die Transfiguration Gemeinsamkeiten von Kunst und Seelischem auf — in Zweieinheiten, Übergangsstrukturen und Entwicklungskreisen.

Dies ganz teuflische Gesicht,
(Glaubt es, oder glaubt es nicht,)
Eine Amme ist's gewesen,
Wohlgeübet auf dem Besen,
Manches Kind verhexte sie,
Daß es zappelte und schrie,

zu Transfiguration

— *für Gestaltung—Umgestaltung bedeutet Transfiguration: Gestalten sind auf andere Gestalten angewiesen; sie sind füreinander, ineinander, auseinander, sie sind in Übergang, Entsprechung, Abweichung. Gestaltungen gehen durch Einzelfiguren „hindurch".*

— *Transfiguration deckt Seelisches wie ein Kunstwerk auf: eine Konstellation legt sich aus, bewegt und verrückt sich in sich. Umgekehrt sind „im" Kunstwerk Begebenheiten: Zustände, Ereignisse, Qualifizierungen, Konflikte. Daher ist „Montage" eine sachgemäße Methode; daher sagen Beschreibung des Werkes und Beschreibung seines Erlebens das gleiche.*

— *an Transfiguration wird deutlich, daß Wirklichkeit nicht eine Summe von Blumen, Autos, Häusern, Menschen ist; vielmehr: Wirklichkeit wird herausgeführt in Verhältnissen, „Zwischenstücken", Entwicklungen, Übergängen, Wirkungseinheiten. Das rückt Kunst sinnlich und faßbar in den Blick.*

— *Kunst und Psychisches bewegen sich, als Repräsentanten bestimmter Seiten der Transfiguration, im Kreis: auch an Kunst können sich Begebenheiten zeigen — Häßliches, Provokationen, Aufforderungen zu Qualifizierungen. Umgekehrt können seelisch spürbar werden: Beziehungen, durchgängige Züge, große Linien.*

— *Transfiguration bedeutet methodisch: keine Topologie, keine Erzählungsmythologie (das macht die Kunst schon selber), keine Kettentheorie; vielmehr: im Übergang-Bleiben zwischen Beschreibung und Rekonstruktion*

Striche, Kleckse, Farben wirken, weil Wirklichkeit in Transfigurationen immer anwesend ist.
Transfigurationen werden gegenständlich wirksam, weil sie Übergänge sind — und daher Ergänzungen, Fortsetzungen einschließen.

MAFARKA

der Raben Kreise zitronengelb
tiefdunkle kalte Schattenwände
der Schattenwand hat der Masken
o o ho oho in holzgeschnitzten Beinen
Association und Baudelaire Mafarka blüht
der Kirschbaum blüht blau Glockenton
langsam steigt es aus dem Dunkeln aus dem Weißen fällt es ihm
entgegen schneller schießt es und zerbricht die Perspektiven löst sich
eilends in den Riesenflächen lehrt anbeten ruft das Gelb das Rot
o o das Indianerrot das Totem ruft die Regenschirme krapprot gleiten
schwimmen über den Fontänen es sitzt es sitzet es sitzet und lacht
es sitzet und lachet die Kai-aiserin aus Porzellan die Kai-aiserin die
Drachen werfen ihre Zungen von den Kapitäls — o — o o
die Kapitäls stehen in Flammen die blauen Flammen der Kapitäls
schlagen über den Meeren zusammen farbig sind die Meere unter
dem Klang der Flammen o — o die Lassos schwirren weit an
dem Aequator hin

CHORUS SANCTUS

a a o	a e i	i i i	o i i
u u o	u u e	u i e	a a i
ha dzk	drr en	obn br	buß bum
ha haha	hihihi	lilili	leiomen

DIE PRIMITIVEN

„indigo indigo
„Trambahn Schlafsack
„Wanz und Floh
„indigo Indigai
„umbaliska
„bumm DADAI

13

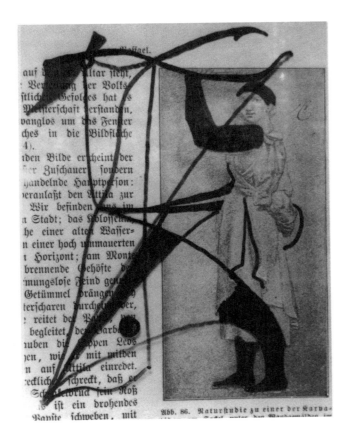

Variation, Analogie, Ersatz, Reihung, Symbolisierung, Steigerung erwachsen aus dem „Doppelten und Dreifachen" von Transfigurationen.
Veränderungen, Umbildungen drängen sich auf, weil Transfigurationen nicht „ruhen" können.

— das umschließt: ein Bild, eine Geschichte „als"
Bild oder Geschichte zu sehen; sich nicht auf Tiefe,
Unbewußtes, Kreativität, Spontaneität als Erklärung
berufen; was aus Problemen und Bewegungen der
Transfiguration abzuleiten ist, nicht von Mythen
ableiten.

— es geht darum zu analysieren, wie etwas zum
Ausdruck kommt, jenseits einer personalistischen
Ausdrucksdeutung, jenseits einer Trennung in Sub-
jekt und Objekt oder in Form und Inhalt.

Verhältnisse und Entwicklung von Transfiguration

„Sinn" bedeutet ursprünglich: Reisen, Auf-dem-
Weg-Sein, eine Richtung-Nehmen. „Sinn" ist eine
Gesamtqualität, die — auch sprachlich — Verschiedenartiges kennzeichnet: Sinn, Sinne, Sinnliches können
auf Wahrnehmen, Fühlen, Antrieb, Einsicht, Verstehen hinweisen. Auf diesen Übergang von Anschaulichem zu Erfahren und Einsicht stützt sich auch unser
methodisches Vorgehen.

Kunst und Begebenheiten bilden Sinn heraus, indem Wirklichkeiten entwickelt werden. Daher zeigt
die Beschreibung des Umgangs mit Bildern Züge auf,
die mit dem „Haben" von Welt, mit ihrer Einschätzung, mit „wahr und seiend" verbunden sind. Die
Klarheit eines „Gegenstandes" kann uns bewegen;
ein Bild kann den Eindruck verschaffen, wir hätten
mit einer neuen Wirklichkeit zu tun. Seine Ausge-
staltungen entwickeln Sinn weiter, lassen mit-gehen,
nach-machen, verstehen. Das wird „liebenswert", das
kann etwas „lösen" und verwandeln.

Doch wir können auch in Sinnentwicklungen geraten, die nicht mehr zu packen sind: Unsagbares,
Fremd-Werdendes, Lücken, in denen man versacken
kann, Zweifel, Verkehrungen. Dabei stellen sich
aber zugleich oft „Rettungen" ein: im Verfügen
über Formalisierungen, im Gefallen an „Verhältnissen" hält die Kunst Zusammenhänge aufrecht.

Kunst hat mit Verhältnissen in Entwicklung zu
schaffen. Verhältnisse sind Realitäten, die „zwischen"
den Einzelheiten wirksam sind. Begebenheiten und
Gegenstände sind nicht von solchen Verhältnissen
zu trennen. Die Wirklichkeit gliedert sich so im Verhältnis von Festhalten und Strömen, von Überwinden
und Erleiden, von Fülle und Vereinfachung. Dadurch
werden die Einzelheiten in Sinnzusammenhang gebracht, in der Bewegung von Wirklichkeit struktu-
riert. Die Kunst macht uns diese Transfigurationen
vor.

Jedes Kunstwerk deutet auf Wirklichkeit im ganzen — „diese" Wirklichkeit stellt Wirklichkeit überhaupt vor. Daher hat Sinnbildung auch etwas mit
Wiederkehr in anderem zu tun; was in diesem „Rahmen" sichtbar oder sagbar wird, ist transponierbar
oder transformierbar. Andererseits läßt sich Sinn
aber auch nicht von der Gestaltung „dieser" Verhältnisse isolieren. Sinn ist in der Entwicklung dieser Verhältnisse — diese Transfiguration hebt die
Trennung Inhalt—Form auf.

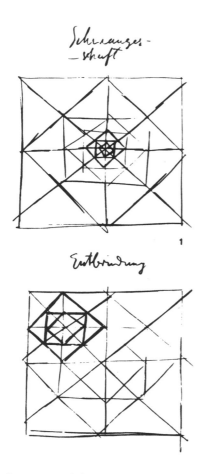

Aus den Vorlesungsmanuskripten von P. KLEE: Indem Abbilden zurücktritt, werden Einsichten in bewegliche Verhältnisse wichtig; KLEE sucht die Entwicklungsprozesse von Wirklichkeiten (in sich) sichtbar zu machen.

Verhältnisse

— O. WALZEL (1916) schreibt Dichtung, Malerei, Architektur die Aufgabe zu, innerhalb fester Grenzen eine Reihe von Wirkungen auf das Gefühl unterzubringen: „Bloße Gefühlswirkung kann es sein, wenn in Dichtungen etwas Weiches oder etwas Hartes, etwas Breites oder etwas Knappes, etwas Zerfließendes oder etwas Gedrängtes sich verspüren läßt". Das ist eine überflüssige Verdoppelung; denn diese Verhältnisse sind immer schon seelische Wirklichkeit; sie brauchen nicht noch eigens Gefühlen und Bedürfnissen aufgepfropft werden. Seelisches ist sich verstehendes und sich bewegendes Werk, das Verhältnisse entwickelt.

— W. STEKEL deutet Dichtung als neurotisch-phantastisches Werk; er geht von der Auffassung aus, hier werde irgendetwas Falsches zurechtgemacht. Demgegenüber ist es wichtig, zunächst einmal aufzudecken, welche fundamentalen Notwendigkeiten „in" Geschichten ihre Gestalt finden müssen — ohne Geschichten gewinnt die Entwicklung von Verhältnissen keine Gestalt. Erst auf dieser Grundlage wird es möglich, Geschichten auch so zu bilden, daß Probleme verdeckt werden.

— Die Geschichte der Künste bietet eine Vielfalt von Formeln an, Verhältnisse sichtbar und wirksam zu machen. L. SPITZER analysiert, welche kunstvollen Formeln eine scheinbar simple Werbung für Orangensaft aufgreift, um etwas zum Ausdruck zu bringen. Dabei kann eine eigene Form von Ironie zustande kommen, die es erleichtert, in die angebotenen Verhältnisse einzutreten.

— „Qualitäten" werden notwendig in Tätigkeiten umgesetzt, weil sie nicht „Klötzchen", sondern Verhältnisse sind. Daher kann man von einer Logik seelischer „Qualitäten" sprechen; daher können sich Extreme berühren; daher haben wir nicht mit „Sein", sondern mit Liebes-Verhältnissen, Macht-Verhältnissen zu tun; daher ist es sinnvoll, von En-ergie zu sprechen: sie ist kein Quantum an sich, sondern eine Metapher für Verhältnisse des Ins-Werk-Setzens als Aufgabe und Angebot.

— Ein Muster-Buch anschaulich dargestellter Verhältnisse in Entwicklung — als Gliederung, Sinnbildung, Sich-Verstehen — sind die Vorlesungsmanuskripte von P. KLEE. Er macht Verhältnisse sichtbar: im Übergang von Ausdrucksbildung in Konstruktion, von Ansichten in Prozesse, in der Analyse von Binnenstrukturen, im Aufdecken morphologischer Funktionsbeziehungen (Begrenzungen, Überschreiten, Berührung, Überkreuzung, Untergliederung, Entsprechung, Gegenläufe).

Behandlung — Transfiguration in Tätigkeit

Wenn wir beschreiben, was beim Umgang mit Kunst passiert, stellen wir fest: etwas macht Eindruck, mutet an, fordert auf, reizt; Vermutungen, Bedeutungen drängen sich auf, werden abgewiesen, präzisiert. Anderes stellt sich dagegen. Klassifikationen und Einwirkungen wirken sich aus, Verfestigtes steuert, manches verfließt demgegenüber, wird nicht greifbar. Neuentdecktes kann weiterführen, Zusammenfassungen legen sich nahe — oder es wird unbeweglich, unbehaglich; erledigen, abkommen, weggehen. Weil wir inzwischen Kunst und Begebenheiten beachten, merken wir, daß beide Seiten der Transfiguration hier zusammentreffen.

Kunstwerke zeigen, was GOETHE vom „Wesen" sagte: sie sind Wirkungszusammenhänge. Wirkungen stützen sich auf Beschaffenheiten und Begebenheiten. Selbst das sog. „unanschauliche Denken" wirkt nur, indem es aus Druck herausführt, Belastungen, Störungen ausräumt, indem es von Erlebensqualitäten geleitet wird (Aha! Mist! Endlich!), unter Anspannung, in Bewegungen des Hin und Her, unter Stockungen, in Träumereien übergehend, im Umsatz leiblicher Regulationen.

Allenfalls der Gesamtprozeß gleicht einem „Subjekt"; Kunst macht seine Produktionsbewegungen sinnlich erfahrbar. Erst in dem Prozeß entwickeln sich „Funktionen", wie Ablenken, Klären, Provozieren, Bestätigen, Ersetzen. Darauf können wir auch beziehen, daß Kunst Mühe macht, anstrengt, mitnimmt. Hier tritt ein Charakter von Transfiguration zutage, der sich als Behandlung eines Problems oder als Arbeit an einer Sache umschreiben läßt. Wir sprechen von literarischer Behandlung wie von Behandlung als Therapie, von Industriearbeit und künstlerischer Arbeit, von wissenschaftlichen Werken, von guten Werken wie von musikalischen Werken. Diese Vorgänge machen auf Probleme aufmerksam, auf Gegebenheiten und Aufgaben, auf

Auseinandersetzungen; was als Kunst der Transfiguration sichtbar wird, bringt etwas heraus, es leistet etwas, es ist in Bewegung und fordert Anstrengungen ab.

Wirkungseinheiten der Kunst sind „gegenständlich". Anschaulichkeit, Gegenständlichkeit und „Stoffcharakter" der Dinge wie des Erlebens sind Eigenschaften der Wirklichkeit, die immer da sind, genauso wie Tätigkeit immer da ist — das Seelische kann nicht stehen bleiben. Auch hier gehen Kunst und Begebenheiten wieder ineinander über. Gegenständliche Werke konturieren den Behandlungsprozeß, in dem sich Wirksamkeiten mit „geheimer Intelligenz" als Produktion verstehen; das geht jedem Verstehen i.e.S. voraus und beantwortet die Frage, wie Werke „in das Seelische hineinkommen".

Kunst — Behandlung fügt Wirkungstendenzen, Folgen und Ordnungen zu einer Gestalt, die funktioniert — das ist ein Maß. Funktionieren bedeutet, wie in der Umgangssprache, daß etwas zusammenpaßt, Bedeutung gewinnt und Kreise zieht, ohne auseinanderzubrechen. Im Funktionieren stellen sich Zusammenhänge her, die Leben erhalten und ausgestalten. Kunst fängt nicht irgendwo neu an; sie ist in Transfigurationen von Anfang an „gegeben". Im Funktionieren werden die Begebenheiten, die das Psychische repräsentiert, als Markierungen kunstvoller „Apparate" wirksam.

In den „Werken" von P. KLEE erweisen sich Behandlung, Gefüge, Funktionieren als Treffpunkt von Kunst und Begebenheiten der Transfiguration — damit stellt sich Ent-wicklung als etwas „Substantielles" dar.

Alltagskünste

Von Kunst im Alltag können wir aus verschiedenen Gründen sprechen. Wir verspüren etwas von dem Gefüge der Transfiguration, auf das Kunst aufmerksam macht. Wir erfahren „Kunst" als besonders ausgeprägtes Können oder als sinnlich erfaßtes Verhältnis von Wirksamkeiten. Wir bemerken Transfiguration als Behandlung von Dingen und Menschen, in bestimmten Variationen als „Selbst-Behandlung" von Lebensproblemen.

— Fremdenführung:
Versuche, anschauliche Gestalten in Erzählungen umzusetzen (Gefühlsgeschichten, Anekdoten, Gruselgeschichten, Kurioses); Reihenbildung zwischen ganz groß und ganz klein; Herausheben von Unerwarte-

tem, von Vexierbildhaftem, von „Merkwürdigem"; Historie als Verknüpfung (roter Faden); Produzieren von „Aha" und „Ohoo".

— Rede, Predigt, Statements:
Gliederung, Gruppierung von Problemen und Themen; Komprimieren in Bildern und Schlagworten; Zwickmühlen finden; Anreize, Ansprechbares, Übertragbares, Anklänge suchen (Verborgenes und Selbstverständliches, Rituale, Kunstvorbilder). Rhetorische Kunstregeln: Vereinfachung, Wiederholung, Steigerung, Rhythmus; an Unverrückbares appellieren; Übergänge zu Beeinflussung und Unterrichten.

— Karikieren:
Störbares entdecken, Analogien sichtbar machen, Ansätze zu Extremisierung wählen, die „andere Seite" herausfinden; Umwandlung durch Überfrachten — caricare —; Lösungen, Gestalten kippen lassen; Verrückungen anschaulich kennzeichnen; Herausheben eines Musters von Lebenszirkulation (Lebewesen), Metamorphosen beleben.

— Andenkenindustrie:
Abhilfe gegenüber Unfaßbarem durch transportable Werke; Verfügbarkeiten machen; Überzeichnen des Handhabens von Wirklichkeiten; Komplexanreize für Geschichten; „methodisches" Vorgehen; Haltbarmachen von Welt-Anschauungen; Versionen und Visionen von Wirklichkeit „nachweisen".

— Sprichworte, Horoskope:
Verfassung und Zuspitzung von Erfahrungen; Beweglichmachen durch Reiz des Orakels; Formalisierung von Chancen und Begrenzungen des Handelns; „Lyrik", Doppelsinn, Paradox, Ironie; Ausschlachten von Dichtung; Beleben des „Ganzen", des „Allgemeinen"; Brechung von Tätigkeitsformen; Zurückspiegeln, als bedenkenswert und kontrollierbar herausstellen; Verspüren-Lassen von Konstruktion und ihrer Behandlungsprobleme.

— Wissenschaftliches Arbeiten:
Entwickeln von Entwürfen, Modellen, Gesamtbildern — über Jahre hinweg: durch Variationen, Umbildungen, Probieren, Experimentieren, Verwerfen, Neugestalten hindurch (KANT: 13 Jahre Entwicklung der „Kritik"); Darstellungsprobleme; Einfälle, Zusammenbringen, Umsehen, Auf-den-Kopf-Stellen, Überprüfen; Beschreiben, Auseinandernehmen, Ein-Sicht, Rekonstruieren; Beweisführung, Argumentieren, Konsequenzen und immer wieder Hinsehen.

— Werbung:
Bewegung zwischen Einbinden und Herausstellen („geklärter" Alltag): Werbung geht in Ausdrucksbildungen unter, die sie selbst herstellt; Formen der Werbung als Durchgang zu anderem: „sinnvoller" Umgang mit Dingen und Werken, die durch Kauf zu eigen werden. Belebung von Nöten, Drängen und Erfüllung in „zufälligen" Lösungen, Anhalten, Stützen; Bilder für „Lebensbilder"; Symbole und Formalisierungsmöglichkeiten; Ansätze für Sitten, Gebräuche, Verhaltensregeln; Vorstrukturierung von Lebensformen, Gestaltungsmöglichkeiten; Typisierungshilfen.

— Dekorative Kunst:
Entlastendes Mittel-Maß beim Ausbreiten von Entdeckungen (Ordnungen, Aspekten, Techniken); Durchexerzieren von Schematismen (goldener Schnitt, Funktionsformeln von Modellen, Stilrichtungen); Handhaben von Methoden des Auslesens,

Heraushebens, Anordnens, Umstellens; „Stilpflege";
Neigung zu Allegorie und Symbolisierung.
— Sammeln, Handel, Versteigerung:
Zuordnen, Ergänzen, Erweitern und Begrenzen, Zentrieren und Umzentrieren; Vorentwerfen, Hin und Her, Steigern, Umkippen; Erspüren von Entwicklungsmöglichkeiten; Sich-Festlegen, Behaupten, Hineingezogenwerden in Bewegungen, „Abspringen"-Können; Ausleseprinzipien, Rolle von Konkurrenz und Bestätigung, Auseinandersetzung, Variation.
— Autoreisen:
Metamorphosen im Auftauchen und Verschwinden von Anhaltspunkten, Gestaltbildung durch ihre Abweichungen und Weiterführungen; Passendes oder Nichtpassendes zu Radiomusik, Träumerei, Gespräch: stimmungshafte „Gemeinsamkeiten" ordnen das wie Montagen ineinander; Verhältnisse zu Aufsteigendem, Abfallendem, Parallelen, Überschneidungen; Einschränkungen an Störungsstellen, Straßenkreuzungen, durch Verkehrszeichen; Umstellungen beim Gang durch Städte: Einlassen auf Anmutungen, Angebote, Fremdes, Heimlichkeiten.
— Gestaltung von Dingen und Werkzeugen:
Funktionswerte, Schemata; Ausdrucksbildung, „Gesicht"-Geben, materiale Symbole; Problem des Streamlining („Häßlichkeit verkauft sich schlecht"?) und der Verhüllungsästhetik; Bindung verschiedener Entwicklungsmöglichkeiten in Gemeinsamkeiten; anschauliche Klassifikation; Vergegenständlichung von Vermittlung und „Dienlichkeit"; Historisierungseffekt „alter" Geräte; Duchamps Irrtum: Geräte waren immer schon Kunst — Duchamps Rechtfertigung: Paradoxien des Vergehens und Wiederherstellens von Kunst.

Geschichten und Geschichtlichkeit der Transfiguration

Übergänge zwischen Konstellationen und Begebenheiten, zwischen Transfigurationen in Leben und Kunst treten zutage in geschichtlichen Entwicklungen. Wenn wir den Reichtum des seelischen Geschehens überschaubar machen wollen, legt die Beschreibung seiner Entwicklungsprozesse den Gedanken nahe, Seelisches sei als etwas zu verstehen, das Literatur werden wolle. Der Reichtum von Literaturen bietet dafür eine Reihe zusammenhängender Transfigurationen an. Die Bewegung auf Literatur zu läßt sich als Entwicklung von Seelenliteratur umschreiben; auffällig sind dabei Prozesse der Verdoppelung und Verdreifachung von Seelischem.

Bei Seelenliteratur kann der Akzent mehr auf den Keimformen liegen, die fundamentale Transfigurationstendenzen zu Ansätzen von Geschichten werden lassen. Auf dieser Basis versteht sich das Seelische selbst. Der Akzent kann aber auch mehr auf einem Leben von Geschichten liegen. Dann hat sich eine geschichtliche Entwicklung vollzogen, die Keimformen in mehr oder weniger fertigen Geschichten ausführt. Damit gewinnt jede Handlung den Charakter einer Erzählung: eine Sinngestalt baut sich als Folge auf, sie erhält geschichtliche Wendepunkte, sie folgt den Regeln der Entfaltung von Aufgaben und Lösungen in der Zeit; sie setzt Wirklichkeiten

— Mond erreicht! Freunde tot! Ich bin allein! (W. STAIG)
— Schreibunterlage von G. KELLER
— „Die Freiheit führt das Volk an" (E. DELACROIX)
Zwischen „Werdendem" und den Wirkungseinheiten, in denen wir leben, bilden sich mannigfaltige Geschichten aus. Sie tragen dazu bei, Wirklichkeiten zu organisieren.

26

nach Art eines Gesprächs zueinander in Beziehung. Diese „gelebte" Literatur entdeckt die Vielfalt von Wirklichkeit, indem sie zu Geschichten ausholt.

Literatur i.e.S. hebt sich davon ab als gesteigert, herausgerückt, gegenübergestellt, ins Werk gesetzt: das wird zur „erlebten" Literatur. Sie modelliert die gelebte Literatur. Sie bietet Muster, „Sprachen", andere Auslegungen, Spiegelungen, neue Wirklichkeiten, Entwicklungsmöglichkeiten an. Sie vermittelt „gemeinsame Schicksale" und dient damit der Kultivierung und Vergesellschaftung. Sie wird aber auch herausgefordert durch die Keimformen und die Aktionsformen von Seelenliteratur — durch das, was sie notwendig verfehlt in ihrer Begrenztheit, in ihren Ausdifferenzierungen und Steigerungen, nicht zuletzt durch Banales und Handeln-Müssen.

Seelenliteratur ist ein Total in geschichtlicher Bewegung. Keimformen, gelebte Literatur und erlebte Literatur wirken in Transfigurationen aufeinander. Die in literarischen Werken geformte und erlebte Literatur beginnt sich wie ein Gegenstand von einer Seelenliteratur wegzubewegen, die zugleich Bewegung und Maß, Vereinheitlichung und Mehr als jede Begrenzung ist. Umgekehrt sucht die erlebte Literatur immer wieder, diese Züge hereinzuholen und in Gestaltung und Umgestaltung zu formulieren. Keimformen, gelebte Literatur und erlebte Literatur entfalten die Kunst der Transfiguration. Zugleich ist die Seelenliteratur aber auch als Folge von Begebenheiten erfahrbar: ohne Spannung, Verspüren von Betroffensein, ohne Bedeutungen, Qualifizierungen, Einschätzen, ohne Erfahren von Veränderung und Weiterführung kämen die kunstvollen Gefüge der Geschichten oder Erzählungen nicht zum Zuge. Es fehlten auch die Drehpunkte der geschichtlichen Entwicklung von Seelenliteratur, die Keimformen, gelebte und erlebte Literatur in Bewegung zu halten.

Die Begebenheiten halten Kombinationen verschiedener Literaturen zusammen. Erlebte Literatur kann zum Zitat werden, in dem sich eine ganz andere gelebte Literatur bergen kann. Dennoch zeigen sich an Bedeutsamkeiten, Störungen, Konflikten die Verbindungsstellen zwischen den Literaturen. Das Verborgene kann eine Zeitlang Auseinandersetzungen ersparen; dann läßt sich die literarische Behandlung seelischer Probleme unter Umständen nur in einer psychologischen Behandlung fortsetzen, die diese Probleme kennt und anders zu gestalten

sucht — paradoxerweise, indem sie sich an Kunst orientiert.

Paradoxe Produktionen

Kunst-Psychologie ist eine paradoxe Angelegenheit. Das Psychische ist nach Art von Kunst zu denken, die Züge von Kunst bergen psychische Naturen. Das sind nicht Bereiche oder Vermögen, die für sich existieren und ab und zu zueinander finden. Paradoxerweise ist das zugleich untrennbar und doch verschieden. Hier wird eine Grundstruktur von Wirklichkeit sichtbar, die viel beweglicher ist, als es uns zunächst erträglich erscheint.

Aber die Sache ist noch paradoxer. Das Psychische kann kunstvoller werden als das, was sich „Kunst" nennt; umgekehrt kann Kunst Logik und Interessen von Seelischem besser verstehen als das „normal" und „natürlich" gewordene Seelische. Psychisches bringt „alte" Kunst zum Ausdruck, Kunst seelisches Werden. Natur und Kunst erscheinen wie Tendenzen, die rotieren können: Wachsendes, Organisches von „Natur" können am ausgeprägtesten bei Kunstwerken erfahren werden. Erfindung, Gemachtes, Verrücktes erweisen sich als Eigenschaften von Natur. Mal ist „Kunst" das Neue, mal ist sie Ordnung, mal das Gegenstand Gewordene.

Im Umsatz von Können und Werken (Gegenständen), von Gegebenheiten und „eigenständigen" Umbildungen, von Tätigkeiten und Ansichten, von verständlichen Folgen und befremdlichen Ordnungen sind Paradoxien „am Zug", die nicht auf einfache Kausalitäten zurückführbar sind. Ist es nicht erstaunlich, wie kunstvoll das ist, was wir als Ordnung, Markierung, Begrenzung von Wirklichkeit entwickeln, daß Worte und Dinge Lieben und Hassen bestimmen? Fragen über Fragen — Fragen nach Zusammenhängen und Fragen nach Paradoxien.

Hier gilt nicht die Frage nach Henne oder Ei. Das ganze konstituiert sich als ein seltsames „Indem" von Gegenläufen, Ergänzungen, Forderungen, Erfüllungen, Übergängen. Ob „Linie" zuerst in die Vielfalt gebracht wird durch Kunstwerke oder ob Gestalttendenzen sich in Kunst umsetzen, ist hier eine müßige Frage. Bedeutsamer ist, daß Kunst zugleich hinweist auf Übergang, auf Mehr, auf Forderung und auf reales Werk. So wie Psychisches hinweist auf Hervorgehendes, das aber auch anders oder durch „anderes" erfüllt werden kann, auf Qualitäten, die „da" sind und doch für sich nichts besagen. Immer haben wir mit etwas und anderem, mit Doppelheiten zu rechnen; mit Normen und Formen, mit Strömendem und Festem, Gestaltung und Umgestaltung.

Im Austausch von Kunst und Psychischem erfahren wir, daß die üblichen (logischen) Klassifikationen sich nicht halten. Was wir unter „Wesen" verstehen, wird sich als Wirkungszusammenhang und Problem erweisen — ohne damit völlig aus der Welt geschafft zu sein. Bewegliche Ordnungen erweisen sich untrennbar mit Versinnlichung und Vergegenständlichung verbunden; Erfahrung zeigt sich als Behandlung. Ausdruck ist Umbildung und Anderswerden, Entwicklung von Produktion ist Destruktion und Auseinandersetzung eines Totals; Kunst und Psychisches sind Ergänzungen in und von Metamorphosen.

Paradoxien

Notwendigkeiten, damit etwas „ist":
— *Etwas-Werden braucht anderes (Ausdrucksbildung: Wirkungseinheiten)*
— *Sinn ist Übergang (Darüberhinaus); Bewegung erschließt „Sein"*
— *Veränderung setzt Festlegung voraus, Verwandlung „System"*
— *Gestalt ist Einheit und Brechung, geschlossen und ergänzungsbedürftig, Bildung und Umbildung*
— *Einheit ist Zweieinheit (Gegensatzeinheit)*
— *Ganzheit-Glied-Beziehung ist Verrücken: Auslegung und Abweichung, Vermittlung und Verdeckung*
— *Paradoxien sind Voraussetzung für Gemeinsamkeiten und Widersprüche*
— *Problem ist Anhalt; Anhaltspunkte sind Probleme*
— *Paradoxien sind Untrennbarkeiten von (isoliert) Unmöglichem*
— *Sich-Zeigendes ist Erklärung genug, mehr als Erklärendes, Erklärungsbedürftiges*
— *Kunstwerke sind endlich-unendlich, offen und wiederholend, Leben und mehr als Leben*
— *Umkippendes: Offenheit für alles ist Offenheit für nichts; Übergang Zufall in Wesens-Inkarnation; Konstruktion wird Geschichte*
— *Entwicklung wird materiales Symbol — ein Mehr, das sein (neues) Eigenrecht in Wandlungen zu erhalten sucht*
— *Entwicklung eines „Lebenskurses" erhält sich nur in Auflösungen und Verwandlungen in anderes*

Variation: Museumsbesuch
(Wallraf-Richartz-Museum; Ludwig-Museum)

Was geht vor sich, wenn man beim Umgang mit Kunst nicht auf Beschreibung eingeübt ist? Der Gang einer Sonderschulklasse durch ein Museum macht darauf aufmerksam, wie sich auch hier Behandlungsformen bilden, die an „Kunst" Grundzüge des Herausführens von Wirklichkeit erfahren lassen.

Die ersten Fragen im Museum zielen auf den „Sinn" mittelalterlicher Malerei: was soll das darstellen? Ein Mädchen gibt sich selbst die Antwort „Kreuzigung"; dann verfolgen sie und die anderen anhand ihrer Bibelkenntnisse, was Engel, Soldaten, Verbrecher tun. Dann wird gefragt: was ist das wert? Und mit Blick auf ein modernes Zweifarbenbild: ist das auch was wert? Und wenn man das Museum in die Luft sprengte: welchen Wert hat das? „Wat dat Wert hat, dat dat Wert hat".

Ein Junge geht nahe an die Bilder heran: das ist alles gemischt, die Farben, ganz leicht gemalt. Das Gemalte gewinnt einen neuen Aspekt: das (Hartung) ist wie von einem Kind gemalt — das (P. Bordone) gefällt gut, der hat einen Phantasiepalast gemalt. Jetzt werden die Schildchen gelesen: wer hat das gemalt? Was ist das? Wie alt? (Man hat den Eindruck, der Künstler stelle für die Schüler seine Realität zur Überprüfung heraus — was er daran hatte). Es interessiert, ob die Bilder aus Farbe oder Gips oder Ton sind.

Als schön werden herausgestellt: ein Gemälde, das ein Stadtplan sein könnte — ein Utrillo wegen der „Herbststimmung" — „ne nackte Frau" von Maillol — Bilder, von denen die Oma oder die Schule eine Abbildung hat. Die Schüler laufen an allen Wänden entlang, wie ein Hund, der zunächst mal alles ausschnüffelt.

Van Goghs Zugbrücke wirkt „chinesisch"; ein Jagdbild erscheint trotz seiner Größe unklar: „so was haben wir als Puzzle". Picasso ist „ganz merkwürdig". Erstaunen und Freude, daß Liebermann sich selbst gemalt hat. Monet: wie schön, wie gemischt, wie doch geordnet, wie ineinander — das Mädchen merkt, daß es nicht die richtigen Worte findet. Nun greifen andere Ähnliches auf: bei F. Marc, bei Liebermann (wie bunt, wie geordnet, das paßt so, so hell und dunkel, so schön das Meer, die Schatten).

Bei Kokoschka sind „die Farben für sich schön bunt", aber: was soll das sein. Die Schüler kommen jetzt auf Unterschiede zwischen den Bildern. Sie halten sich dabei an „abendliche romantische Stimmung", an Untergliederungen (da ist, da ist und dann darüber). Sie stellen „Komisches" fest: von weitem Menschen, von nahe schöne Farben — das gibt es nicht, aber man erkennt es doch. Bei anderen Bildern: wie die stehen, so „reich", oder: so einfach, klar, sparsam; anderes ist „ohne Unterschrift nicht erkennbar" — „vielleicht wäscht sie auch dem Ehemann den Rücken" (Schlemmer).

Am Eingang zur Sammlung Ludwig: ist das Kunst, ist doch Schrott, Gebasteltes, Gefundenes. Das paßt nicht zu den anderen Sachen im Museum, was soll das? Sie benennen das „Material"; wo das im Alltag zu finden ist. Eine Erklärung, hier werde der Übergang von Alltag in Kunst gezeigt, findet Anklang und wird zu bestätigen gesucht: wie Bilder in Heftchen, aber schön (Lichtenstein); das sind „Leute" und wir sind auch „Leute" (Segal); Bilder aus Karton, Bilder aus Illustrierten, schön bunt abgerissene Plakatwand. Tinguely: das ist eine Spaßmaschine — als wollt das angreifen, warum fällt das nicht, wie hat der das gemacht?

In einer Doppelstunde, eine Woche später, diente dieser Museumsbesuch als Gliederung, Züge von Kunst herauszustellen. Die Schüler erinnerten sich genau an die Art und Reihenfolge ihrer Fragen; dadurch wurden sie auf Zusammenwirkendes bei den Bildern aufmerksam: Was drauf — Farbengemisch — Können oder Nichtkönnen — Vergleich. Zugleich war da einiges „komisch": Puzzle — Gesicht und doch nicht Gesicht — Farbig an sich — Andeutungen. Irgendwie bildete Kunst etwas ab, aber irgendwie machte sie auch etwas neu. Damit ergab sich die Binnenordnung des Unterrichtens wie von selbst aus dem Umgang mit Kunst, den die Schüler zuvor selbst entwickelt hatten.

Ein Prototyp für Kunst-Unterricht

A) — Kunst ist Abbilden
— Kunst ist Neubilden
— Kunst ist beides (mit Malversuchen)

B) — Kunst ist frei (probiert)
— Kunst ist geregelt
— Anfangs ist vieles möglich, später vieles notwendig

C) — Kunst ist Leben (Erfahrung-Machen)
— Kunst ist Kunst
— Kunst steht nicht auf einem Bein

D) — Übergang zu Kunst = Behandlung
— Kunst des Sprechens und Nichtsprechens
— Kunst des Herausstellens und Zusammen-Bringens

Brechung

Die Kunst der Transfiguration umschließt in einem Gegebenheit und Aufgabe, Gegenständliches und Tätiges, sie ist begrenzt und offen, Übergang von Sein

und Werden. Zugleich erfahren wir, daß bindende Gestalten wirksam sind. Wenn das nicht als Polaritäten stehen bleiben soll, müssen wir nach einem Einheitsprinzip fragen, das die Notwendigkeit des Übergangs in sich schließt.

Die Frage ist zentral, für die Psychologie überhaupt, nicht allein für die Kunstpsychologie. Denn es ist nicht genug, davon zu sprechen, Form und Inhalt hingen zusammen, Cognition und Motivation stünden in Wechselwirkung, Sehen und Tun seien verbunden. Wie das möglich ist, das ist zu beantworten; offenbar reichen die uns vertrauten Einschachtelungen gar nicht aus, eine Antwort darauf zu geben. Die Frage „wie ist das möglich?" ist wie kaum eine andere geeignet, spürbar zu machen, daß die alten Klassifikationen der Psychologie unbrauchbar geworden sind.

Was uns aus eingefahrenen Bahnen reißt, mutet zunächst fremd, seltsam, „häßlich" an. Die Frage nach einem dem Werden angemessenen Einheitsprinzip ist „häßlich", weil sie Geleise aufreißt, und die Antwort wirkt paradox, weil sie den linearen Auftei-

lungen einer „schönen" Lehrbuchgestaltung widerspricht. Wir werden um solche Charakterisierungen nicht herumkommen. Denn unsere Hypothese ist: Produktionen werden durch Brechungen zusammengehalten — Brechung ist das Einheitsprinzip der Gestaltungen von Kunst.

In Brechungen zeigt sich, was mehr oder weniger zusammenhängt: Sich-Ergänzendes, Beugen und Strecken, Ganzes und Glieder, Kern und Schale, Bewegung zwischen Hell und Dunkel, Veränderlichem und Festgelegtem. Damit rückt die Logik von Gestalten im Weitergehen und im Abwandeln der Brechungen von Wirklichkeit heraus.

Vielleicht wirkt das zunächst so, als werde nur von Zerstörung geredet, und sicher hat Brechung auch etwas mit Auflösung und Veränderung zu tun. Aber Brechung ist mehr: sie führt etwas in anderem fort, sie läßt „Farbigkeit" in ihrem „Medium" überhaupt erst entstehen, sie gibt „Mitteln" ihren Sinn, sie qualifiziert Übergänge. Brechung ist zwei und eins zugleich, sie ist undenkbar ohne Ergänzung und Widerstand, sie verbindet, indem sie ändert und Neues herstellt, sie schafft ein Sein im Werdenden.

Die Physik spricht von einer Brechung der Lichtstrahlen beim Übergang von einem Stoff in einen anderen, an der Grenze dieser Stoffe. Psychologisch läßt sich dieser Grundgedanke in verschiedener Richtung auslegen. Brechung hat mit Austausch und „Doppelleben" zu tun — Geschehen setzt sich fort, indem Abweichen und Brauchen zusammenkommen. Daher halten Handlungseinheiten und Gliedzüge zusammen, Bedeutungen und Bedeutungskreise; daher gehen Gegebenheit und Tätigkeit zusammen, Abwandlung und Gemeinsamkeit. Dadurch werden Vermittlungen angesprochen — Ergänzungen, Modifikationen, Formen des „Durchdringens" und Auseinandersetzens. Fortsetzungen umschließen Wirkungen nach „vorn" und „zurück".

Das sind doch die Züge, die wir in einem Einheitsprinzip zusammenfassen wollen: daß Konstruktionszüge der Formenbildung sich notwendig brauchen, ergänzen und widersprechen, daß sie gegeben und aufgegeben sind, bestimmt und offen. Indem wir Brechungen herausstellen, geben wir der Diagnose von Kunstwerken und Lebensformen systematische Anhaltspunkte. Seelisches verbindet sich, indem es sich verändert: so gehen Entwicklungen vor sich, so erfüllt sich etwas im Aufgehen in anderes, so vollziehen sich Metamorphosen.

Was ist denn die sog. Befriedigung? Eine Aufhebung, eine Abfuhr, eine Spannungsreduktion? Besagt das Auflösung von Elementen in Nichts? Warum dann soviel Mühen! Oder was ist die Ganzheit-Glied-Beziehung? Was ist Passen, Ganzmachen, Schließen? Wie kann ein Sinn Einzelheiten umfassen? Wieso ändert der Kontext Sinn? Sicher nicht, weil das dem entspricht, was die Cognition „will" oder weil „gute" Figuren einsichtig sind. Warum wirken Bilder, warum halten sie zusammen — warum nicht immer? Weil das Gedächtnis ihre „Informationen" speichert oder weil sie einen Inhalt nachmachen? Das sagt nichts über Zusammenhänge, die etwas verständlich machen, weil hier zunächst einmal aufgeteilt und das Aufgeteilte dann für selbstverständlich gehalten wird.

Brechung hält demgegenüber fest, daß nichts für sich existieren kann. Das finden wir eigentlich in dieser Wirklichkeit überall vor; es ist nur ungewohnt, Brechung als Bindung zu denken. Wir denken, daß sich gleiches mit gleichem bindet, während sich ungleiches voneinander trennt (Assoziieren; Gleichartigkeit). Die Kunst lehrt, hier umzudenken: Brechungen verbinden, indem etwas durch andere „Gebärden" ausgelegt wird — die Welt durch unseren Leib, der Leib durch das Haus, das Haus durch unser Tun. So wird bei SCHERNER der Traum, bei ARCHIMBOLDI das Sichtbare als Produktion in Entwicklung verständlich.

Psychästhetische Prinzipien werden uns darauf aufmerksam machen, daß die Brechung „ästhetisch" genannt werden kann: sie hält Geschlossenheit und Ungeschlossenheit zusammen, sie ist eine „Methode" des Erhaltens und Umbildens, sie rückt Entwicklungen „in sich" heraus, sie verbindet Beschaubarkeit und Umgestaltung, Gegenüber-Haben und Verändern, Aufhören und Weiterführen. Brechung ist ein Urphänomen.

Brechung: Traumkonstruktion

— *Seit 1900 ist FREUDs Analyse des Traumes sachlich und methodisch Vorbild psychologischer Rekonstruktionen: ein scheinbar sinnloses Durcheinander wird aufgedeckt als ein „Gefüge" oder „Gebilde": ein Gefüge von Wünschen und Verdeckungen, mit Arbeitsleistungen, die etwas zum Ausdruck bringen und abschirmen sollen; das ganze belebt durch nützlich gemachte Regressionen. FREUD zeigt, wie das eine mit dem anderen in einem Handlungskreis zusammenwirkt.*

— *Umgekehrt wird hier der Umgang mit Kunst rekonstruiert: ein scheinbar ohne Schwierigkeit zu erklärendes Geschehen wird als befremdliches Gefüge transparent: „Kunst"-Tätigkeiten und Begebenheiten stellen Wirklichkeiten heraus, indem eine eigene Mechanik in Gang kommt, die Verwandlungen ermöglicht. In den Verwandlungen finden wir verschiedenartige Zusammenfassungen vor, sie steigern sich in Zuspitzungen, verändern sich dabei aber auch in Entwicklungen und Übergangsstrukturen: sie sind Brechungen.*

— *Es ist allerdings die Frage, ob sich das gemäß einem Nacheinander-Schema ableiten läßt. Gesichtspunkte wie „Montage", „Dazwischen", Verrücken, Gestaltbrechung, Paradoxie deuten auf andere Verhältnisse und Entwicklungen hin.*

— *Davon wird auch die Auffassung von Traum und Traumdeutung betroffen. Die Zerlegung der Traumbilder durch Brechung bringt die „Kunst" der Träume heraus; sie entwickelt eine Methode, bemerkbar zu machen, daß es „in" den Produktionen ungeahnte Verhältnisse gibt: eine psychologische Mechanik, ein Spektrum von Brechungen, ein psychästhetisches Getriebe, die wir bei Tage über ihren Wirkungen und über unserem Bewerkstelligen von Wirkungen „vergessen".*

— *Die Morphologie des Traums zeigt sich in einem charakteristischen Entwicklungsgefüge: es deckt auf, daß sich Leben seine Kategorien durch Dinge, Menschen, Qualitäten, Wirksamkeiten „hindurch" bildet — daß Keimform aller Ausgliederungen ein Entwicklungsschema ist, das sich in Chancen und Begrenzungen auslegt — daß ein „Gang" durch verschiedene Versionen von Gestaltbrechung die Probleme der Wirklichkeit zu erschließen sucht — daß Grundverhältnisse in anschaulichen „Übersetzungen" rotieren. Damit wird eine ganz andere Zeitbestimmung als die Zeitlinie herausgerückt.*

zu Brechung: Besuch von Ausstellungen

1) C. Permeke (Knokke 1975)

Befremdliches — trotz Kenntnis (Vorkenntnis) —; das Unsichere, ob man damit fertig wird; Geschichtliches als Hilfe (weg von Jugendstil und Impressionismus).

Erste Hypothese, damit fertigzuwerden: das soll „Feststehendes" geben, Wuchtiges, Erdschweres, Materielles, gebrochen in Atmosphäre; und zwar die „Realität" des Dorfes, ohne in „Realismus" zu verfallen und ohne in Formschwünge zu geraten (andere Brechungen).

Zweite Hypothese: das soll zugleich den Charakter der Fläche des Bildes betonen. Daher brechen Flächen-Gestaltung („Farbe in sich") und Sinn gegeneinander und auseinander, analog werden Materie und Linie, „Ausdruck" und Konstruktion absichtsvoll auseinandergesetzt.

Daraus ergeben sich eindringlich herausrückende Zentrierungen: die „Fritenbude", der „Kuhstall", das Dorf vor dem Orangehimmel, die übereinander Liegenden.

Das Erleben von Paradoxem: daß aus der Nähe nur Farbgemälde, aus der Ferne der Sinn von Wolken-Meer, von Essern in einer Hütte, von Pfeifenrauchern sichtbar werden. Oder: daß zwei Schwünge und zwei Abstriche der Hintern einer Nackten sind.

2) „Kunst bleibt Kunst" Köln 1974

„Spurensuche". Man sieht Reihenbildungen, Metamorphosen, Übergänge — Brechungen: Filz, Haar setzen sich in Beschreibungen (Legenden) fort, Zeichnungen sollen Bedeutungen verdeutlichen, Kommentare (. . . will dadurch Betrachter in Leben dieser Menschen einbeziehen) und Gekramtes ordnen sich um eine Atmosphäre oder um ein Objekt (Filzhüte inmitten entsprechender Bildtafeln). „Eingelegtes" in Schaukästen: Knochenreihungen, botanische Kästen, Urkunden und Überreste (Schuhe, Wäsche), Buchbestandteile und vergilbte Briefe, Werkzeuge — Brechungen.

Dabei kommen verschiedenartige Bedeutungskreise auf. Die gewohnten Aspekte musealer Anordnungen gewinnen eine neu bemerkte mitgestaltende Funktion; das kann kippen: das ist die Kunst, aus Nichtkunst Kunst zu machen (Llhuros-Parodie). Umgekehrt: „Leben" erweist sich als „Kunst-trächtig": Anregung, immanent geordnet; Natürliches zwischen „zufällig" und „gestaltet".

Man erlebt, daß feste Auffassungen von Kunst fraglich werden; man sucht nach anderen Ansätzen. Zugleich aber irgendein „ästhetisches" Grundmuster spürbar: als Brechung.

Doppelleben und Ausdrucksbildung von Brechungen

Das seelische Geschehen versteht sich „in sich" — vor jeder Reflexion, vor jedem wissenschaftlichen Verstehensprozeß. In seinen Transfigurationen versteht es sich als etwas, das weiterkommt, zerstört wird, auf Widerstand stößt, das einiges aufwenden muß, sich steigern kann, in Bewegung ist, gewinnt oder verliert, das sich müht oder dahinspielt. Je nach Konstellation erlangt das andere Bedeutung füreinander; um mit Wirklichkeiten und Wirksamkeiten zurechtzukommen, kann sich das Ganze des Zusammenspiels von Fall zu Fall zentrieren, straffen, einengen oder öffnen, ausbreiten, sich treiben lassen. Das alles läßt sich auch an Bildern oder Musik beschreiben.

Im Sich-Verstehen reagiert das seelische Werden auf sich selbst, es berücksichtigt Notwendigkeiten und Abwandlungschancen, es bildet seine Sinngestalten und Organisationsformen, indem Produktionen weitergeführt werden. Hier entwickelt sich etwas „in sich" und bleibt dadurch paradoxerweise in den Wirklichkeiten des Lebens wirksam. Das vollzieht sich einigermaßen „automatisch"; aber man kann diese Beobachtungen weder auf Willenshandlungen noch auf das Bild eines Taubenschlags zurückführen.

Der Umgang mit Kunst kennzeichnet diese Produktion, die sich versteht und „in sich" zu etwas entwickelt, als Ausdrucksbildung. Bei einer Ausdrucksbildung ist es unerläßlich, so etwas wie ein „Doppelleben" zu berücksichtigen — genau das steckt in dem Sich-Verstehen, in dem Weiterführen von etwas in anderem oder in dem Zum-Ausdruck-Nehmen der Transfigurationskunst.

Im „Doppelleben" der Ausdrucksbildung wird das Prinzip der Brechung entfaltet: als Umsatz in Sichtbares, Faßbares, Wiederholbares, als Zergliederung von Spannungen, in Destruktion von Gegen-ständen; als Klärung durch Feststellen von Reichweite, Grenzen, Verfügbarkeiten, als Formulierung in Sprache, Musik, Bild; als Steigerung, Spiegelung, Zuspitzung, als Wendung zu „mehr", zu „größerem", zu Werken.

Ausdrucksbildung ist auch deshalb eine sachgemäße Bezeichnung, weil sie nicht allein abgehobenes und zergliedertes Material, sondern auch Komplexqualitäten, Anmutungen, Drängen einbegreift. Ausdrucksbildung ist Gestaltetwerden und Gestalten in einem. CROCE spricht in diesem Sinne von Ausdruck: er ist Eindruck und Gestaltung des Eindrucks zugleich. Ausdrucksbildung verdeutlicht, daß sich Wirkungen zu etwas Weiterem — als Sinn oder Ausdruck — bilden; sie erhalten darin überhaupt erst ihren eigentümlichen Ausdruck, ihr Gesicht. Selbstverständlich handelt es sich hier nicht um den Ausdruck eines „Inneren" oder einer „Persönlichkeit", sondern um Entwicklungsprozesse, die sich zu etwas machen — wie das auch beim Kunstwerk der Fall ist.

Ausdrucksbildung so verstanden, bringt uns die paradoxe Beziehung von Eigentümlichkeit und Geschichtlichkeit nahe: was zum Ausdruck drängt, erfährt sich nur, indem es Geschichte wird; was etwas ist, erfährt sich in der Wirkung in anderem, ohne daß es dadurch verloren geht. Es kommt sogar erst durch die Umgestaltung, durch das Verrücktwerden in ein anderes, in ein umfassenderes Ganzes zu sich. Dagegen kann sich etwas zum Ausdruck Drängendes ver-

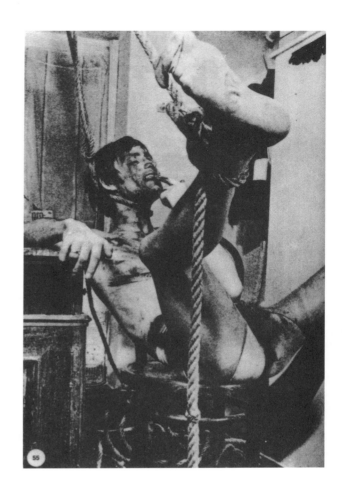

Bei G. BRUS und A. RAINER finden sich Ausdrucksdränge und zugleich Erproben entschiedener Gebärden (Affektkritzel, gewaltsame Verzerrungen, Entblößungen); dabei ergeben sich verschiedenartige Übergänge — sie verdeutlichen auch, wie Ausdrucksdränge und Kunstangebot („Rembrandt") einander brechen können.

Ausdrucksbildung macht Anwandlungen in „Zitaten" unserer Kultur zu gestalthaften „Etwassen"; sie bringt eine Fülle von Regungen in verblüffende Gebärden; ihr Ausdrucks-Gehalt steigert sich paradox in Formelsprache und „Weglassen" (Zeichnen ist Weglassen — LIEBERMANN).

Warum wir Hochzeitslieder üben?
Weil wir uns entsetzlich lieben!

kehren, wenn es nur ganz allein „sei du selbst" sein will (Peer Gynt: sei dir selbst genug).

Ausdrucksbildung ist nicht ein lineares Herausdrücken von Vorgegebenheiten in Erscheinungen hinein (Zahnpastamodell). Ausdrucksbildung heißt, die Wirklichkeit spricht mit sich, entwickelt sich in sich, macht etwas aus sich; Kunst und Seelisches werden dieser „Dialektik" inne und führen dadurch Wirklichkeit weiter aus. Kunst und Seelisches wissen erst, was sie sind, indem sie „sich" in diesem Prozeß erlernt haben. „Seine" Identität zu finden, ist eine paradoxe Sache, wenn man von Kunst und Transfiguration her denkt. Es fällt angesichts der Beweglichkeit von Produktionen schwer herauszustellen, was „eigentlich" und „uneigentlich" ist; das geht allenfalls, wenn Probleme und ihre Anforderungen an „Durcharbeiten" aufgedeckt werden können oder wenn man eine geschichtliche Entwicklung mit bestimmten Fortsetzungen konfrontieren kann.

Für den Umgang mit Kunst spielt die Frage nach „Uneigentlichem" oder „Gefälschtem" eine wichtige Rolle. Man ersehnt Anhaltspunkte, „Aufgesetztes", „Gelogenes", „Unwahres", Ungekonntes, „Nicht-Konsequentes" zu entlarven. Die Ausdrucksbildung kann gleichsam aus Dreck Gold machen; umso stärker wird das Motiv, hier auf Konsequenzen zu kommen, die „Natur" einer Sache von Verfälschungen freizuhalten und, nicht zuletzt, etwas über Originalität zu sagen. Die Suche nach Beurteilungskriterien ist Suche nach Anhaltspunkten, Konsequenzen und Ausdrucksbildungen („in sich") aufzudecken. Dazu ist noch einiges zu tun.

zu Ausdrucksbildung: Bunuel „Viridiana"

Ein alter Mann holt seine Nichte Viridiana, eine halbe Nonne, zu sich aufs Land; das Mädchen gerät ohne es zu ahnen, in seltsame Sexualriten — der alte Mann erhängt sich, er hinterläßt sein Gut der Nichte und seinem Sohn. Viridiana sammelt die Bettler der Gegend um sich — ihr Tun überschneidet sich mit der Arbeit ihres Vetters, der das Landgut aufbauen möchte. Als beide in die Stadt fahren, feiern die Landstreicher eine zerstörerische Orgie; die zurückkehrende Viridiana wird vergewaltigt, der Täter erschlagen. Der Film endet damit, daß Viridiana und ihr Vetter zusammen Karten spielen.

In dieser äußeren story bewegt sich die Entwicklung eines „allgemeinen" Komplexes voran, der mit fundamentalen Verhältnissen unseres Lebens zu tun hat: es geht um das, was feststeht und doch nicht feststeht, was nicht stehenbleiben kann und doch immer wieder zu einem Ende kommen muß. Das wird unmittelbar versinnlicht in der Wiederkehr von „Beinstellungen" und „Springseilen" sowie im Übergang von „Heiligem" und „Gemeinem".

In der Entwicklung der story entwickelt sich eine Art Doppelleben: die story bringt zum Ausdruck, was wir als Getriebe „in" der Wirklichkeit verspüren — und auch selbst leben — die „ewigen" Chancen und Begrenzungen von Geschlossenem und Ungeschlossenem, von Verhältnissen, von Wirklichkeiten und Überschreiten der Wirklichkeiten, von Sterbendem und Werdendem. Aus diesen Transfigurationsproblemen erhalten die sinnlichen Produktionen — Sexualität, Perversion, Arbeit, „Abendmahl", Mord — ihren Sinn.

zu Ausdrucksbildung

— Ausdrucksbildung von „Sexualität": durch Verbalisierung, Lyrik, Behinderungen, Verlagerungen, Perversionen wird „Sexualität" produziert, zu etwas gemacht, zu einem Motivationszusammenhang; umgekehrt Formen von „Sexualität" als Angebote, anderem Ausdruck zu geben: Gereiztheit, Einwirkung, „Erfahrung", Gelingen, Berechtigung, Widerstand.

— Umgang mit Kunst als eine Form des Weiterführens von Ausdrucksbildung, beispielsweise von Problemen der „Sexualität": was sich als Sexualität organisiert, lebt im Umgang mit Kunst weiter — wird angeregt, „motiviert", zugespitzt, ausgelegt, „entwickelt".

— Verschieden ausgestaltete Formen der Ausdrucksbildung ergänzen einander: Vorgestalten, Entwürfe, Ausführungen, Durchexerzieren. Moderne Musik, die sich eines Grundmaterials von Ausdrückbarem durch Verrücken versichert — Wagner-Opern, bei denen „Ausdruck" und Konstruktion ständig ineinander übergehen. Fehlen von „Melodie" und „Führung" fördert eigentümlich den Genuß von Ausdrucks-Problemen in der nicht mehr „schönen" Musik; wie unausgeführte Ergänzung läßt sich die Kunst von „Symphonischem" ahnen.

— Beschreibungen von Ausdrucksbildungen durch Künstler: „etwas sagt", „etwas kommt zum Ausdruck", „etwas in Arbeit" darstellen (van Gogh).

— Surrealismus, Nonsense, Ionesco: Verdeutlichen von Ausdrucksdrängen in Abweichendem; Prozeß der Ausdrucksbildung in Verselbständigung, Zwängen, unvermeidbaren Konsequenzen spürbar; Umkippen von Ausdrucksentwicklung durch die Chancen und Begrenzungen der Doppelheit von Ausdrucksbildung.

— Gestalten als erstes und letztes: Untrennbarkeit und Unaufhebbarkeit von konkreten Gestalten und gestalthaften Bedingungen, von Geschichten oder Bildern und Konstruktionen — Auslegung und Ausdrucksbildung im Kreis von Verwandlungsprozessen.

Kombinierbarkeit und Bildungsprinzip als Folgen

Es ist erstaunlich, was sich alles kombinieren läßt; und es ist genauso erstaunlich, was ein Bildungsprinzip oder eine Leitlinie der Produktion im ganzen zusammenbringt und aushält. Das ist eine Folge der Transfigurationskunst, die mit Brechungen und ihren Ausdrucksbildungen operiert, wenn sie Wirklichkeit zum Sprechen bringt. In Montagen, Collagen, Verfremdungen, in surrealen, „abstrakten", kubistischen Werken experimentiert Kunst ausdrücklich mit der Bewegung von Kombinierbarkeit und Bildungsprinzipien. Sie verdeutlicht damit einen Zusammenhang, der sich bei jeder Produktion einstellt. Das gilt auch für die „alte" und scheinbar „normale" Kunst; Bilder der „Natur" machen den Übergang von „Physik" in „Metaphysik" spürbar.

So kann ein Gemälde oder eine Zeichnung der „Natur" erfahren lassen, daß „Material" Ordnungen birgt, daß in Farben Bedeutungen wirksam werden, daß Einzelheiten komponiert werden können im Übergang zu einem Gesamtton, einer Stimmung, einem Typus oder Verhältnis (Blume — Sommer — Feld und Himmel). Dabei kann eine Leitlinie oder ein Bildungsprinzip in diesen Kombinationen wirken, das zerlegt, entfaltet, auseinandergesetzt und von verschiedenen Ecken aus wiedergewonnen wird.

E.A. POE hat in seiner „Philosophie der Komposition" den Übergang zwischen Bildungsprinzip und Komposition sowie die Arbeit der Vermittlung, mit elegant „naturalistischer" Attitüde, als geplanten Fabrikationsprozeß dargestellt. Kombinationen und Bildungsprinzip führen die Bewegungen der Seelenliteratur und den Umgang mit Bildern dazu, daß „man sich dabei etwas denken darf". Wir beginnen die Entwicklungsmöglichkeiten der Wirklichkeit, ihre Übergänge, Verhältnisse, das Angewiesensein und das Doppelleben von Wirksamkeiten zu verfolgen.

Solange der Umgang mit Kunst nicht in Klischees erstarrt, wird das „Leben" unserer Produktion erfahren wie etwas, das sich selbst darstellt. Bildungsprinzipien stellen den „Charakter" der Produktion heraus, der uns — wie unsere Lebenskunst — zunächst einmal verborgen ist (vgl. Kap. V).

Wir leben in Handlungseinheiten — aber das bleibt unbemerkt; wir können uns auf die „Automatik" seelischer Gefüge verlassen — aber wir staunen, wenn diese Konstruktionen aufgedeckt werden. Wir leben in Werde-Systemen, ohne es zu wissen. Das sind notwendige Voraussetzungen von Kunstwerken, und zugleich ist das wiederum die „Kunstseite" von Produktionen. An den Arbeiten von Steinberg kann man sich sowohl Kombination und Bildungsprinzip wie auch die Darstellung von Wirklichkeit als Entwicklung vor Augen führen.

Rekonstruktionsansatz: Entwicklung bei S. Steinberg

Bei den Karikaturen vor Steinberg steckte der „Witz" meist im Inhaltlichen. Bei Steinberg liegt das Komische auch in der Linie. Sie hat ein Eigenleben gewonnen, und dieses Eigenleben erscheint „systematisiert". Seltsamerweise bewegt sich dieses Eigenleben nicht von der Wirklichkeit weg. Im Gegenteil. Indem wir Steinbergs Linien oder Gestalten verfolgen, entdecken wir Wirklichkeit: ihre Strukturen, ihre Gegensätze und Entsprechungen. Man hat zugleich Spaß an Steinbergs Linien und auch Spaß an der durch ihn besser verstandenen Wirklichkeit.

Wie eine Stenographie begann sich Steinbergs Linienführung nach 1945 durchzusetzen: mit einer Ausnahme — und das war Steinberg selbst. Da machte er Weltbilder aus Fingerabdrücken oder aus Stempeln oder aus Notenblättern. Da zeichnete er Gemaltes, Fotographiertes, Geschriebenes, Architekturen in neue „Bilder" (von Bildern) um. Dann ließ er Brötchen als Autos laufen, versetzte Begriffe in Bewegungen und Anschauungen zurück.

Dann verwickelte er den Zeichnenden in seine Zeichnungen, die Natur in die Technik ihrer Darstellung, die Ornamentik des Alltags — z.B. bei Luftpostbriefen oder Aufklebern — in Weltlabyrinthe. Dann setzte er die großen „Muster" der Kunstgeschichte neben seine Strichmännchen an die Bar. Surrealistisch stellte er unsere Gedanken und Befürchtungen auf die Straßen amerikanischer Städte neben Hochhäuser und Autos, während er aus seinem Zeichentisch eine Kunst-Ausstellung machte.

Steinberg ist kein „Verwandlungskünstler", der uns durch verblüffende Tricks zum Beifall hinreißen will. Es geht ihm um etwas ganz anderes: er macht sichtbar, was wir gar nicht ahnen und wahrscheinlich auch gar nicht so genau wissen möchten. Steinberg führt uns in Verwirrung, macht uns sprachlos, weil er uns die „Kunst" vor Augen führt, die in den Verwandlungen des alltäglichen Lebens steckt.

Die Entwicklung der Arbeiten von Steinberg bewegt sich um einen geheimen Mittelpunkt: Steinberg lernte darzustellen, daß Verwandlung ein Lebensprinzip ist; und er lernte zugleich darzustellen, daß es Prinzipien der Verwandlung gibt. Seine Bilder zwingen uns, Verwandlung als Lebensprinzip zu beachten, wenn der Fingerabdruck zum Gesicht wird, das Notenblatt zum Käfig, der Stempel zur Sonne; wenn die Kunstgeschichte zur Natur wird, das Fernsehen zum Empfangs-Organ.

Verwandlung kann alles für alles andere nehmen; sie macht aus Andeutungen etwas ganzes, sie stellt her, was scheinbar fest ist, und setzt in Bewegung um, was wir für gegeben halten. Daher werden die Linien von Steinbergs frühen Bildern so lebendig: weil sie zugleich auf unsere „Realitäten" und auf Abweichungen von unseren „Realitäten" aufmerksam machen. Daher gewinnen Stempel, Brötchen, Aufkleber neuen Sinn: weil sie anderen „Linien" des Lebens zum Ausdruck verhelfen können. ohne daß sich ihre Eigenart völlig auflöst.

Steinbergs Kunst, das ist die Macht des Weglassen- und des Zu-Ende-denken-Könnens, das ist zugleich Hinsehen und Hindurchsehen, das ist Eingehen auf Übergänge und Steigerung von Gestaltung. Steinberg sucht Paradoxes auf die knappste Form zu bringen: er sucht nach Formeln für Veränderung und zugleich sucht er die Spannweite der Veränderlichkeit von Formen zu verdeutlichen. Dem dient ein Spiel mit „gerade noch", die Darstellung eines „Seins", das in etwas anderes umkippt; dem dient die Versinnlichung von Übergangsreihen.

„Die Absicht einer Zeichnung liegt darin, die Leute fühlen zu lassen, daß in ihr noch etwas anderes steckt, jenseits des Wahrnehmbaren. Die Reise zwischen Wahrnehmung und Verstehen — damit vor allem spiele ich." (STEINBERG)

Das Plakat, das Steinberg für seine Ausstellung in Köln entwarf, ist ein Beispiel dafür:

Das ist „gerade noch" eine Straßenkreuzung für Verkehrsteilnehmer — und schon „mehr" an sonst verdecktem Lebenssinn; das ist „gerade noch" ein Menschenschema und schon mehr als Foto oder Kritzel: Gesicht und Maske, Kulturwesen und Tier, „Unterbau" und Metamorphose.

Das „Sein" der Lebewesen steht auf der Kippe zu Mustern, Formen, Stempeln; das Bewegliche, Zufällige am Rand von Verschachtelung, Mechanik, Gewirbel, Getriebe. Tod und Wesen: sie lassen sich zeichnen — sie sind wirklich.

Wem wir zuerkennen, Wirklichkeit zu repräsentieren — wem wir Schatten zuerkennen —, das kann übergehen in Schatten, dessen Grund wir nicht kennen oder in „runde" Realitäten, die wir nicht richtig einschätzen können.

Das ist eine Vielfalt, scheinbar im Durcheinander — bei genauem Hinsehen aber eine Struktur: Diagonalen, die die Perspektive des Straßenkreuzes verstärken — Vordergründiges und Hintergründiges (die sich gegenseitig auslegen) — ein Schwerpunkt in Technischem, Gegengewichte im seltsam Natürlichen.

Entdecken von Wirklichkeiten als Brechung von Wirklichkeiten

Seelisches kann sich in alles wandeln, was sich in Spiel und Gegenspiel entfalten läßt — dabei erfährt es zugleich, welche Wirklichkeiten einander nah oder fern sind, was verwandt und feindlich ist, was sich in einander verwandeln kann und welche Chancen und Begrenzungen sich für Gestaltung und Umgestaltung ergeben. Auf diese Weise tragen Transfiguration und Brechung dazu bei, unsere Wirklichkeit zu kategorisieren und die Ordnungen der Wirklichkeit lebendig zu machen. Sie bringen Wirklichkeit durch Leben zum Leben, sie lassen Leben durch Leben beschaubar werden — das Leben von Kunstwerken ist wiederum der Prototyp dieser Produktion.

Das ganze gibt dem Gedanken einen neuen Sinn, daß sich ein Charakter nur „im Strom der Welt" bildet. „Mitleid und Furcht" sind dann keine „inneren Gefühle", sondern Folgen realer Brechungen, die spürbar machen, wie faszinierend und ungeheuerlich Metamorphosen sind. Die Neugier, was andere tun, Neid, Liebe und Haß haben mit den Chancen und Begrenzungen von Verwandlungsmöglichkeiten zu tun: mit dem, was wir haben können oder nicht, mit dem, was uns abgenommen wird, mit dem Können, das uns „Spaß" macht.

Wir müssen durch solche Verwandlungen hindurch, um zu erfahren, was wirklich ist: welche Ordnung und welche Entwicklungsmöglichkeiten es hat. Das sind Beweise für die Sentenzen: Wer sich nicht aufgibt, wird sich nicht finden, nur wer stirbt, kann werden. Aber das ist nicht mit Appellen an den „Willen" oder von „logischen" Einsichten her ins Werk zu setzen. Das vollzieht sich in den Bildungen und Bildern, die eigenen Gesetzen folgen. Der Umgang mit Kunst verdeutlicht, daß Verwandlung ein geschichtlicher Prozeß ist. Daraus folgt die Bedeutung von Einübung, Verdauen, Wiederkehr, Haben, von Um-Wegen, Verlagerungen, Umstrukturierungen, von Probieren, von Auskosten und Ausschmücken.

Kunst und Seelisches sind nicht Produktionen im „innern Kämmerlein" eines Subjektes. Daher sind Einwirkungen, die sich nicht weiterbilden lassen oder die Verwandlungen abnehmen, schwer zu ertragen: der (böse) Blick des anderen, die „gutgemeinte" Diagnose und Beratung, das „offene" Wort, die Überzeichnung — nicht zuletzt: das Kunstwerk. Ganz im Sinne der Macht von Verwandlungen lassen sich Kinder schon durch Benennung fest bannen und in Rage bringen: „Kriegt Ilse keine Sülze, brüllt se" — und sie heult schon.

„Vor der Sündflut": da hat man etwas, das bewegt und macht staunen, da sträubt sich etwas und kreist sich zum Witz ein, in eine Gestalt, die unwahr und wahr ist. „Vor der Sündflut" gerät uns dazwischen, wie wir dazwischen geraten: hier haben wir Seelisches, Wirklichkeit und wir haben sie in Metaphern. Seltsam, wie wenig man darüber stolpert, was da alles funktionieren muß und wie verrückt das ist; dagegen ist man gern bereit, das Bild einfach abzutun.

Zwei phantastische Geschlechtswesen, als liefen sie so für sich herum. Ihre „Entwicklungsmöglichkeiten" zentrieren sich um das Schema Lebewesen, mit einigen Grundfunktionen; das Bild legt aus, welche Qualitäten, welche Bewegungen, Chancen, Begrenzungen, Zuspitzungen für die „Verkehrsmöglichkeiten" wirksam sind. Was kann hier „Inhalt" oder „Form" genannt werden — die Metamorphosen geben den Sinn.

Werke können die Probleme von Transfiguration und Brechung austragen. Kunst „erinnert" an ihre Konstruktion — an das Spiel von Beliebigkeit und Korrektur, von Ausdrucksnot und Können. Kunst bezieht in Verwandlungen ein, indem sie uns etwas leibhaftig gegenüberstellt — sie verspricht, Verwandlungen erfahrbar und verfügbar zu machen. Die Geschichte der Kunst veranschaulicht die Wirkungsgeschichte des Herausbildens von Wirklichkeit durch Werke, die etwas aus Verwandlungen gemacht haben. Sie rückt damit die Geschichte seelischer Versalität in den Blick.

Paradoxerweise ist die „Rettung der Phänomene" in Kunst und Wissenschaft verbunden mit der Rettung eines „phantastischen" und „poetischen" Zwischenbildes der Verwandlung der Phänomene. Das ist eine Brechung, die sich im Traum, in der Seherfahrung" von Wissenschaft wie in der Gestaltung der Kunst zeigt. Ein Vergleich zwischen dem Abfotografieren von Wirklichkeit mit dem Herausrücken von Träumen, von wissenschaftlicher Rekonstruktion, von Kunstarbeit macht das augenfällig. Das Ins-Werk-Setzen von Erfahrungen umschließt zugleich ein Herausrücken solcher Zwischenstellungen — Gestalten als „Schräge" oder Verrücken — wie ihre Zerlegung in Anhaltspunkte, Anreize, Analogien und Störungsformen. Das wird uns noch im einzelnen beschäftigen.

Herausführen von Wirklichkeit

— *Produktion ist Herausführen von Wirklichkeit, nicht zu verwechseln mit Subjektivität; Kunst zerstört die Illusion eines (festen) „Ich".*

— *Kunst vermittelt Wirklichkeiten; sie macht ihren Sinn, ihre Lebenswege und Landschaften erfahrbar. Sie geht allen möglichen Ent-wicklungen nach und ist daher auch formalisierbar. Ein Ziel der Behandlung: Wirklichkeiten leben.*

— *Kunst belebt die Probleme und Paradoxien des Herausführens von Wirklichkeit und vergegenständlicht sie („Besinnung" bei SCHLEIERMACHER).*

— *Kunst wirkt nach, indem wir Landschaften von Kunstlandschaften her „sehen" lernen; das ist Umgestalten.*

— *Kunst ist so verrückt, seltsam, komisch, paradox wie die Wirklichkeit: weil sie das Muster unserer Lebensverfassungen ist.*

— *„Natürlich" ist einer der künstlichsten Begriffe des Umgangs mit Wirklichkeit.*

— *„Pleite", Zufall, Ablenkung sind Chancen (Reize) für Umbrüche (W. BUSCH „Schnurrdiburr", Kap. V: „doch solcherlei Verdrüsse pflegen / die Denkungskräfte anzuregen")*

— *Verwandlungen können nichts ungenutzt stehen lassen: sie lassen sich verwickeln (wenn etwas ist) und sie verleiben sich genauso alles mögliche ein.*

— *Das Paradox des „farbigen Abglanzes", an dem wir Leben haben, zu verstehen, ist Lebensaufgabe; Kunst macht den „Glanz" seiner Wahrheit erfahrbar.*

— *Kunstwerke sind Gegenstand gewordene Brechungen.*

— *Die moderne Kunst gibt uns die Konstruktionszüge des Herstellens von Wirklichkeit einzeln in die Hand.*

Versalität

Brechung ist ein Grundprinzip, das sich auch auf das Verhältnis der verschiedenen Wirksamkeiten zum Ganzen beziehen läßt. Daß das Ganze die Teile umfaßt oder aufhebt, bleibt eine Metapher, solange die Probleme dabei nicht gesehen werden. Das Umfassen oder Aufheben gelingt nicht immer und setzt einiges an Veränderung voraus; das Ganze schluckt nicht einfach die Teile, die Teile wirken auf das Ganze usw. — das erfahren wir eindringlich beim Umgang mit Kunst.

GOETHE beobachtete, daß sich die Organe wandelten, je nachdem welche Stellung sie im Ganzen einnehmen; er stellte auch fest, daß die Glieder in gewisser Weise das Ganze zu werden suchten. Er nannte das Versatilität — damit gewann er einen ersten Anhaltspunkt darzulegen, wie Glieder und Ganzes aufeinander wirken und welche Verhältnisse sich dabei herstellen. Wenn wir dieses Grundmotiv von Produktion verfolgen, das Transfiguration und Brechung ergänzt, decken wir eine eigentümliche Konstruktion auf.

Mit Konstruktion wird ein Gefüge von Wirksamkeiten umschrieben, das Regeln folgt, nach denen etwas funktionieren kann. Davon hängt ab, wie sich Produktionen herstellen, welche Probleme Werke zu bewältigen haben oder mit welchen Störungen Behandlung zu rechnen hat.

Es geht um Ganzheiten, aber sie sind begrenzt und sie begrenzen ihrerseits. Sie schaffen nie alles auf einmal; zugleich mit Verbindungen und Unterstützungen sind auch Ausschließungen und „Verdrängungen" da. Indem wir uns auf die Geschichte dieses Bildes, dieses Liedes, dieser Arbeit einlassen, können wir nicht zugleich alle möglichen anderen Geschichtlichkeiten herstellen.

Um diese Probleme von Produktion geht es FREUD in seinen Arbeiten über die Paradoxien der Libido (Narzißmus), über das „Jenseits" lustvoller Phänomene oder über die notwendigen Unvollkommenheiten von Kultivierungsprozessen. Wir haben nicht einfach mit Wirkungszusammenhängen in Bewegung zu tun, sondern zugleich mit „Verfassungs-Gesetzen" für Wirkungseinheiten. Das sich bildende Total einer Produktion ist abhängig vom Funktionieren bestimmter Angebote, Auslegungen und Kategorisierungen; es begrenzt sie jedoch zugleich durch seine Verfassung. Indem wir versuchen, diese Regulation genauer zu analysieren, decken wir ein grundlegendes Wandelbarkeitskonstrukt auf, das Versalitätsproblem seelischer und künstlerischer Produktion.

Versalität hält die Beobachtung fest, daß Gestalten — Landschaften, Situationen, Menschen, Werke — ihr Leben in Umgestaltungen und Übergängen gewinnen. Sie verleiben sich andere Gestaltungen ein und sie werden durch diese Gestaltungen wiederum modifiziert. In Bindung und Destruktion nehmen sie Angebote anderer Gestaltungen auf — „faß mich", „trink mich", „iß mich", „lies mich" —; sie werden dadurch aber auch anders. In diesem Übergang von Gestalten, in ihrer Brechung, vollziehen sich Auslegung und Kategorisierung durch ein Ganzes und für ein Ganzes.

Was zum Ausdruck kommt, ist einerseits darauf angewiesen, an umfassenden Kategorisierungsprozessen teilzuhaben — es erhält Sinn „als" Anhalt, Wirkung, Auflösung in einer Entwicklung. Andererseits bestimmt es die Bildung „dieses" Ganzen. Es bestimmt mit und ist doch abhängig, es ist etwas Eigenes und doch ist es so etwas nur in der Brechung anderer Kategorien. Die Entwicklung dieser Verhältnisse umschreiben wir als Versalitätsproblem.

Kunstwerke repräsentieren das Versalitätsproblem; sie halten fest, machen habhaft, ordnen, bilden um. Sie setzen ihre Gestalt in ein Verhältnis zu anderen Gestalten, die sie ausnutzen und einschränken, indem sie neuen Entwicklungen, neuen Unbestimmtheiten, neuen Ansichten und Ordnungen Raum lassen. Dabei werden die Wirksamkeiten, die auf Ausdruck drängen, in dem „Witz" einer Wirklichkeit gebrochen, deren Entwicklung für den Sinn von Lebensverhältnissen zeugt.

Versalität: Gestalt ist, was einheitlichen Ausdruck und Brechung ermöglicht — MICHELANGELOs und LEONARDOs Skizzenblätter sind Brechungen und Einheit zugleich, anschauliche und sich entwickelnde Lebenseinheit in „verrückt" zueinander geordneten Teilen. Beweglich und verschiebbar ist, was diese Versalität als Ganzes erhält.

Probleme und Lösungsprinzipien von Versalität

Das Versalitätsproblem kennzeichnet einen Kern von Forderungen, die psycho-logische Lösungen ausrichten. Die Richtung hat zu tun mit: Weiterführung, Austausch, Brechung, Ganzheit-Glied-Beziehung, Entwicklung, Zirkulation (als Chance und Begrenzung), Funktionieren, Sinn.

Das entspricht dem, was sich an Kunstwerken zeigt: weiter, zusammen, dagegen, indem, auseinander, gewandelt, einbezogen, abgemindert, gesteigert. Und das entspricht auch Bildern oder Formeln, nach denen wir uns Entwicklungen vorstellen: Kreis, „Polarität und Steigerung", Spirale. Nicht zuletzt rührt es an Gedankenkreise, die Bildung und Umbildung als Ordnungsmöglichkeit verstehen: als Umorganisation, „Entwicklungshilfe", Umverteilung.

Hier können wir zunächst einmal festhalten, daß verschiedenartige Wirksamkeiten (Brechungen, Kategorien) beanspruchen, das Ganze der Produktion zu bestimmen. Ihr Anspruch läßt sich modifizieren, aber nicht völlig durchsetzen oder aufheben. Bei der Behandlung des Problems spielen Zirkulations- und Entwicklungsschemata eine wichtige Rolle; sie umschließen das Hin und Her der Transfiguration (Versionen; Kap. IV). Die Tendenz, das Ganze zu bestimmen und damit die eigene „Logik" nach allen Seiten zu entfalten, muß notwendig zu Auseinandersetzungen und Gegenbewegungen führen.

Das Versalitätsproblem erfassen und darstellen bedeutet: auf die Konstellation eingehen, die sich ergibt, wenn Logik und Mechanismen verschiedenartiger Wirksamkeiten zugleich zum Ausdruck kommen wollen — und dann in der Entwicklung einer Verfassung dieser Konstellation den Stellenwert erhalten, der die Lebenszirkulation einer Wirklichkeit stützt.

Die sich bildende Produktion im ganzen ist „motiviert" durch die unvermeidlichen Unvollkommenheiten, die der Bewegung dieses Problems entstammen. Erfahren von Chancen und Begrenzungen, Auseinandersetzung, Störung, Destruktion und Verfehlen sind genauso unumgänglich wie die ständige Wiederkehr verschiedenartiger Ansprüche. Denn jede Produktion ist darauf angewiesen, die verschiedenartigen Grundkategorien auszunutzen und zu „befriedigen" — was auch immer ins Leben tritt, gerät in diese Dramatik, sucht sich darin zu qualifizieren und in den Umsatz ihrer Entwicklungsprozesse zu gelangen. Daher ist es überflüssig, noch eigens „Triebe" oder „Bedürfnisse" als selbständige Beweger einzuführen.

Was als Gestalt dabei produziert wird, sucht einen Sinnzusammenhang herzustellen, kann aber nicht all seinen „Motivationen" gerecht werden. Nur in Brechungen, die fortsetzen und verrücken — in verrückten Fortsetzungen — sind Lösungen möglich. Kunst und Seelisches nähern sich vereinheitlichenden Produktions-Gestalten in paradoxen Verbindungen von „allgemeiner" Konstruktion und geschichtlicher Entschiedenheit; Sich-Erfahren und Sich-Verbergen („Geheimnis") bilden sich zugleich aus. Abweichung, Entschiedenheit, Zufall, „Verdrängung" sind unumgänglich.

Das ganze in sich bewegte, sich bindende und entzweiende Konstrukt ist Grundlage, Mittel, Aufgabe

und Sinnbestimmung seelischer Wandelbarkeit. Es ist unmöglich, etwas aus einem Motiv oder einem letzten Element abzuleiten: die Explikationen von Kunst und Seelischem erwachsen aus dem Indem der Versalität. In den Brechungen des Versalitätsproblems erhält sich und entwickelt sich, was ins Leben kommt, am Leben bleiben will, Leben ausgestaltet. Das läßt sich in den Metamorphosen verfolgen, die wir als Folge von Form—Inhalt—Form—Inhalt oder als Folge von Anschauung—Bewegung—Anschauung—Bewegung zu gliedern gewohnt sind — das läßt sich aber nie von da aus erklären.

Konstellationsprobleme: Kruzifixe

— *Umgrenzung: durch Kreuz-Balken*
durch Leibschema
durch Gottestod (Mensch-Erlöser-Gott)
— *Ansätze: Sich-Verrücken von Kopf—Rumpf—Gliedern—Bekleidung (Sich-Auslegen von Beweglichkeit, Beugung, Halt, Zentrifugal—Zentripetal). Übergänge von Gesamtbewegung (der Leibesphysiognomie) und Binnengliederung (Anhalt, Einschränkung, Herausforderung, Unterstützung), von Materialem und Symbolcharakter der Verhältnisse in Entwicklung.*
— *Konstellationen: Verhältnis von Angeheftetem und Sich-Wendendem, von Ausgewinkeltem und Drehungen, von Streckung, Stauchen, Aushängen, Verrenken und Sich-Bäumen, Aushalten, Überwinden. Einbindung in Kreis des Ausmaßes von Leiblichkeit; Erfahrbarmachen von Möglichkeiten und Unverrückbarkeiten — anhand einer Ausdrucksgestalt.*
— *Bewegung der Konstellation: Einerseits „Fixierung" (Kreuzigung) des Sich-Ballenden und Bedrängenden einer Inkarnation; Behinderung von Entfaltung, solange Leiblichkeit nicht als Verhältnis erfahren wird. Andererseits Beweglichkeit symbolischer Ordnungen, die Gegebenheiten auslegen.*
Metamorphosen dazwischen: Erfahrung von Zufälligem in Ordnungen, von „chaotischem" Leben und Geometrie. Voluminöse Wirklichkeiten in „Fassungen" gebracht.
— *Geschichtliche Entwicklung: an einem Konstellationsproblem arbeiten Künstler über ein Jahrtausend „gekonnte" Wiedergaben aus. Sie entwerfen Gesamt-Bilder, die die Konstellationen von Auswinkelung und Drehung, von Anheftung und Überwinden in eine Entwicklungsgestalt bringen.*

Kruzifix (Art Guggenbichler)

Sich steigernd-ausbreitender Korpus; demgegenüber kleiner Kopf; Hautfetzen wie „Sterne". Gliederung (Unterteilung) durch Arme, Perizonium und Füße — als Festlegen: als wirkte das dem Körper entgegen, der „steigt".

Durch An-drehen der Körperbreite kommt Annäherung an flach haltende (anheftende/fixierende) Teilung zustande. Heraustretende Knie, eingezogener Unterleib, angenagelte Füße verstärken in einem die Teilung/Fixierung und die Steigerung des Steigens. Der kleine, schräge Kopf erscheint einerseits als freiestes Herausrücken, andererseits als stärkste Abweichung vom Steige—Körper.

Gefüge: „dazwischen" wirkt eine Schraubbewegung: zwischen Festlegungslinien und Hochsteigen, zwischen Winkel und Beugungen, Windungen, Drehungen. Die Arme verrücken sich als Teilung auf die Drehung der Breite, während sich die Breite auf die Arme verrückt; die Übertragung von Breite ins Dimensionale — Knie übereinander — betont den Schraubcharakter. Das Breitendreieck erscheint wie eine Abwandlung der Schraubbewegung der Beine. Im Verrücken, Übertragen, Umwandeln wird das Prinzip eines gebrochenen Hinauf spürbar.

Psychästhetik

Psychästhetik ist zunächst einmal ein globaler Hinweis, daß hier Seelisches und Kunst zusammengebracht werden: sie verdeutlichen sich gegenseitig, sie haben eine gemeinsame Struktur. Von dieser Grundlage hebt sich dann ab, was als „Kunst" im engeren Sinn bezeichnet werden kann. Das Seelische ist eine erste Kunst, die Kunst eine zweite Seele. Psychästhetik ist ferner ein Hinweis auf die eigentümliche Logik praktikabler Lebensformen. Daher ist Kunst auch ein Zugang zur psychologischen Behandlung.

„Ästhetisch" verweist auf Sinnliches, das wir für wirklich und wahr nehmen — Erleben, Vernehmen, Hören, Bemerken, Sich-Offenbaren. Die Zusammensetzung von „Aisthesis" und „Techne" — Gestaltung, Arbeit, Kunst, Wissenschaft — stellt betont die Produktionszüge heraus, die in dieser Wirklichkeit zutagetreten. Hier ist nichts zu spüren von einer Trennung in Aktiv und Passiv, in Innen und Außen, Subjekt und Objekt.

Das zeigt sich im methodischen Umgang mit Kunst; wenn die Beschreibung von Kunstwerken, ohne daß wir „Inneres" bemühen und ohne daß wir vorgefertigte Klassifikationen herantragen, zu gleichen und gemeinsamen Charakterisierungen führt wie die Beschreibung der Zusammenhänge von Erleben und Verhalten beim Umgang mit Kunst. Kunst und Seelisches legen sich gegenseitig aus.

Indem wir den Bewegungen der Ausdrucksbildung von Wirklichkeit folgen, stoßen wir beständig auf psych-ästhetische Entwicklungen, die die Produktionen ordnen. Das Geschehen gewinnt Farbe, „Bild", Gestalt, es rundet sich, steigert sich und klingt ab; es ordnet sich, gewinnt Rhythmus, spiegelt sich in Wiederkehr, im Austausch, in Gegenüberstellungen und Gegenbildern. Wir beobachten freies Spiel, Variation,

„luxuriöse" Bereicherung; das wird genossen, dramatisiert, in Form, Formel, Symbol, Stil, Gebärde zentriert.

Wir erfahren zugleich Übergang, Ahnung, Schwebe, Vision als wichtig — wir wollen gar nicht los von dieser „Unlogik", dem „Unzweckmäßigen", den Verdichtungen und Mehrdeutigkeiten anschaulicher Formen. Nicht zuletzt: wir hoffen auf Neugestaltung, auf Neu-Sehen, auf Umbruch des Gewohnten wie auf den „Glanz des Wahren", des für uns bedeutsam Werdenden. Daß wir alles Mögliche „schön" nennen können — den mathematischen Beweis, die passende Handlung — ist mehr als eine Metapher.

Wir sind von Beispielen ausgegangen, die Kunst in Alltagsformen sichtbar machen. Sie alle lassen psychästhetische Momente erkennen: das Aufgehen in der Anschauung von Dingen beim Schaufensterbummel, das Mitbewegen in den Sinnlichkeiten der Kirmes, das Hingerissenwerden in Film und Theater, die Entwicklung im Gesamtkunstwerk einer Messe, das Genießen von Autofahren auf freier Bahn. Die Wandlungsformen finden ihre Anhaltspunkte in Thema und Variation, im Verhältnis „einfacher" Formen zu Sproßformen, im Hin und Her von Übergreifendem und Untergliederndem, von So-Sein und Analogie, von Vertrautem und Befremdlichem. Dem entstammen die Ähnlichkeiten und Gegensätze, die von Gestalten der Verwandlung, von ihrer Polarität, von ihren Reihen und Steigerungen sprechen lassen.

Im Seelischen geht es anders zu als formal-logisch. Das Seelische folgt „ästhetischen" Gesetzen — so wie Kunst den gleichen Sinnzusammenhang von Wirklichkeit voraussetzt wie das Seelische. „Vorgestaltliches", Vages, Komplexes, Verdichtetes sind nicht Mängel, sondern lebenswichtige Wirklichkeiten; sie sind unum-

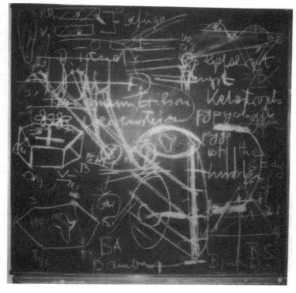

gänglich, wenn wir mit der Vielfalt und dem Werden von Wirklichkeit zurande kommen wollen — wenn wir Leben gestalten wollen.

Genauso ist es mit Übergängen, Schwebe, Verwandlungen — würde man sie ausrotten, könnte Seelisches nicht mehr existieren. Reichtum statt Zwang, bewegliche Ordnung statt Schematisierung, Ineinander und Zwischenpositionen statt „sauberer" Trennungen, Werden statt „unsterblicher Klötzchen", Entwicklung statt Linearität — mit diesen Zügen von Kunst gehen wir auch über die Gleichsetzung von „ästhetisch" mit anschaulichen Elementen oder anschaulichem Denken hinaus. Psychästhetik rückt Transfigurationen, nach Art gestalthoher Kunstwerke, in den Vordergrund: Modellierungen, Gefüge, Dimensionen, Kreise, Systeme und ihren Überfluß. Freiheit, Beweglichkeit, Reichtum, Über-Flüssiges begründen auch die Methode der Wissenschaft. Denn dadurch werden „Besinnung", Umweg, Sinnangebot, Zweifel, Experimentieren — und Im-Griff-Behalten — überhaupt erst möglich.

Psychästhetik bedeutet, daß das Sich-Zeigende und die Bedingungen des Sich-Zeigenden wie in einem Kunstwerk ineinander übergehen — wie Phänomen und Urphänomen, wie Gestaltung und Umgestaltung, wie Transfiguration und Begebenheit. Daher kann man von Gestalten als erstem und letztem sprechen; daher wird das sich entwickelnde Werk von den Entwicklungen der Wirklichkeit gestaltet, denen es Gestalt gibt — in einem Austausch.

Die Psychästhetik findet im Kunstwerk das Vorbild der Brechungen eines anschauungs- und erlebensanalogen Totals, das sich fortsetzt, indem es sich wandelt. Sie sucht die paradoxe Konstruktion unserer Wirklichkeit in Übergangs- oder Entwicklungsbegriffen zu fassen, die das seelische Geschehen „jenseits" einer Trennung von Natur und Kunst charakterisieren.

Richtlinien von Psychästhetik

In Richtung Psychästhetik steuern vier Regulatoren. Sie unterstützen Problementwicklung und Werk im Voranschreiten, stellen sie aber auch auf die Probe.

Eine erste Regulation betont, daß Doppelheiten untrennbar miteinander verbunden sind: Ansicht und Tun, Erfahrung und Anteilnahme, Struktur und Sinnlichkeit; Gestalt ist Innen—Außen, Sein—Werden, Form—Bedeutung. Was rational trennbar erscheint, erweist sich psychästhetisch als untrennbar. Sinnliches, Materielles, Leiblichkeit sind — untrennbar — Wirksamkeiten seelischer Systeme; Transfiguration ist Kunst und Begebenheit zugleich. Daher brauchen wir Kategorien für Übergänge, nicht für Trennungen. Wir stellen uns ein auf Spielraum, Paradoxien, „Übergangszeit", Beweglichkeit und Veränderung von Sinn, Auseinandersetzung. Das spiegelt sich in der Geschichte der Kunst wie auch im einzelnen Werk.

Untrennbare Doppelheiten, versatile Fortsetzungen, Formulierungen, die brechen, phantastische Symbolik sind Kennzeichen der in Kunst und Leben immer wieder neu zu gewinnenden Psychästhetik: „Schmieren" hebt bei REMBRANDT die Atmosphäre des Amsteldeichs heraus; LEONARDO produziert ein phantastisch-wirkliches „Gewächs" — das „Tafel-Bild" eines Psychologischen Instituts „erinnert" daran.

Eine zweite Regulation erinnert daran, daß wir in einer geschichtlichen Welt leben, in der nichts stehen bleibt; wir müssen vielmehr mit versatilen Fortsetzungen, Umwandlungen, mit „Resten" rechnen. In jeder Entwicklung kommt anderes auf, die Dinge nehmen eine neue Wendung, Zufall, Störung, Verkehrung lassen sich nicht ausschließen. Eine Sache ist etwas, aber zugleich setzt sich darin auch anderes fort — von der Seite kann man das auch formulieren. Daher gibt es auch keine „letzten" Gründe und keine „reinen" Elemente. Sowohl die Untrennbarkeiten als auch die Fortsetzungen lassen sich in einer Spiralbewegung versinnlichen.

Paradoxerweise kommt das Seelische aber auch nicht um Formulierungen herum — trotz Untrennbarkeiten und Fortsetzungszwang. Das hängt mit dem Eigenrecht zusammen, das Konstruktionen gewinnen; sie zentrieren ihre Entwicklung um eine ihnen immanente Ordnung. Diese Ordnung bildet Prinzipien, Sinnzusammenhänge, eine „Logik" wie einen Namen oder eine bildhafte Formel aus. Es ist, als werde in diesen Formulierungen eine Lebensweise gestaltet; Literatur, Musik, Malerei führen das Sich-Benennen und Sich-Fassen von Wirklichkeiten in ihren „Werken" aus, verbreiternd und steigernd, zentrifugal und zentripetal zugleich.

Damit klingen auch bereits Züge an, die der vierten Regulationstendenz von Psychästhetik zukommen. Die Formulierungen von Kunstwerken können auf den phantastisch-realen Symbolcharakter aufmerksam machen, der aus dem Verdoppeln und Verdreifachen von Brechungen erwächst. Im Symbolischen wird nicht allein etwas in anderem mitbedeutet; im Symbol entsteht auch eine neue Wirklichkeit, die einen eigenen Lebenssinn hat, der mehr ist als das, was er zusammenbringt. Daher kann man auch von einer materialen Symbolik sprechen. Das Kunstwerk geht auf dieses Regulativ ein, indem es für eine Vielfalt von Bewegungen eine Gestalt entwirft, die ein neues Leben zu entwickeln beginnt.

Wenn es um „Logik" geht, so ist auch bei einer Psychästhetik nicht zu verkennen, daß Maß, Verhältnisse, Entwicklungen, Begrenzungen, Konsequenzen eine Rolle spielen. Zweifellos sind Doppelleben, Verdichtungen, Kreise, Spiralen keine einlinigen Regeln — aber es sind Regeln. Hier gelten andere „Grundsätze" und hier geht es um andere Prinzipien — aber das ist nicht regellos.

Kunstwerke machen die Regulationen von Psychästhetik spürbar. Sie lassen Konsequenzen erkennen, die durch Störungen auf die Probe gestellt werden können. In ihnen wird ein Maß von Bewegungen und Gegenbewegungen erfahren; in ihnen treten uns Gestalten entgegen, die Verhältnisse von Wirklichkeiten herausrücken.

Eine Logik liegt auch in dem Paradox, daß Kunst mehr und weniger als Leben ist. Die Konsequenzen der Lösung konkreter Konstellationsprobleme werden in Entschlüssen und Entscheidungen ins Bild gerückt; der Umgang mit Kunst übt demgegenüber den Typus des Verspürens von Konsequenzen ein — die Last des Entschlusses wird dadurch zumindest für den Betrachter verschoben (was sich sofort ändert, wenn er Geld dafür ausgeben soll).

Kunst funktioniert „real" und drängt zugleich darauf, dieses Funktionieren zu überschreiten. Daher läßt sich Kunst nicht mit Vollkommenheit oder Zweckmäßigkeit gleichsetzen — was sich als „vollkommen" darstellt, belastet sich psycho-logisch automatisch mit Ironie und Karikatur („Frivoles Museum"). Kunst spricht typische Implikationen des Produzierens an, indem sie ihre Werke entfaltet: Probleme, Konstruktionsnotwendigkeiten, Übergänge; dadurch rückt sie Zwischenwelten und Paradoxien heraus.

Psychästhetik als Metasprache

FREUD beschäftigte sich bereits bei der „Traumdeutung" mit der Frage einer Grundsprache und der Übersetzung dieser Sprache in verschiedene Formulierungen. Er bezog sich dabei auf manifest, latent, bewußt, vorbewußt, unbewußt. Zu einer eindeutigen Funktionsformel kam er nicht; wahrscheinlich, weil er schwankte, ob das Latente und das Unbewußte gleichzusetzen seien.

Wir können die Frage auch von einer Psychästhetik aus angehen. Psychästhetik kennzeichnet die Richtlinien von Transfigurationen; sie begründet, wieso Versalität in Kreisen und Entwicklungen gestaltet wird. Psychästhetik sagt etwas aus über die Grundsprache oder Metasprache verschiedener Ausdrucksformen von Kunst und Psychischem. Es geht hier um Konstruktionen — Transfiguration, Brechung, Versalität — und nicht um Erklärungen von Kunst aus „Anschauungen", „Gefühlen", „Bilddenken".

In Wirkungseinheiten formen sich die Grundzüge von Psychästhetik zu spezifischen Gestalten aus. Das „Wesen" solcher Wirkungseinheiten ist wie eine Produktion mit eigenen Problemen, Chancen, Begrenzungen, Regeln und Konsequenzen zu verstehen. Es ist etwas anderes, ob sich unsere Auffassung kunstanalog einer „Welt im Werden" — mit ihren paradoxen Konsequenzen — nähert oder ob sie Chancen dieser Wirklichkeit einseitig mit einigen Festlegungen verknüpft (Phantasie; Es; Prägnanz) und sich ständig „Synthesen" auflädt.

Die eigenartige Logik dieser Metasprache zeigt sich darin, daß Psychästhetik „Methode" begründet. Methoden erwachsen aus dem Überfluß der Lebenszirkulation — aus Beliebigkeiten, Kompositionsmöglichkeiten, Umwegen, Verrückbarkeiten, die von vornherein Lebenszirkulation als „ästhetisch" kennzeichnen. Psychästhetik begründet Methode in materialen Verwandlungen, in gelebtem Verstehen und in sinnlichem Reichtum. Damit entspricht die psychästhetische Logik den „methodischen" Bewegungen des Austauschs in Kreisen und Spiralen; sie entfaltet sich in Brechungen, Verdoppelungen, Übergängen und Verwandlungen. Wie die Methode ist diese Logik selbst in Entwicklung: sie trägt unser Verstehen, indem sie Gestalten als Hin und Her aufdeckt und mit Paradoxien rechnet. Ihre Kategorien beziehen sich auf etwas, das „Kern und Schale mit einem Male" ist. Kunstwerke arbeiten mit der gleichen Methode.

Die Analyse von Produktionsprozessen deckt auch in banalen seelischen Prozessen psychästhetische Transfigurationen auf. Wir ahnen beim Hinsehen und Tätigwerden gar nicht, welche „phantastische" Konstruktion darin wirksam ist. Solche „Bauwerke" oder „Landschaften" deckt Kunst auf; sie sind Vorbilder für „Kunst", und sie sind zugleich Formen, die uns die Geschichte der Künste gelehrt hat. Bilder lassen spüren, daß „mehr" dahinter steckt; doch schon der Gedanke an Absichten oder Unbewußtes vereinfacht das zu sehr in Richtung einer Zweiteilung.

Die Transfigurationen der Kunst betonen, welche Bedeutung „Reizendem", Offenem, Unverfestigtem, Paradoxem, Unordentlichem zukommt, dem „Segen" des Konkreten und des Zufalls. Psychästhetik verbindet durch Steigerung, Extremisierung, Auf-den-Kopf-Stellen-Können, durch Umbrechen von Sinnbildern in neue Sinnbilder. Sie wirkt sich aus im „mehr" und „anders" von Ganzheiten, in Überdeterminationen, in den phantastischen Einheiten aus Natur und Kunst, die unser Leben bestimmen. Der Reichtum ihrer Transfigurationen meidet nicht das Unsagbare, Ungeheure, Ungeordnete, Ungestaltete. Hier wird ein anderes Maß für seelische Zusammenhänge sichtbar, das nicht durch Meßskalen zu bewältigen ist.

Darin ist auch begründet, daß die Kunst-Psychologie vorwissenschaftliche Erfahrungen nicht einfach beiseite schiebt, sondern — methodisch bearbeitet — weiterführt. Wenn Kinder und Erwachsene ihre Wirklichkeiten beschreiben und die Klischees beiseite lassen, mit denen sie die Geschichte der Philosophie und Psychologie versorgt hat, tritt eine Auffassung zutage, die einer Psychästhetik entgegenkommt. Die Aussagen der Dichter und die Schriften von Malern und Musikern unterstreichen das: für eine Psychästhetik ist Gestaltung—Umgestaltung mehr als ein schöner Spruch — Gestaltungsprobleme verfolgen bedeutet, eine Logik aufdecken, die „bewegliche Ordnungen" der Wirklichkeit wahrnehmen läßt.

Kunst führt uns vor Augen, was Transfigurationen sind und zugleich auch, welche Logik dabei wirksam ist. Daher läßt sich die psychästhetische Metasprache an Kunstwerken veranschaulichen. Wie bei einem Kunstwerk ist in dieser Sprache mehreres zugleich „logisch" wirksam — aufeinander angewiesen, sich ergänzend, modifizierend, „herausführend" (producere). Demgemäß sind die „Verbindungen" zugleich geschlossen und ungeschlossen. Wie in einem Kunstwerk ist das so und da Wirkliche zugleich Entwicklung eines Totals. Wie in einem Bild lebt ein Zusammenhang in Fortsetzungen, Gleichklang, Gegenwirkung. Wie in einem Gedicht sind Gegebenheiten Glieder voranschreitender Tätigkeiten, Tätigkeiten Entfaltungen von Gegenständen.

Zerlegt man das in Empfindung, Reaktion, Motivation, Cognition, dann wird das ganze zerstört. Daher brauchen wir psychästhetische Kategorien, die das Ganze in Entwicklung angemessen herausheben; auch bei „einfachen" Leistungen ist zu achten auf Gestaltung—Umgestaltung, Verdoppelung, Rhythmus, Entsprechung, Gegenbewegung, Paradox, Auslegung, Verdichtung, Versinnlichung, Übertragung, Weiterbildung, Steigerung, Gefüge, Kreise. Die Metasprache der Psychästhetik gibt der Kunst und den Begebenheiten der Transfiguration Halt und Bedeutung; sie ist zugleich Gegebenheit und Aufgabe. Sie fordert und fördert eine Entwicklung, die zu „Be-schaubarem" und zu Gestaltung—Umgestaltung, als „Unterhaltung" von Sinn, hinführt.

Verwandlung

Der „Inhalt" von Kunst und Seelischem ist Verwandlung; das bestimmt die Produktion, und die Kunst bringt das zutage. Es sind wirklich Verwandlungen; sie lassen sich nicht abschwächen in „Phantasievorstellungen" oder „Einfühlungen". Die Gestaltwandlungen, die Ovid, Flaubert, Joyce, Kafka, Märchen, Mythen und Heilige Schriften darstellen, vollziehen sich tatsächlich. Aus Menschen werden Götter, aus Göttern Naturwesen, Natur wandelt sich in Menschen, Menschen in Werke von Natur, Kunst Industrie (Austausch).

In solchen Metamorphosen werden Gestaltung und Umgestaltung sinnlich und gegenständlich entfaltet. In ihnen werden Realitäten weitergeführt und Transfigurationen realisiert. In Verwandlungen verzweigen sich Brechungen in Kontinuität und Veränderung, in Bindung und Destruktion, in Auseinander und Zusammen. Dadurch wird verständlich, was Mythen und Motive besagen — der Ödipuskomplex, die Meerfahrt, die Hölle. Sie bringen die Entwicklung fundamentaler Verhältnisse in der Wandlungsform eines Werkes — eines Bildes, einer Geschichte, einer Oper — zum Ausdruck.

Wie wir uns bewegen in den Entwicklungen von Wind und Wetter, auf den Wegen und Umwegen von Reisen und Landschaften, so bewegen wir uns auch in den Entwicklungen von Geschichten, Bildern, Behandlungen — ihre Wendungen haben etwas voneinander und sind doch anders, sie sind eins und zugleich zwei und drei — sie sind Verwandlungen. Was wir als Zusammenhang und Gegeneinander verspüren, dieses „Indem" wird herausgeführt in Strömen, in Festwerdendem, in Auseinandersetzung und Gliederung. Das ist eine sich ordnende Unruhe, eine Entwicklung in Verzweigungen, Verstärkungen, Abschwächungen, Vermittlungen.

Die Beschreibung von Bildern — als Zusammenhang — ist eine Beschreibung seelischer Wirklichkeit. Die Beschreibung des Umgangs mit Kunst sagt etwas über Kunstwerke. Weil es hier um Gemeinsamkeiten geht, brauchen wir das nicht reinlich zu trennen — wir müssen uns allerdings darüber im klaren sein, was wir tun.

Gestaltwandlungen lassen sich — gemäß der Verwandlung von Seelischem in Welt, von Welt in Seelisches — sichtbar machen an der Ordnung des Farbspektrums, an der Metamorphose der Pflanzen und genauso an den Gebilden der Kunst. In diesem Austausch treten Züge der Transfiguration zutage, die auf Maß und Verhältnis hinweisen und dadurch den Eindruck immanenter Entwicklungsgesetze bestärken.

Jedes Bild bezieht sich auf Verwandlung, und es ist auch selbst eine Verwandlung. In Karikaturen, Zusammensetzungen, Umzeichnungen, im Entwickeln von Konsequenzen, in ungewohnten Produktionen tritt nur besonders deutlich zutage, was aus „Dreck" und „Resten" alles zu machen ist.

Aus mehreren Eines.
Expluribus Unum. Un d'entres plusieurs.

J. S. Négres. sc. et excud.

Gargamelle Liv. 1er chap. 3
Anne de Bretagne femme de
Louis XII

7. Une pomme.

8. Une poire.

9. Une fleur.

10. Une prune.

11. Une noix.

12. Une fraise.

Produktionsanalyse und Kunst:

— *Kunst ist Herausführen von Wirklichkeit, etwas aus Zusammenwirken machen; Kunst und Wissenschaft wären überflüssig, wenn Wesentliches eindeutig zutage käme,*

— *Kunst in Wirkungseinheiten (von Wirkungseinheiten): einander „brauchende" Wirksamkeiten, Probleme von Wirksamkeiten, Strukturierung. Zusammenwirken zu Ausdrucksbildung, zu Wirklichkeiten in Entwicklung; analog Charakterentwicklung.*

— *Entwicklung von Verhältnissen als beweglichen Ordnungen (Dynamik von Grundqualitäten/Konstruktionen); Sinn, Haushalt, Auslese, Organisation, Austausch als „Eigenschaften".*

— *Wesen und Wirkung arbeiten sich gegenseitig heraus (Übergänge in Wirkungseinheiten); aus Ungeschlossenem, Zufall, Zerstörung, Gegenbewegung „ewige" Wiederherstellung von Sinn und „ewige" Umgestaltung von Sinn.*

— *Eingriff als Konsequenz von Funktionieren, Strukturierung, nicht „Willensakt"; Umgang mit solchen „Konstruktionen" als Auseinandernehmen und (wieder) Zusammensetzen.*

— *Ergänzungen, Variationen, Auseinandersetzungen; Passendes und Störungen; Aufdecken von Grundzügen, Herausforderung, Begrenzung, Widerstand, Weiterführung.*

— *Gegenständlichkeit, Werke bilden Wirkungszusammenhänge, werden dadurch modifiziert, abgestützt, in Frage gestellt; paradox: was Zusammenhang herstellt, ist zugleich untrennbar und andersartig, ist Entwicklung von etwas, das mehr als seine Teile ist.*

— *Konstruktionsprobleme, Sich-Entwickelndes, Transfigurationen als Motivation; Erfahrung-Machen als Behandeln-Lernen.*

Gestaltbildung

Im Umgang mit Kunst bilden sich Gestalten aus, die eine bedeutungsvolle Entwicklung der Wirklichkeit voranbringen: da heben sich Gestalten von anderen Gestalten ab, eine Gesamtbedeutung gliedert sich in Einzelheiten auf; da ergänzt sich etwas, an anderer Stelle scheint etwas nicht zu passen; Variationen und kunstvolle Gruppierungen entfalten sich. Das kann mehr oder weniger fest, klar und eindeutig sein, mehr oder weniger auseinander- und ineinandergefügt: An Gestalten wird die Kunst der Verwandlung greifbar.

Die Psychologie bemüht sich, das „Verbindende" dieser Gestalten auf Regeln zu bringen. Es gibt „Gestaltgesetze", nach denen sich bindet, was „Figur" wird, was ein gemeinsames Schicksal hat, was sich in eine durchgehende Kurve fügt oder was eine abgehobene und abgeschlossene Gliederung abstützt. FREUD sah das Verbindende von einer Ökonomie des Seelischen her: was in Gang gekommen ist, sucht eine passende Fortsetzung, ist unter Umständen mit Ersatz und Andeutung zufrieden, nimmt einen Teil des (stets begrenzten) Wirkungsfeldes in Anspruch, drängt auf spezifische Erfüllungen und Ergänzungen; es kommt zu Auslese, Abwehr, Umdeutungen, „Schicksalen".

Wir sprechen im Alltag von Gestalten und heben dadurch heraus, daß wir uns auf etwas beziehen, daß uns etwas entgegentritt und daß sich dabei Wirklichkeit gliedert. Aber damit wissen wir noch nicht viel darüber, wie solche Gestalten zustande kommen und wirken können. Die Analyse von Transfigurationen läßt vermuten, es erkläre nicht genug, hier von festen Einheiten und ihren „guten" Eigenschaften oder ihrer Ökonomie zu sprechen. Warum bestimmte Eigenschaften oder Verteilungen wichtig werden, bedarf einer anderen Erklärung.

Welche Erklärung wir finden, hängt von unserer Frage ab: wir fragen danach, wie das „Leben" von Gestalt beschaffen sei, was Gestalt als Produktion verständlich macht, wie wir mit Gestalt als Paradox zurande kommen. Die Antwort auf diese Fragen soll sichtbar machen, woraus sich Gestalten bilden, wie sie existieren können und worin wir sie zu sichern haben. Die Kunst führt uns an das „Leben" von Gestalt heran: Gestalten wirken, weil es Vorgänge gibt wie Realisierung, Verrücken, Verkehrung; daher sind Austausch, Montage, Vertretungen, Verdichtungen, Umkehrungen, Projektionen „Lebenszeichen" von Transfigurationen.

Wir fragen vom Umgang mit Kunst aus danach, welche „Mechanik" bestimmt, wie sich Gestalten bilden. Dabei sehen wir von Anfang an Gestalt in Bewegung — nur dann wird es möglich, an immanente Prinzipien der Gestaltbildung heranzukommen. Hier steht kein Zustand für sich, kein Element, keine Einzelheit, keine Eigenschaft — alles existiert nur in Übergang, Umgestaltung, Entwicklung.

Für GOETHE ist Gestalt der in sich abgeschlossen charakterisierbare Komplex eines daseienden wirkenden Wesens; doch wir unternehmen es umsonst, das (reine) „Wesen eines Dinges auszudrücken. Wirkungen werden wir gewahr und eine vollständige Geschichte

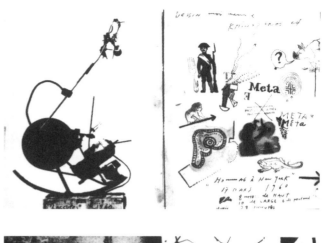

Meta-Morphose ist keine Neu-Entdeckung der Psychologie.

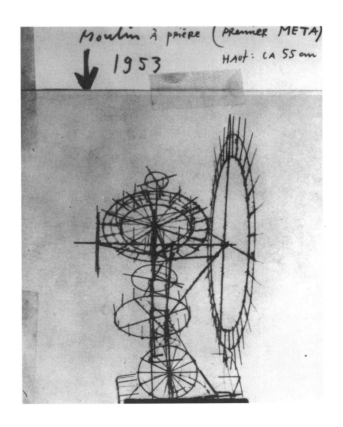

dieser Wirkungen umfaßte wohl allenfalls das Wesen jenes Dinges ..."

„So mannigfaltig, so verwickelt uns oft diese Sprache (der Natur) scheinen mag, so bleiben doch ihre Elemente immer dieselbigen. Mit leisem Gewicht wägt sich die Natur hin und her, und so entsteht ein Hüben und Drüben, ein Oben und Unten, ein Zuvor und Hernach, wodurch alle Erscheinungen bedingt werden, die uns in Raum und Zeit entgegentreten ..."

„Indem man aber jenes Gewicht und Gegengewicht von ungleicher Wirkung zu finden glaubt, so hat man auch dieses Verhältnis zu bezeichnen gesucht. Man hat ein Mehr und Weniger, ein Wirken ein Widerstreben, ein Tun ein Leiden, ein Männliches ein Weibliches überall bemerkt und genannt; und so entsteht eine Sprache, eine Symbolik, die man auf ähnliche Fälle als Gleichnis, als nahverwandten Ausdruck, als unmittelbar passendes Wort anwenden und benutzen mag."

Gestaltbildung vermittelt den anschaulichen Umriß, das Maß und das Tätigkeitsprinzip von Produktionen. Die Kunst legt nahe, mit Gestaltbildung die Eigenart der Verfassungen zu kennzeichnen, die wir brauchen, um leben zu können — „fassen" bedeutet: in sich begreifen, sich ausrüsten, in Gang bringen und halten.

Mechanik von Metamorphosen

Weil wir nicht der „Abstraktion" Gestalt aufsitzen wollen, sprechen wir von Metamorphosen. Metamorphosen sichtbar zu machen, birgt keine besonderen Schwierigkeiten: Umgestaltung, Variationen, Entsprechungen, Analogien, Kontrapunkt drängen sich von selbst auf, wenn wir das sich Zeigende beschreiben. Über Beschreibungen hinauszukommen, erscheint demgegenüber als anstrengendere Arbeit. Wir streben eine erklärende Morphologie an; daher ist die Anstrengung von Zergliederung und Rekonstruktion nicht zu vermeiden.

Besonders wenn Konzepte wie Produktion oder Ganzheit ins Spiel kommen, ist es sinnvoll, möglichst „platt" und „naturalistisch" nach der Mechanik ihres Funktionierens zu fragen. So „schön" Goethes Gedanke einer Metamorphose auch ist, er muß es sich gefallen lassen, kunstgerecht zerlegt zu werden. Einen entscheidenden Schritt, diesen Gedanken in seine Mechanik zu zerlegen, tat FREUD, als er den Wirkungsmechanismen seelischer Produktionen nachforschte. Von einer Kunst-Psychologie aus soll hier etwas ähnliches versucht werden — mit dem Ziel, in den Verwandlungsmöglichkeiten von Kunst und Seelischem die seltsamen Verbindungen von Gestalt und Werk aufzudecken.

Wie schon das Wort andeutet — Meta-Morphose: zwischen, inmitten, durch Gestalten hindurch — handelt es sich bei Metamorphosen nicht um einen Verwandlungstrieb, sondern um eine in sich bewegte Konstruktion. Ihre Wirksamkeiten oder Mechanismen lassen sich als Realisierung, Schräge, Ins-Werk-Setzen, Verrücken, Übergang, Verkehrbarkeit umschreiben. Indem wir ihre Mechanik und ihre Probleme verfolgen, wird transparent, wie Gestalten „leben" und tätig sind und auf welche Weise wir uns die Binnen-

struktur von Gestaltung und Umgestaltung vorstellen können. Die Rekonstruktion von Metamorphosen zeigt, daß Gestalt und Gestaltung nicht einfach vom Himmel fallen.

Wie die Kunst Transfiguration als Transfiguration spürbar macht, so rückt sie auch die Mechanik der Metamorphosen in den Blick. Daher setzt sich der Austausch von Kunst und Seelischem hier weiter fort; Vorgänge wie Realisierung, Verrücken, Verkehrung erklären die seltsamen Beobachtungen, von denen wir ausgingen: Bewegtwerden durch Bildchen auf Papier, Kritzel und Krakel als Wesens-Verständnis, Verrücken und Überfrachten durch Karikaturen als Entdecken von Zusammenhang. Nun kommt es darauf an, die Ecken und Kanten, die Übersetzungen und Zwischenstücke eines komplizierten Getriebes herauszuarbeiten: wie müssen die Konstruktionszüge zusammenwirken, damit das Ganze zum Leben kommt?

Beschreibung: Vostell „Mania"

Beschreibung, Variation, Rekonstruktionsansätze stellen die Züge heraus, die in Austausch gebracht werden sollen. Dadurch wird eine Einsicht in das Funktionieren „kunstvoller" Vorgänge bei der Gestaltbildung angestrebt. Wenn man die drei Schritte des Vorgehens stärker als bisher ineinander übergehen läßt, verdeutlichen sich Sachbewegung und -erfassung durch die Züge, die uns bei der Analyse von Metamorphosen noch im einzelnen beschäftigen werden: Dazwischen, Indem, Verrücken, Entwicklung.

Die Charakterisierung des „Mania"-Zyklus von Vostell vermittelt erste Anhaltspunkte für die Mechanismen des Gestalt-Getriebes. Der Zyklus umstellt uns mit 40 Kästen, in denen Fotos — zum Teil verwischt —, Dinge, Zeichnungen und Titel („Dummheit", „Massenhysterie") zu sehen sind. Dazwischen stellt sich etwas her — zwischen Gestalten, zwischen Gestaltung und Umgestaltung. In eigentümlicher Weise verbinden sich hier Räumliches und Zeitliches; Metamorphose erscheint wie ein anderes Wort für ihre Brechung.

Umstellt von den Mania-Objekten sind wir inmitten von Realitäten; sie wollen sich fortsetzen, so wie sich anderes in ihnen fortsetzen kann oder durch sie gestört wird. Realitäten und Dazwischengestelltsein sind auf einmal da — das kann uns den Sinn von „Gestalt" verdeutlichen: Gestalt ist Gestelltes und wird dabei wirksam als Ordnen, Ansehen, Beschaffenheit. Der Umgang mit Kunst führt zu Auslegungen des Zusammenwirkens, die der populären Deutung eines Assoziierens widersprechen.

Man könnte ja sagen, die Zusammenstellung von Fotos, Objekten, Zeichnungen, Titeln beruhe auf Koppelung oder Assoziationen. Damit wären jedoch weder die Sinnentwicklung noch die Realitätsbewegungen, weder das Dazwischen noch das Gestalthafte oder die Struktur der vielfältigen Übergänge zu fassen. Das Ganze hat den Charakter eines Ins-Werk-Setzens, einer in Ergänzungen und Verweisungen hergestellten Komposition, nicht den Charakter einer Kette sich berührender Elemente. Damit sich über-

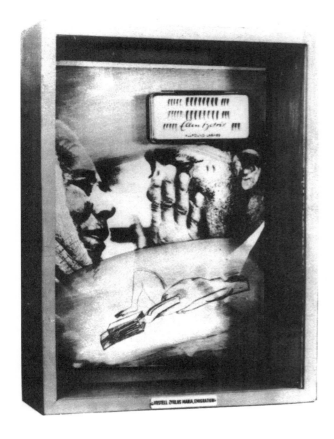

Bei den Objekt-Kästen von VOSTELL tritt Metamorphose zutage: im „stofflichen Eindruck", im Verbinden und Auseinandernehmen von Komplexen, im Bemerken von Indem, Dazwischen, Schräge, von Verrücken, in den Analogien, die VOSTELL sichtbar macht, in der Entwicklung von Gestaltung und Umgestaltung, die eine Morpho-logie von Ereignissen darstellt.

haupt „Verbindungen" einstellen können, muß das Sinngefüge von Produktion bereits vorausgesetzt werden.

Komposition, Übergangsstruktur oder Werk bedeuten: wenn etwas ist, ist zugleich auch anderes, wenn sich eins bewegt, verändert sich mehreres — der Umgang mit den 40 Mania-Objekten zeigt, wie sich Gestalten bilden in einem Hin und Her von Entsprechen und Entgegnen, von Schließung und Abweichung, von Festlegen und Verwandeln. Die Konjunktion „indem" rekonstruiert, was hier vorliegt, genauer als „Kausalbeziehung". Kunst macht sich diese eigentümliche Struktur zunutze, sie macht sie erfahrbar und stellt sie zugleich auf eine Probe.

Dabei läßt sich nichts auftrennen in „innen" und „außen". Wir holen die Kästen nicht „nach innen" rein und wir lassen sie auch nicht „außen". Die Züge der Metamorphose, die sich im Umgang mit Kunst herausstellen, sind das Seelische und sind die Kunst. Da sind nicht auf der einen Seite „tote Dinge" und auf der anderen Seite eine Seele an sich: sondern ein Produktionsprozeß, eine Metamorphose — nichts ist drinnen, nichts ist draußen, denn was innen, das ist außen.

Es macht das Wesen von Produktion und Metamorphose aus, daß sich Realitäten fortsetzen, daß etwas ins Werk gesetzt wird, daß sich etwas „dazwischen" und „indem" entwickelt, daß sich Sinn in Übergängen bildet. Solche Züge sind nötig, damit sich Strukturen und Umwandlungen herstellen können — das heißt, damit überhaupt die seelischen Gebilde und Übergänge entstehen, die wir gewohnt sind, Gedanken, Gefühle, Affekte zu nennen. Die Erfahrungen mit den Mania-Objekten rücken Wirklichkeiten anders zusammen als wir es gewohnt sind. Gerade durch dieses Verrücken wird jedoch Wirklichkeit versinnlicht und verdeutlicht. Vostell stellt mit den Möglichkeiten der Metamorphose etwas an; er bringt in seinen Arbeiten zur Sprache, daß man Wirklichkeit mehr oder weniger dicht und greifbar dar-stellen kann und daß sich dabei zugleich die Eigenart von Metamorphosen erfahren läßt.

Verrücken führt an Übergänge, Zusammenhänge, an unverrückbare Grenzen und an Verkehrbarkeiten heran. Die Konstellation „Mania" kann uns in etwas hineinziehen, das wir nicht wenden können, so unangenehm das auch erscheint. Das vertraute Maß von Regulationen wird als störbar und umkehrbar erfahren. Auch darin zeigt sich ein Konstruktionszug, der Metamorphosen konstituiert. Wie er sich in Produktionen auswirkt, hängt davon ab, ob psychästhetische Prinzipien ihre Entwicklungskreise relativ „frei" entfalten können; das ist eine Voraussetzung von Gestaltbildung, die SCHILLER umschreibt mit „Freiheit in der Erscheinung" oder mit „lebendiger Gestalt".

Variation: Vostell — Umgang mit Bildern

Die zusammenfassende Charakterisierung des Umgangs mit dem Mania-Zyklus stützt sich auf Beschreibungen, auf experimentelle Variation (kurzzeitige Darbietung der Bilder) und auf Interviews bei über hundert Personen. Die Züge der Gestaltbildung, die dabei heraustraten, können in weiteren Variationen überprüft werden, etwa durch den Vergleich mit Aussagen über „klassische" Gemälde in einem Museum. Zu diesem Zweck wurde W. Vostell in den Berliner Museen zu von ihm selbst ausgewählten Bildern interviewt.

GOYA „Philippinenjunta":
wie abstrakt, einige wenige Schatten (große Schattenpartien, kaum Einzelheiten); enorm wie frei und doch nicht klecksig; symmetrisch — dabei Spannung der Senkrechten; er erfindet 'ne Pyramide, das kriegt Tiefe; man muß nachdenken: Treppe oder was? so baut er Fragezeichen ein. Nimmt die Bogen (die das ganze Bild ordnen) was zurück: Koloß da vorn, richtiges Quadrat hinten, farblich abgesetzt — wie ein Licht in dem ganzen.

HALS „Malle Babbe":
hat Picasso dran gelernt, „hingesaut". Wie die Zunge rausblitzt, wichtig. Überkreuz-Arbeit; stickt Kreuzmuster auch übers Gesicht weg — Eule genauso, auch selbe Farbe. Große Maler nie pedantisch; die sind „real", psychisch „wahrer". Fortsetzung der Ovale: Eule — Gesicht mit Krause — Krug. Das sind Lebensstrukturen: wie hier Muster liegen, Muster „unter" den (neuen) Ereignissen.

VERMEER „Herr und Dame beim Wein":
wie ein Voyeur bei normaler Handlung — das unterstützt Vermutung, sie sei schwanger; sinnliche Haltung, er will noch. Extraordinär die Wölbung auf dem Schoß, drei Kurven — Schenkelbreite und Sexualität. Er oben sehr schmal, sie unten breit. Unanständiges hinter Bürgerlichkeit (ebenso „Perlhalsband" beim zweiten Ansehen: „nach zwei Glas Wein!")

RUBENS „Kind und Vogel":
würde ich als erstes nehmen; so „gemalt", der Vogel, das Grüne; Kind: von weiß nach rot = Ausdruck von Erregung; hängende Backe wichtig. Spiegelung der Dreiecksformen in den Fingern.
Die Skizzen von Rubens sind sehr zerfahren im Strich: nichts bunt; grau, tragisch! „Beweinung": Rubens ist viel tragischer, sonst hätte er nicht so sinnlich sein können; damit wird keiner fertig.

RUBENS „Karl V. erobert Tunis":
Knäuel in Mitte ähnlich wie bei Leonardo; das ist kein Pferd, das ist Übergang in Kadaver: seine Eckigkeit wird links oben in den Ecken aufgenommen. Ganz großartig! (rechte Hälfte:) wie abstrakte Malerei, alles drin. Künstler kommen mit noch weniger Andeutungen aus, weil das Auge (auf so etwas hin) geschult ist.

RUBENS „Perseus befreit Andromeda":
Der Bogen des Helmbuschs, der kommt wieder in dem einen, dann in dem anderen Flügel (des Pferdes). Schwingt herum zu der Angebundenen. Dieser weite Kreis hat einen Kreis innen und noch ein Kreiszentrum darin (Köpfe). Das Pferd ist demgegenüber ein Rückblick. Zwei Keile gegeneinander, die Pferdegruppe und die Menschengruppe, in Spannung. Fast mit-

tendrin schneidet sich das alles, zieht nach links unten.

CRANACH „Jungbrunnen":

Die alten Leute grau — das steht neben Bosch oder sogar drüber! Das ist eine zeitgenössische psychische Geste, modernistischer Swimming-Pool, mitten in der Renaissance. Das gibts doch gar nicht, so irre, der Jungbrunnen: Ereignisbild aus dem 16. Jahrhundert. Das graue Wasser; Fels: wie sexuelle Formen, links hängende Busen. Anderes „im Raum": die Fleischbilder, wie verschiedene Formen, wie grau in rosa übergeht. Kompositorisch hat der reinfahrende Wagen dieselbe Höhe wie das Zelt. Welch ungeheure Graumenge! Tisch (als) Wiederholung des Beckens; dadurch Verstärkung der Perspektive. Ist die ganze europäische Geschichte drin, so was gehört neben den „Garten der Lüste". (Kann man ganz verrückt werden an solch tollen Sachen.)

In den Beschreibungen seines Umgangs mit Kunstwerken verdeutlicht Vostell, was sich zeigt, durch Variation, im Austausch mit Analogem oder mit Weiterentwicklungen. Für das Entdecken der „Leistung" von Kunst nimmt er die „Leistung" von Metamorphosen in Anspruch; er stellt Metamorphosen durch Verrücken, Übergänge, Zwischenstellungen her, und er stellt etwas damit an. Darin liegen Parallelen zu unserer psychologischen Analyse seines eigenen Werkes, des „Mania"-Zyklus. Wir entfalten Wirklichkeit; indem wir uns auf die Mechanik ihrer Metamorphosen einlassen, leben und verstehen wir Gestalt. Die Methode des Austauschs sucht diesem Entwickeln-Können zu entsprechen.

Rekonstruktionsansatz: Zeichenunterricht

Die Mechanik der Metamorphosen bestimmt auch die Strukturen des Eingreifens im Unterricht. Unterrichten gleicht der experimentellen Variation psychologischer Beschreibung; seine Rekonstruktion führt zu Abweisen oder Bestätigung. Unterrichten kontrolliert und wirkt auf Entwicklungsprozesse zurück.

Im zweiten Teil einer Doppelstunde setzen Sonderschüler die Erfahrung eines Museumsbesuchs und erste Formulierungen über „Kunst" in der Variation des Selber-zeichnen-Dürfens fort (s. S.XX). Nach dem Schreiben „Kunst — ist ..." werden Malutensilien verteilt: jeder kann wählen, ob er abbildet, neubildet, beides macht; der Lehrer verspricht zu helfen, je nachdem, was gemalt wird. Die Schüler werden der Reihe nach gefragt, welches Bild im Museum am besten gefiel.

Einige Schüler fragen, ob sie immer mit Bleistift vormalen sollen; sie sagen, daß sie „Probleme" haben mit dem geplanten Bild (z.B. „Stadtplan" — wie fängt man das an?). Einige malen sofort los: „Ein Mensch" in grünen dicken Pinselstrichen oder eine Leiste mit gelben Bergen. Der Lehrer „rät": Kaktus oder Mensch? und zeigt dann, daß man aus Anfängen alles Mögliche weitermalen kann (Abbild und Neubild). Die anderen Schüler „raten" ebenfalls: Berge oder Pyramide oder Zacken.

Der Schüler mit „Bauplan-Problemen" wird befragt: wie ist das bei Köln von oben? Da ist der Rhein, Deutz, das andere Köln, 200 Brücken, sagen die Umsitzenden. Fang' mal mit „Rhein"-Bogen an; dann kommt die Frage: wo Dom, wie Dom; der Lehrer verweist auf Abkürzungen, Andeutungen, etwa bei Liebermann. Der Schüler malt Köln mit Kirchen voll („heiliges" Köln); später sucht er nach Landkarten und seinem Heimatkundeheft.

„Raumfahrzeug vor Erde" will ein anderer malen; „soll weit weg sein" — Frage: zufrieden? Nein! Vorschlag: besser sichtbar machen, wie weit Erde weg. Wie? Indem Erdkugel klein, weit weg — Raumfahrzeug groß. „Ah, mach ich".

„Ich möchte die Pferde malen — aber genügt eins?" zuerst ein Umriß: ausgefüllt; dann Zügel, Sattel, dann Mann; dann Wasser und Schatten in gleicher Farbe. „Man sieht nicht, daß das Schatten ist, weil selbe Farbe wie Wasser". Der Lehrer sagt, daß Schatten mit Licht zu tun hat und daß Schatten etwas wiederholt, an bestimmten Stellen ansetzt (Malerei klärt Welt; malen, was man kann).

„Male Phantasiebild, ohne etwas darzustellen"; zuerst Schlangenlinien ineinander; dann schwarze, gelbe Flächenfüllung. Fragt: und nun? und was dazu? Der Lehrer zeigt ihr „schöne" Mischungen im Kasten, die sich von selbst gebildet haben (Zufall); daraus kann etwas werden (Darstellung). Hinweis auf „beißende", nahe, ferne Farben (Farbgesetze und Mischung).

Der Schüler, der den „Menschen" in grün „fertig" hatte, malt danach von unten nach oben; er mischt dabei: „ich kann lila". Der Lehrer fragt die anderen, wie das wirkt: düster, traurig — „man kann also auch Erlebnisse und Gefühle darstellen". Nach Abschluß:

welche Unterschrift? „Geistergesicht". (Hatte im Museum Spaß an „Stimmungen").

„Ich male Baum" (nach Schema einer Schulstunde früher); dann noch schwarze Sonne — wie andere Schüler; roter Boden, gelber Himmel. Die Schülerin möchte etwas dazu „gesagt" kriegen; der Lehrer spricht mit ihr über: „fester" Grund, „leichter" Himmel, Baum als davor Stehendes. Danach malt sie schnell und frei ein Ergänzungsbild: eine Art Kreis oder Uterus aus Farben; nennt es „Überlaufbild".

„Male Kaktus ab": klein in linke Ecke, oben blauer Himmel. Der Lehrer schlägt vor, eine Reihe von Kakteen zu malen (tut er). „Und dazwischen"? Sand — wie? weiß? braun? „Mischung"! Malt abgetöntes Farbenfeld dazwischen. Auf die Frage nach Verbindung zwischen oben und unten malt er ein bräunlich getöntes bewegtes Muster.

Realisierung

Für die Rekonstruktion von Metamorphosen bieten Realisierungen einen festen Ausgangspunkt: Realisierung bringt Gestalt und Wirklichkeit zusammen. An Kunstwerken interessiert zunächst das „Was" (GOETHE) — daran können wir ansetzen und von da aus läßt sich methodisch weiteres verfolgen. Aber Realisierung ist zugleich auch eine schwer verdauliche Hypothese, weil sie den Widerstand metaphysischer Glaubenssätze weckt. Denn damit wird gesagt, daß Kunst und Seelisches Wirklichkeiten tatsächlich fortgestalten und daß sie sich in andere Wirklichkeiten wandeln können — nicht nur in Gedanken oder Vorstellungen oder Einfühlungen. Sie können es „wirklich".

OVID leitet seine Metamorphosen nach einem solchen Realisierungsprinzip ein: In nova fert animus mutatas dicere formas / Corpora . . . — Ovid will die „Körper" darstellen, die neue Gestalt annahmen durch Wandlung (Tippelskirch). In Bildern und Mythen sucht er Wesen im Übergang zu fassen, Gestalten als Weiterbildung „körperlicher" Realitäten, Umsatz materialer Wirklichkeiten in Gestaltungen und Umgestaltungen. Das sind untrennbare Wirksamkeiten, die sich anschaulich und tätig erweisen.

Realisieren bedeutet verwirklichen: eine Sache entwickeln oder in einer Sache herauskommen; die Entwicklung des Kunstwerkes ist eine eigentümliche Form des Realisierens (Cézanne). Die Art und Weise des Realisierens begründet Gestalt als Verbindendes (Gleichartigkeit). Wie eine Gestalt bringen Realisierungen auf eine „Linie", was in Bewegung kommt; sie lesen aus, wehren ab, verleiben ein — so daß sich etwas entwickelt, das einen Wirkungszusammenhang bildet. Im Umgang mit Kunst wird diese Realisierung spürbar.

Die Produktionen der Kunst sind Formen, Wirklichkeiten zum Leben zu bringen. Die Wirklichkeiten der Metamorphose sind den Farben vergleichbar: aus ihren Übergängen und ihrem Zusammenwirken bilden sich Gestalten. Es gibt keine Form an sich, darin treffen sich GOETHE und CEZANNE. Form zeigt sich, indem sich die Entwicklung von Wirklichkeiten wendet. In den Werken der Kunst verdeutlicht die Gestalt dieser Wendungen den Bedeutungskreis der Re-

alisierung: sie klärt und deutet aus und expliziert. Kunst macht auf die Mechanik von Gestaltung und Umgestaltung aufmerksam, indem sie sie in besonderer Weise zuspitzt (s. Kap. V).

Die Behandlung von Wirklichkeit kann dazu führen, den „Glanz des Wahren" zu erfahren (Joyce); paradoxerweise unterstützt die Realisierung des Kunstwerks Goethes Bemerkung: Alles, was geschieht, ist Symbol, und indem es vollkommen sich selbst darstellt, deutet es auf das Übrige (Goethe an Schubart 2. 4. 1818). Selbst wenn sie nur „Glanz" und besondere „Gestalt" wollte, die Kunst stieße doch auf Wirklichkeits-Konstruktion: indem sie Abtönungen nachgeht, Gliederungen begründen will, Spiegelungen verfolgt, entdeckt sie in den Drehpunkten ihrer Arbeit die Linien von Wirklichkeit und entwickelt sie weiter. Für die psychologische Behandlung sind das Hinweise.

Wenn wir Realisierung unvoreingenommen verfolgen, sehen wir Qualitäten, die durch die auseinandergezählten Begriffsdinge hindurchgehen — Kälte, Wärme, Wucherndes, Verlockendes. Wir sehen, wie Prozesse in Übergang bringen, was fest und was beweglich zu sein scheint; wir lassen uns ein auf „Elementares", das in Metamorphosen weiterwirkt: wir werden Luft, Licht, Meer, heißer Sand, — „Stoffe" gestalten sich in Handlungen weiter (Tuch, Metall, Organisches, Kristall). Die Dinge der Natur und der Industrie, Menschen und ihre gesellschaftliche Organisation, sie sind Realisierungen in Metamorphosen.

Es ist nicht möglich, Realisierungen festzulegen auf bestimmte Dinge der belebten und unbelebten Natur, die unser Weltbild heute als isolierbare Einheiten klassifiziert. Auf Realisierung drängen sowohl die „gewordenen" Werke als auch Wirksamkeiten, die nicht auf sauber abzuhebende Einzeldinge verteilt werden können. Realisierungsgestalten sind nur von ihren Wirkungskreisen her zu bestimmen: was spezifische Beschaffenheiten, Probleme und die Art und Weise seines Tätigseins in anderen Wirksamkeiten fortsetzt und entwickelt, steht in einem Realisierungsprozeß. Das reicht an GOETHEs Charakterisierung von Gestalt als eines daseienden, wirkenden, verständlichen Wesens heran.

Hinter Worten wie „Pfui", „Ah", „Identifizierung", „Gänsehaut" bergen sich Realisierungsprozesse — im Leben wie in der Kunst. Wir werden betroffen oder gehen mit: wir leben, indem wir Wirkungseinheiten ausführen. Selbst die Rhythmik der Striche bei VAN GOGH, die wie eine in sich zentrierte eigene Gestalt herausrückt, lebt Realisierungen weiter.

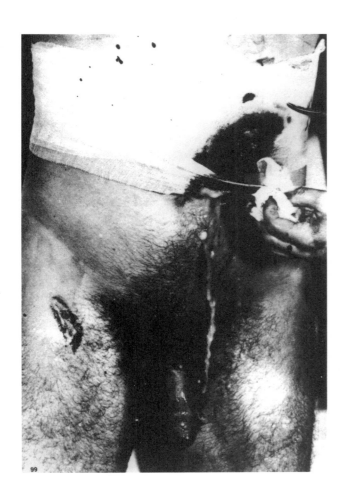

zu Realisierung

— Fortsetzen musikalischer Werke in Körperbewegungen, Vor-ahnen, Verfolgen, Ausdrucksbetonung, Eintauchen, Aktionen, Gebärden, Mitgehen, Einbeziehen von Gedanken, Sprache in Rhythmen und Melodien; Tanz.

— Einverleibung, Faszination, Ekstase, Aufgehen: Rituale, „heilige Feier"; Kirchen: Haus Gottes, Himmelsfenster, Blumen, Musik, Lichter, Bilder, Gold, Gottes Wort, Verwandlungsprozesse.

— Kinderspiele: „wilde Pferde", „Vater und Mutter", Gemenge, Gemansche; Muehl-Filme: „Soße-Werden", Vorgang-Werden, Kotzen.

— Gesichter auf Bildern: stofflich, dicht, seltsam (Verocchio; Leonardo); Übergänge zu Sich-Einlassen, Nachgehen, Zufallendes, Sich-Ereignen lassen — Happening als Einverleibung, Zugänglich-Werdendes, In-etwas-hinein-Geraten, Geschichte-Werden.

— Qualifizierung, Voluminöses, Stofflichkeit von Betroffensein; Zuspitzung von Rührung, Stimmung, „Materie" — Erregungsgefüge im Umgang mit Kunst. Nietzsche weinte, als er an Lorrain Realität erfuhr. Rührung bei Film, Lektüre: Einklang mit der sich entwickelnden Realisierung trotz Gegenerwartungen.

— Physiognomisches, „materiale" Symbolik: Wirbel-Werden, „als Speise wär er Reis"; Welten der Literatur; „Gegenstandsbildung" der Wissenschaft; Kleidung als Realisierungskunst: in Wärme, Umhüllung, Zucht, Wetter, Muster geraten.

— Bewegung von Realisierungen: Beschreibungen bei Joyce und Proust; Steinbergs Zeichnungen als Entfaltung verschiedener „Realitäten" aus Keimformen; Konkrete Poesie; Steinbergs Versinnlichung von Bedeutungen (No); Apollinaire.

— Geräusch, Geruch, Gang, Staub, Wald, Wasser, ein „anderer" werden; Lyrik als Entfaltung solcher Einverleibungen; „Formulierungen" von Sexualität als Ausdrucksbildung.

— Pop-Art: Staunen- und Glotzen-Lernen gegenüber der Realität aus Natur und Kunst, in der wir leben; Doppel-Gänger-Effekt; Gemachtheit als „Erlebnis"; Gegenüberstellung; Realität in Realität.

— Realisierung in Übergängen: Oldenburgs Metamorphosen der Dinge; Segals Umkehrungen; Übergang aus Gerümpel (Spoerri), Übergang vom Gegenstand ins Bild (Wesselmann). Zerlegungskünste der Modernen, die zugleich Züge von Kunst herausgliedern und bemerkbar machen, und die dadurch paradoxerweise auch Alltag und Leben in Bewegung bringen können.

— Weiterleben von Realisierungsprozessen in Plakaten, Lyrik und Gebrauchs-Lyrik, Sprüchen, Schlagern, in Romanen, Geschichten, in Postkarten, Bildern. Schlagerweisheiten als „Erfahrungsvermittlung", Formeln für „praktische Ganzheiten".

— „Sprache des Leibes" als Vermittlung von Realisierungsprozessen: Richtung Psychosomatik (Resonanz von Erlebensqualitäten); Richtung Übertragung („Aneignung", Ausdruck für andere und von anderen); Richtung Übersetzung (Sich-Verstehen von Transfigurationen).

Realisierung und Störung

„Störungen" fordern Entwicklung heraus. Sie können damit zu tun haben, daß Realisierungen gebrochen werden durch Abgrenzungen, Verkehrung, Auseinandersetzung, durch Bindungen oder Destruktionen. Störungen machen auf Konstruktionsprobleme und Realisierungs-Geschichten aufmerksam. In den Zerlegungen, „Verzerrungen" und Umdrehungen von Kunst werden diese Prozesse anschaulich, greifbar und wandelbar.

Störungen hängen damit zusammen, daß sich „Wesen" in Entwicklungen bilden und realisieren müssen. Wo „reine" Wesen festgehalten werden sollen, stoßen wir auf Probleme: Isolierung, Zwang, Unantastbarkeit, Unverrückbares. Auch Betroffen-Werden, Nicht-leiden-Können, Angstentwicklung lassen vermuten, hier suchten sich Realisierungstendenzen durchzusetzen. An Störungen zeigt sich der Übergangscharakter von Realisierung. Seelische „Realität" ist unfertige Realität, bedürftig des „anders" und des „anderen". Störungen stellen sich daher immer wieder ein — sie müssen sich aber nicht als „ewig" gleiche Behinderungen verfestigen; das ist nur der Fall bei Spaltungen und Verkehrungen, die unverrückbar gehalten werden sollen.

In der ersten Auflage der „Drei Abhandlungen zur Sexualtheorie" deckt FREUD Sexualität als Realisierungsprozeß auf, der aus Gegebenheiten und Chancen „etwas" macht. Aus allgemeinem Drängen und Instrumentierungsmöglichkeiten werden Lebens-Qualitäten hergestellt, indem sich Seelisches zu etwas wandelt; Orales, Anales, Phallisches erscheinen als Anfangsliteratur von Realisierungen. Wenn man bei Versagungen wieder zu dieser Literatur des Lebens Zuflucht nimmt, bilden sich permanente Störungen durch Perversionsneigungen und Widerstände dagegen aus.

In „Gefühlen" werden wir inne, wie sich Realisierungen entwickeln: wir verspüren Beschaffenheiten, „Voluminöses", das sich ausbreitet, „Stoffliches" in Bewegung. Wir verspüren, ob und wie es weitergeht, ob Widerstände, Störungen eintreten oder ob die Sache läuft, sich steigert, ihre Kreise zieht. Dadurch wird es möglich, das Sich-Bilden von Zusammenhängen im ganzen zu gewahren und von da aus zu modifizieren, umzubilden oder abzuwehren, was sich in Entwicklungen einstellt. Das begründet, warum die Ganzheitspsychologie Gefühl und Ganzheit in eins brachte.

„Realismus"

— Realismus ist keine einheitliche Kennzeichnung; das geht darauf zurück, daß immer mehrere Mechanismen zu Werk-Gestalten zusammenwirken (Realisierung, Schräge, Verrücken usw.). Daher verdichten sich verschiedene Auffassungen in „Realismus".

— Realismus ist eine Konstruktion, bei der Anschaulichkeit auf eine Reihe äußerer Proportionen von Körperlichkeiten reduziert wird. Ein Mindestmaß wird als unverrückbar festgehalten, und das kann mit anerkannten oder abzulehnenden Klassifikationen und „Inhalten" gekoppelt werden. Dadurch lassen *sich feste Beziehungen zu „schön" und „häßlich" herstellen.*

— Realismus wird zum Stichwort, einen Mittelbereich von Naturalismus und Surrealismus abzugrenzen. Dadurch werden Entwicklungen, paradoxe Übergänge und Zuspitzungen abgeschwächt. Es bildet sich ein Kompromiß zwischen Ausweichen-Können — vor Widerständen, Störungen, Herausforderungen — und einem „mittleren" Maß (anerkannte „Wahrheit", Schönheit, Ungestörtheit), eine Mischung von „Interesse" und „Interesselosigkeit".

— Im festgelegten Mittelbereich eines Realismus bilden sich spezifische Kunstkriterien aus: „Gemeintes" soll verfügbarer heraustreten („Ausdruck"), Anknüpfungen an „Bildungsgüter" sollen möglich sein, „Bewegendes" soll tieferen Sinn versprechen (oder Sich-Bewegendes soll Unterhaltung vorantragen), Kunst wird mit (verständlichem) Können gleichgesetzt, „Genialisches" („Pinselstrich") und „modern" werden als Grenzwerte zugelassen. In all diesen Zügen werden Mittel von Kunstwerken aufgegriffen: aber sie werden in ihrer Entwicklung in sich behindert — hier berühren sich die Mittelwerte des Realismus mit dem Verfügbarmachen von Kitsch und den Ausdruckswerten des Dilettantismus. Das ganze ist ein Beitrag zur Analyse des Leiden-Könnens.

— In diese Auffassung wird auch das „Realitätsprinzip" einbezogen — wobei die Paradoxie dieses Prinzips übersehen wird: einerseits Anhalten-Können, Probehandeln, andererseits „gemeine" Entschiedenheit, globales Kurs-Halten; vgl. Beziehung von Kunst und Bewerkstelligen. Abstützung von Realismus und Realitätsprinzip: warum sollte man Kunst zulassen, „die es einem schwer macht"?

— Die „realistischen" Werke von A. Menzel widersprechen der Auffassung, Realismus sei eine „feste" und wenig konstruktive Angelegenheit. Ihr „phantastisches Gekrakel" (Schadow) macht Zeichnungen als Entwicklung erfahrbar: von Materialwirkungen der Zeichnung, die Gegenstände ausrunden, zu Wirksamkeiten in Bewegung („Massendynamik", Andeutungen von Gesamtcharakteren, Übergänge von Dingen zu Symbolischem). Die Bilder bringen „Getriebe" von Krieg und Frieden zum Ausdruck; sie bringen Verhältnisse in Entwicklung zutage, die im „Typographischen" von „Illustrationen" physiognomischen Halt gewinnen.

Schräge

In Bildern und Geschichten passiert etwas „zwischen" den Realitäten, den „Farben" und Begebenheiten. Kunstwerke und der Umgang mit ihnen lassen ein „Dazwischen", ein „Indem", ein „Daraus" aufkommen — in Prozessen, in Übergängen und Entfaltungen. Leben in Wirklichkeiten ist Leben „zwischen" Wirklichkeiten; das ist noch etwas anderes als eine Umschreibung der Vielfalt von Realisierungen oder Wirkungen, mit denen wir rechnen müssen. In dem „Dazwischen" liegt mehr: Gestaltbildungen sind Prozesse, die etwas vermitteln und ins Verhältnis bringen. Sie rücken etwas heraus, das schräg oder „quer" zu den verschiedenen Wirksamkeiten steht. Die Psychologie sucht mit Gestalt und Ganzheit solche Züge zu erfassen, die mehr und anderes als die Summe von Teilen sind. Sie erliegt dabei jedoch immer wieder der Gefahr, Gestalt als feste und formale Einheit anzusehen. Demgegenüber zeigt die Analyse von Kunst, daß Gestalt noch genauer zergliedert werden muß, wenn man verstehen will, wie sie leben kann.

Gestalt bildet sich „zwischen" oder „inmitten" von Gestaltungen und Umgestaltungen (Meta-Morphosen). Sie nimmt „Stellung" in und zu Verwandlungen; sie ist Ganz-Machendes und Unganzes zugleich. Sie ist Ansicht und Tätigkeitsbereitschaft — eine Durchgangsform, wie das „Vorgestaltliche" im Prozeß der Aktualgenese (SANDER). Gestalten wirken, weil sie eine Schräge ausbilden: als Zwischenstellung, als Grenzbestimmung, als „Querfunktion" (WERTHEIMER), als „Focus" (ALLPORT).

Die „Schräge" der Gestaltbildung bringt dem Ineinanderwirkenden Maß und Verhältnis. Sie „funktioniert um", löst auf, faßt zusammen, sie gliedert und spiegelt die Ereignisse nach ihrer Ansicht.

Wenn Gestalt bestimmt wird, sagen wir: „indem" dieses und jenes wirksam ist — während etwas „dazwischen" aufkommt — was „dahin" und „daraus" verbindet. Die Schräge erzwingt Stellungen, die Realisierungen begünstigen können oder nicht; in Spielen und Sprüchen schätzt sie Zu-Geschehendes ein — „du traust dich nicht . . .", „du bist ein . . .". Das berührt sich einerseits mit Märchen, Ritualen, Festen als Ordnungen, die die Wirklichkeit stellen; zum anderen verdeutlicht Schräge, was in Träumen, Schwebezuständen, Aufwach- und Einschlafphänomenen vor sich geht. In der Schräge von Gestalt werden Transfiguration und Brechung organisiert; daraus leiten sich Relativierungen und Umzentrierungen bei der Bildung von Gestalten ab.

In Collagen und Decollagen, in Happenings und Objektreihen, wie wir sie bei Vostell beobachten können, wird eine Gestalt in Entwicklung festgehalten: als Gestelltes und Sich-Einstellendes, als eine Schräge „zwischen" Aktion, Objekt, Zeichnung, Formulierung, Musik, Zusammenstellung, als ein sinnliches „Dazwischen" und „Indem" von Wirksamkeiten. Das Vereinheitlichende der Schräge wird erfahrbar als Zusammenhang zwischen Gegebenheiten, beispielsweise als Tanz von Leben und Tod oder im Aussprechen eines Problems (Thema) oder in den Zeit-Raum-Gebilden von Partituren.

Eine Schräge, die sich zu erhalten sucht, kann vielfältige Umverteilungskünste — Ergänzung, Ersatz, Rationalisierung, Spaltung — einsetzen. Kunstwerke nötigen uns, zu staunen und zu bewundern, weil wir sehen, was alles noch zusammenzubringen ist oder was eine Gestalt alles aushalten kann.

Kunst stellt ihre Werke „schräg" zwischen Gegebenheiten und Konstruktionen, zwischen Geschlossenes und Ungeschlossenes, zwischen Geschichten und Erzählstopp, zwischen Anerkennen und Ironie, zwischen Unendlichkeit und Entschiedenheit. Damit stellt Kunst sich gegen Lineares (auch von „Gestalt"), gegen Aufteilung in Schichten, gegen feste Instanzen und ihre Kompromisse. Daher werden ihr Störung, Lücke, Seltsamkeit Hinweise auf das Indem und Dazwischen von Gestaltbildungen.

In diesen Entwicklungen verspüren wir, was „Gestalt" ist: etwas „auf einmal" Daseiendes und doch nur durch Entwicklung zu Erfahrendes, etwas sich Bewegendes und irgendwie Bleibendes, etwas Paradoxes, das von vornherein da ist und doch immer wieder neu bestimmt werden muß.

MELLAN / GOLOWIN: Die „Schräge", in der wir Realisierungen entwickeln und organisieren, tritt in jeder Fläche bezeichneten Papiers zutage; sie wird für uns besonders augenfällig, wenn der Strichcharakter zugleich als eigene Gestalt und als Weiterbildung einer Realität erkennbar wird. Das Gesicht des Erlösers, vor seinem Tod, auf dem Schweißtuch der Veronika, wird von MELLAN durch die Entwicklung einer Spirale herausgerückt — sie beginnt in der Mitte des Bildes und führt, ohne Unterbrechung des Strichs, zu seiner Begrenzung. Bei GOLOWIN wird Blau bewegt: von Flächenausbreitung über Bänder und Ornamentierung zu Untergliederung eines Bildes und Darstellung eines Darstellers — auch diese Entwicklung einer Schräge läuft wie ein Kreis in sich zurück.

Verspüren von Schräge

— *Einschlafphänomene: Verspüren von Dazwischen-Kategorien, die Bilder, Gedanken, „Bewegungen", Verhältnisse verbinden (SILBERER); „Blicke": aufschließend, angreifend, versinkend; Anblicke.*

— *Lektüre: Klang, Rhythmus, Dramatik, Schwebe, Stimmung wie eine voluminöse Materie des Dazwischen; Film-Trailer: oft bewegender, provozierender und „schöner" als der Film im ganzen (vgl. „Vorgestalt" bei SANDER).*

— *„Geschmack" von Dingen, Erinnerungen, Träumen (Proust); Einfälle, „Fransen", Eindruck als Hinweis auf Gestalten; Schwere, Leichtes, Gespreiztes, Gedrehtes von Darstellungen (WÖLFFLIN).*

— *Wiederholung: „Idealisierung" der Erinnerungsarbeit, Verzerrung und Entzerrung; Wiederholbarkeit und Übertragung von Schräge: Versuche, mit Gestaltung—Umgestaltung fertig zu werden; Hogarths „Schönheitslinie".*

— *Landschaften: zugleich ein Gefühl dafür haben, man könne das Gesehene und Erlebte nach „bekanntem Muster" aufschlüsseln, und verspüren, man könne und wolle das nicht, sondern ließe sich auf neues oder anderes ein.*

— *Kunst stellt Zwischenbilder heraus, die Realitäten „wahrer" erschließen als Abfotografieren; eigene Logik dieser Schräge; Aufbrechen des selbstverständlich Gewordenen.*

— *Kleist „Amphitryon": rückt „Ich" ins Dazwischen, festes „Wesen" wird fraglich — allenfalls*

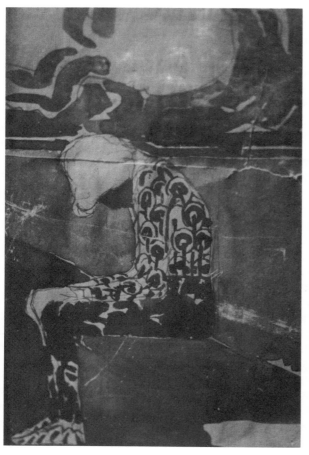

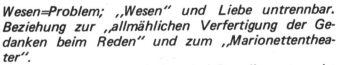

Wesen=Problem; „Wesen" und Liebe untrennbar.
Beziehung zur „allmählichen Verfertigung der Gedanken beim Reden" und zum „Marionettenthea-
ter".

— Verspürtes Dazwischen bei Parodien, etwa der
Siegfriedsage: die Übersteigerungstendenz, aus deren
Logik der junge Sieger nicht herauskommt — er muß
„strahlen", siegen und gerät dabei in die Zwickmüh-
len von Konstellationen; Karikaturen von Wagner-
Opern.

— Eisensteins „Montagen": Herausheben von Dazwischen durch Metaphern, Objekte, Tätigkeiten,
„Beziehungen", Bildgebärden „hindurch".

— Leonardo „Anna Selbdritt" (London; Paris):
Ineinander wird spürbar — ohne Verletzung von
„fotographierbarer" Anatomie —: Kind wächst aus
Arm/Leib, zwei Köpfe aus einem Körper, Beine irgendwie einem (gemeinsamen) Dritten zugehörig,
irgendwie Monströses, aus dem geschichtliche Wirklichkeiten erwachsen.

— F. Guardi: „schräger" Rhythmus im großen wie
im kleinen, beim einzelnen wie bei „Massen". Als sei
eine Fläche durch „Punkt, Komma, Strich" gebunden. Bewegungsfolge von Rudern, Kleidern, Tänzern,
Musikern, von Schatten-Bewegtheiten, von Welligem,
von Spiegelungen. Verteilung über das ganze Bild
und Schwanken der Gliederung nach verschiedenen
Seiten.

— Mantegna (Paris): stilisiert „Felsenartiges",
schafft eigentümliche Schräge: Schichtungen, Tür-
mungen, Querungen, Ballungen und ihre Abgehoben-
heiten, Abgerundetheiten, auch ihre Tektonik. Das
bezieht auch die Menschen, die „Darstellungen"
ein — so wie es umgekehrt den Felsen, Landschaften,
Wegen menschliche „Analogien" abringt.

Kunst bringt Wirksamkeiten zum Vorschein, welche sich „quer" durch
die Einzelheiten ziehen, die wir als Dinge, Körper, „Realitäten" klassi-
fizieren. Dadurch werden bewegliche Kategorien herausgestellt — „Gestalten", die „dazwischen" wirken: Verquertes beginnt zu sprechen, der
„Zug" einer Wirklichkeit äußert sich (Flucht), das Verbindende „dazwischen" tritt heraus (Küste), der Zwang perspektivischer Konstruktion gibt den Dingen ein Gesicht. Das wird noch deutlicher bei Akzen-
tuierungen von Bildgefügen, bei „abstrakten" Karikaturen, bei „Partituren" von Happenings, bei Umzeichnungen, im Vergleich von Foto
und Bild oder im Herausheben von „Stilunterschieden".

Verrücken

Durch Rekonstruktion suchen wir zu erfahren, wie Metamorphosen funktionieren. Realisierung und Schräge sind Mechanismen, zu denen nicht noch eigens „Empfindungselemente" oder „Geist" hinzugedacht werden müssen. Indem sie sich voranbewegen, beginnen sich Metamorphosen auszubilden: sie sind das „Fleisch und Blut" von Kunst und Seelischem. Aus ihnen lassen sich die Phänomene, die wir beschreiben, ableiten.

Wenn wir untersuchen, wie der Umsatz von Realisierung und Schräge vor sich geht, stoßen wir auf einen weiteren Konstruktionszug. Er deckt auf, wieso Gestalt verschiedene Gegebenheiten zusammenbringen kann: sie verbindet oder vermittelt durch Verrücken. In seiner Farbenlehre kommt GOETHE auf Verrücken zu sprechen, weil er dem Entstehungsprozeß der Farben nachgeht. Indem sich Fläche und Rand verbinden, entsteht begrenzt Gesehenes: „Bilder". Damit sich Farberscheinungen zeigen, ist jedoch eine Bewegung, eine Arbeit erforderlich. Bilder müssen „verrückt" werden — erst dann haben wir Farben. Das Verrücken der Bilder durch Refraktion darf jedoch nicht vollkommen, nicht rein vor sich gehen, sondern nur „unvollkommen". Wie das Prisma lehrt, muß ein Nebenbild zugleich mit dem Hauptbild entstehen: ihr Indem ist die Bedingung farbigen Lebens.

Diesem Gedanken folgen wir. Verrücken bedeutet, von der Stelle bewegen, merklich verändern, aus der Fassung bringen; auch verwirren, beunruhigen, Gewichte verlagern. Verrücken ist Wegbewegen und Verbinden zugleich, Abweichen und Verdichten von Gemeinsamkeit und Maß, Fesseln und Entfesseln, Vermitteln und Entfremden — also wieder einer der paradoxen Züge, die Übergänge ermöglichen. Ein Verwirren verstärkt sich umso mehr, je weiter Haupt- und Nebenbild auseinandertreten, als unverbunden, ohne gemeinsames Maß erscheinen.

Im Verrücken zeigt sich, wie Gestalt als Brechung existiert und wie sie Wirklichkeit erfassen kann: wir erfahren, was vor sich geht, indem wir etwas in Abweichungen (wieder)gewinnen. Wirklichkeit wird herausgebildet — in einer Art Verdoppelung, in einem zu- und nachfassenden Verrücken. Etwas klärt sich in anderem; es kommt zu sich in einer Abweichung, die dennoch als Gleichnis verständlich wird. Daher sind Differenz, Bildung und Umbildung als „Verbindungen" unumgänglich.

In diesem Auslegen entdeckt sich das, was vor sich geht, zugleich auch immer in Bewegung. Das kann man durch Verstärkung von Identisch-Halten einzudämmen suchen: in Störungen, Übertreibungen oder Lücken-Schaffen wird spürbar, daß hier noch mehr im Gange ist und herauszurücken sucht. Das Verrücken nimmt dann Züge einer gelebten Karikatur an; an diesen überfrachteten Äußerungen und ihren „Intentionen" fand FREUD seinen Ansatz, „Kompromissen" des Verrückens nachzuforschen.

Die Konstruktion des Verrückens — als Leben und Erfassen von Wirklichkeiten, die sich auslegen müssen — führt an die Umbildungsprozesse der Meta-Morphose heran: die „feste" Wirklichkeit ist

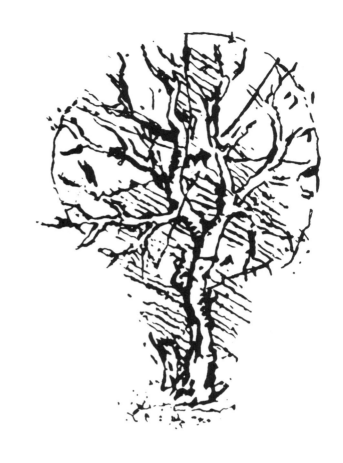

Wirklichkeit wird zugänglich im Verrücken: Verändern, Umsetzen, Steigern, Verrätseln, Auflösen bringen uns die Gestalten des Lebens nahe. Erst im Übergang von Ansichten und Bewegungen, von Sache und Verstehen wird Wirklichkeit „durch Malen erobert" und herausgebildet. Wir verstehen, indem wir uns auf die Entwicklung zwischen Bildern einlassen: der Baum lebt zwischen Verästelung, Flächen und Kreis; die Tänzerin rückt in Variationen von Fuß, Gang, Sprung, Drehung in den Blick; im Überdehnen beginnt die Eigenart von Dingen auszuwachsen; im „Stil" wird die „Realität" jeweils auf einen anderen Nenner gerückt; Kunst steigert das Verrücken, so daß es an „einfach wahr" heranbringt.

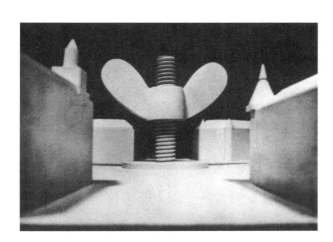

ein Erzeugnis des Hin und Her von Gestaltung und Umgestaltung, bei dem erst die Umgestaltung Gestalt identifizierbar macht. Das Verrücken von Wirklichkeit im Kunstwerk ist ein Muster, wie gelebte Wirklichkeit ins Bild kommt. Die bewegende Wirklichkeit Venedigs rückt ins Bild durch ein „ruinöses" Inselchen in der Lagune; Küstenlandschaften an einer halben Austernschale oder an einem ausgebleichten Baumstumpf oder an der Farbstruktur einer Muschel; die Ruinen von Mykene an den Pfahlreihen der niederländischen Küste.

Die Brechungen der seelischen Produktion gestalten sich in den Verrückungen von Kunst und Wissenschaft. Kunst und Wissenschaft wollen herausheben, wie sich eine Sache entwickelt, indem sie sie zerlegen, dehnen und stauchen, austauschen, auf den Kopf stellen. Ihr Verrücken sucht den „Witz" herauszustellen, der in einem Zusammenhang steckt; er macht transparent, was auch sonst, unbemerkt, Zusammenhänge stiftet. Denn — auch wenn es nicht ausdrücklich heraustritt — ein solches verbindendes Arbeitsprinzip wirkt in jeder Metamorphose. „Witz" deutet darauf hin, daß Verrücken mit „Problem" und Lösung zu tun hat. Jede Erklärung ist ein Verrücken, das etwas und anderes zusammensieht (Ableitung).

Die „Logik" des Witzes, wie sie sich in Karikaturen, Erfindungen, infantilen Strategien oder figuralen Gestalten zeigt, ist eine Logik, die in „verrückten" Zweieinheiten funktioniert. Sie setzt Dazwischen und Indem, Auslegung und Gegebenheiten von Realisierungen voraus; sie braucht die Bewegung des Verrückens: Verkleinern, Vergrößern, Verlagern, Verdichtung, Expandieren. Sie vermittelt darin ein Mehr, ein gemeinsames Maß, das sich in Analogien, Rhythmen, Variationen bricht. Paradox wirken hier Stören und Zurechtrücken ineinander.

Der Witz deckt auf, daß Wirklichkeit heraustritt, indem sie sich „in sich" verrückt. Der Gestalt von Bildern und Geschichten kann man dieses Verrücken ansehen. Wir finden in ihnen nicht „reine" Geometrie vor, sondern Gestalten, die im Verrücken bleiben — auch wenn sie im Werk ein für allemal festgebannt scheinen. Zugleich bleibt auch immer ein Maß spürbar: es gleicht einem Schema von Entwicklung oder Entwickeln-Können. Die Selbstbewegung der verrückten Wirklichkeit faßt sich in Bildern von Entwicklung, in denen sich Bewegung und Gegenbewegung treffen.

zu Verrücken

— *Verrücken als Herausbringen oder Danebengehen, wenn Vorgestalten („Einfälle") in Zeichnungen, Sprachwerken, musikalischen „Sätzen" realisiert werden sollen; analog: wissenschaftliches Arbeiten.*

— *Die Analyse von „Gestalt und Zeit" führte V. von WEIZSÄCKER auf das Paradox, daß eine Bewegung nicht in der intendierten Form ihr Ziel erreicht, sondern nur in einer gesetzmäßigen Abweichung: Verrücken als Notwendigkeit für Gestaltbildung, als konstituierend für Wirksamkeiten.*

1) Oktobersonne. (Impressionismus)

2) Tier und Landschaft (Kubismus)

3) Milchwirtschaft (Futurismus)

4) Wo mein Kühlein Blümlein pflückt (Primitivismus)

5) Die Schalmei (Expressionismus)

6) Die Kuh (Neue Sachlichkeit)

— „Nachdenken" bringt erst über Beschreibungen, Versinnlichungen, „Ablenkungen" das Zutreffende heraus; Kunst qualifiziert dieses Verrücken: als Dehnen und Stauchen, als Zuspitzung, als Umdrehen und Umbrechen. Daher spielen Paradox, Ironie, Paraphrase, Parodie, Wiederkehr in den kunstvollen Brechungen der Wirklichkeit eine so wichtige Rolle. Kunstwerke können den Umgang mit Wirklichkeit bis an die Grenzen des Erfahrbaren verrücken: Sprechend—Unsagbares, Erforschbares— Unerforschliches (RUSKIN).

— Kunstwerke werden durch Verrücken verstanden: durch die Geschichte der Kunst, durch Kritik als Deutung, durch Beschreibung der Wissenschaft, durch „Geschichten" der Betrachter; im Verrücken durch andere Künstler: Modifizieren, Umbrechen, Karikieren, Transponieren usw.

— „Perspektive" als Sonderfall von Verrücken, in Kunst und im Leben; „Verborgenheit" von Motiven oder Strukturen damit zusammenhängend; „Selbstbewegungen" des Verrückens als Herausgestalten und zugleich Umbilden von Wirklichkeit.

— Der dar-gestellte Handlungszusammenhang auf der Bühne macht etwas Bestimmtes zur Szene, zur Handlung, und das kann seinerseits wieder anderes zur Szene, Handlung usw. verrücken (K. BURKE).

— Kritik als Verrücken auf „objektive" Erklärungsmächte hin, von denen Erlebtes ableitbar werden soll: Formeln für Gemeinsamkeiten, Kriterien für Übereinstimmung, für Haltepunkte und Verrückbares. Ökonomie des Abkürzens von Auseinandersetzung: Drehpunkte, Prinzipien, Wertungen.

— „Volkslieder": Verlagerungen, Diskontinuität, „sinnlos-sinnige Einschübe", Verrücken durch Refrain zu allem möglichen; eigenartige Logik dadurch. „Versingen" keine Panne, sondern: Überdeterminationen, Verrückungen nachgehen.

— Vergrößerung, Verkleinerung, Vergröberung, Verzerrung, „Verschmierung" von Ausschnitten, von Werken im ganzen als Verrücken (Übertragungen, Collagen, Ausschnitte, M. Ernst, C. Oldenburg).

— Gedichte von E. Pound als systematisches Verrücken — wobei ein produziertes „Eigenwesen" Verschiedenartiges zusammenhält; Spielbreite des Verrückens zwischen Symbolismus und „Nonsense"-Dichtung; „Alice in Wonderland" deckt Funktionieren und Konstruktion auf durch „verrücktes" Aufbrechen (Expandieren, Durch-drehen, Übertragen, Zerlegen, Überdrehen); Analogien bei Klee oder Steinberg.

— Tragikomisches als in sich bewegtes Verrücken (S. Beckett, Genet, Ionesco, Wedekind).

— Toulouse-Lautrec: Verrückungen von Farbe als Form über Form, von expandierender Form — wie Farbe — über Formen; Farben als (in sich) Formendes (analog Millet, Daumier).

Verrücken als Erfahren

Seelisches versteht sich, indem sich Wirklichkeiten verrücken. Ohne Verrücken bliebe es taub und stumm; es fände weder Übergänge noch könnte es Zusammenhang herstellen. Im Verrücken wird die Vermittlungsarbeit von Gestalten sichtbar. Das Da-

zwischen und Daraus von Metamorphosen ist immer ein Hin- und Her-Bewegen; Weiterentwickeln ist Herausrücken und Sich-Überlassen an anderes, Zufallendes, Auslegendes. Nur im Verrücken erfahren wir die Chancen und Begrenzungen „beweglicher Ordnung", die Unverrückbarkeiten von Wirklichkeit wie ihre Spielbreite. Gestalten charakterisieren sich daher durch die Probleme ihres Verrückens.

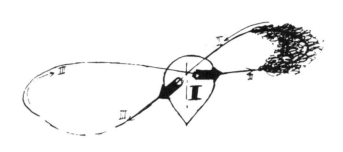

Das Verrücken führt an den „Witz" von Wirklichkeiten heran, den das Dazwischen-Lesen (Intelligenz) aufdeckt: an ein Entwicklungsschema, zu dem vielfältige Bewegungen hinführen und von dem Weiterbildungen ausgehen.
Kunstanaloge Gebilde, die Unterrichtsprozesse organisieren, finden sich in didaktischen Prototypen. Das sind anschauungsnahe Entwicklungsschemata, die Einzelheiten, Fragen, Vorgehensweisen usw. einordnen. Sie stellen Gestalten des Funktionierens von Verhältnissen in Entwicklung heraus — als „Indem"; daher lassen sie verschiedene Formen des Nacheinanders beim Unterrichten zu.
Das Bild des Blutkreislaufs, das P. KLEE entwarf, läßt sich so als Gerüst eines offenen Unterrichts „anwenden".

Bilder und Geschichten suchen das Verrücken von Wirklichkeiten in Entwicklungsmustern zu fassen. Solche Ordnungen lassen sich daher auch nicht einlinig durch Zusammenpassen oder Harmonie kennzeichnen, sie sind „verrückter". Beschreibungen von Kunstwerk und Kunstumgang machen sichtbar, wie vieles sich hier überkreuzt, schneidet, dreht und wendet; das verschiebt sich, bildet Fassaden und Kulissen, das bricht um, beunruhigt, stört, befremdet und bringt das alles zugleich auch wieder in einen Kreis. Wir „wissen" um Doppelsinnigkeiten, Drehpunkte, „geheime" Absichten, Übertragungen, Übergänge — ohne Verrücken bliebe unerklärlich, wie „Unbewußtes" und „Vorbewußtes" aufeinander bezogen funktionieren können.

Das Verrücken schafft eine Operationsbasis, die eine Reihe von Qualitäten aufbringt, auf die wir hinweisen mit Freiheit, Zufall, Einfall, Überdeterminiertheit. Im Rahmen von Entwicklungsmustern werden diese Momente systematisiert: Zufall bringt die andere Seite einer Konstruktion zur Geltung (Repräsentanz), Überdeterminiertheit hat mit den (ambitendenten) Drehpunkten der Auslegung von Wirklichkeit zu tun, Freiheit folgt den Paradoxien von Brechungen, Einfall kennzeichnet die Chancen und Begrenzungen „unordentlicher Ordnungen"; Widerstand, „Chaotisches" und „Gestörtes" haben in einer Psychästhetik eine produktive Funktion.

Solche Gesichtspunkte verdeutlichen, warum wir von kompletten Konstruktionen ausgehen müssen, wenn wir uns mit Kunst und Seelischem beschäfti-

gen. Das ist sinnvoller als das Beharren auf Minimal-
modellen, die ihr Leben allein der Kunst des Wegse-
hens und den Nöten der Prüfungspraxis verdanken.
Es hat keinen Sinn, das verrückte System der Produktion als Zutat abzuschieben. Das Ganze der Produktion von Kunst und Seelischem ist von vornherein
phantastisch, ausgedehnt, „Kultur", von nicht gerin-
gerem Umfang als Industrieanlagen, nicht weniger
wirklich als Kraftwerke, Hochöfen, Atommeiler.

Raffael

— Die kleinen Entwürfe (St. Michael im Louvre;
Allegorie in London) versinnlichen etwas zwischen
Wagnissen und Klärungen. Ausschöpfen von farbli-
chem Glanz zwischen „Feier" und „Metallspiege-
lung"; Übergänge von Realitätsbefestigung in gerade noch Glaubhaftes: Rosa, Gelbliches, Lila, extreme
Morgenröten, Himmelsfarben. Zugleich „ideale",
perfekte Zeichnungen als verrückte Formulierung
von Zwischen-Gestalten (Lessings „fruchtbarer
Augenblick"), die wie eine Realität — als fester
Kern — alle möglichen Bewegungen dieses „Darge-
stellten" ableitbar machen. Geometrische Gefüge
und marzipanartige Greifbarkeit von Dingen — Ma-
nierismus des paradox perfekten Zwischenbildes.
— Demgegenüber die großen Bilder Raffaels als
Formel einer „normalen" Verrückung: Menschenschema etwas ins Ideale gerückt; perfekt Gezeich-
netes, ohne Verzeichnung, ohne manieristische Zu-
mutungen: als leicht Identifizierbares, als klarer
„Gedanke", als „Psychologie" (das ist aber nicht
weniger zurechtgerückt); abgestimmte Farbtönun-
gen, ohne Kontraste, Störstellen; an Lokalfarben
anklingend; Übergang zum Kitschigen als Verfüg-
bares (Schule–Bildendes; als „Norm" Erlernba-
res); „Familiäres" in jedem Sinne; „Süße" der Gestalten, das „Genießen" ohne Verpflichtung.

Collagen

— Erlebbarmachen von Schräge, Verrücken, Übergang: von anderswoher Kommendes als Fortsetzung;
Zufälliges/Geschichtliches als Verwendbares/Modifi-
zierendes; Gefüge von Indem, Dazwischen, Verrück-
barem, Unverrückbarem, von Entwicklung und
„Witz"; Metamorphosen Verspüren zwischen kon-
ventionellen Ordnungen, vertrauter Kunst und Er-
setzbarkeit, Beweglichkeit, Umdrehen; Übergänge
zwischen „altem" Sinn und sich neu produzierenden
Bedeutungen; Erfahrung von: Ergänzung, Andeutung,
Noch-Erhaltenes / Noch-Gehaltenes, „Rest", Ausge-
haltenes, Zerfall, Zufall, (einst) Häßliches, Banalität, Diffusität. Konstruktionserfahrung von Verrücken wird zentral; Übergänge zu Psychästhetik.
— Der Umschlag zu „The Art of Assemblage"
versinnlicht das abstrakte Schema eines Gedankens
in seinen Explikationsmöglichkeiten: mehrere „geschichtliche" Modifikationen, zugleich Geschlossenheit und Ungeschlossenheit — verrückt in ein Entwicklungsschema: Teilung eines Wortes = Aufbrechen von Betonungsstellen, Schichten, Rhythmik
eines Wortes.

the art of
ASSEM.
BLAGE
the museum of modern art

L. Carroll „Alice in Wonderland"

— *Freilegen der Grenzenlosigkeit des Verrückens = Grenzenlosigkeit von Sinnbildung und Sinnzerfall;*
— *Aufdecken des Doppelt-und-Dreifach jeder scheinbar festen Einzelheit; ihre Entwicklungsmöglichkeiten, ihre Determinationen; Expansionstendenzen beim Zerbrechen von Doppelheiten (wörtlich nehmen);*
— *Entdecken einer „Zwischenschicht" beim Umgang mit den Wirklichkeiten des Lebens, der Sprache, der Kunst: Verrücken als unbemerkt organisierende Tätigkeit, als Abweichen und als Herstellen von Gemeinsamkeiten; Entdecken der Selbstverständlichkeiten des „Dazwischen";*
— *Verrücken als Bewegung in sich: als Verstehen-Lernen, als Sinnerfassen durch Aufbrechen, Umbilden, Umdrehen, Verkehren; Fruchtbarkeit von Entzweiung;*
— *Freilegen des Problem-Werdens, des Umkippens, des Verrätselns jeder einlinigen „Konsequenz"; Unangreifbarkeit und Selbstzerstörung ernst genommener Dogmen;*
— *Verfolgen der verrückenden Logik verschiedener Lebewesen und Kunstprodukte (Blumenperspektive; spezifische Blumenangst: gepflückt werden);*
— *Operieren mit Spiegeln, Umkehrungen, Vertauschen, Vergrößern, Verkleinern, Relationen.*

Ins-Werk-Setzen

Ein eigener Sinn von Metamorphosen steckt darin, daß etwas dabei herauskommt. Produktion ist Prozeß und Erzeugnis des Prozesses; ähnlich deutet Werk auf Wirken wie auf Zeugnis des Wirkens hin. Daß etwas herauskommt, hat immer mit diesem Doppelsinn zu tun, sei es, daß wir Werke herstellen oder den Sinn gegebener Werke modifizieren. Gestaltbildung kommt zustande und erhält sich, indem wir etwas verfertigen durch „Vermittlung" von Wirklichkeit — indem wir etwas ins Werk setzen. Gestaltbildung als Hervorbringen wird gegenständlich in Werken — als Mittel, Erzeugnis, „Material" — oder in Dingen, an denen sich etwas erweisen kann.

Gestalt ist Werk: daher ist Gestalt immer „Inhalt" und „Funktion". Ins-Werk-Setzen begründet das Wirken von Gestalten. Gestalten bilden sich, indem sie greifbar werden im Funktionieren der ins Werk gesetzten Realitäten. An diesen Folgen lassen sich Gestalten erkennen. Auch hier ergibt sich wieder ein Doppelsinn: Konsequenzen oder Folgen kennzeichnen einerseits ein Nacheinander, andererseits die Begründung durch eine Konstruktion; in doppeltem Sinne ist das Ins-Werk-Setzen eine Voraussetzung und eine notwendige Folge von Metamorphosen — es ist ein eigener Mechanismus.

Wenn wir seelische Zusammenhänge oder Kunst erfassen wollen, wird Gestalt als Werk zu einem zentralen Anhaltspunkt, Sinnzusammenhänge zu charakterisieren. Denn mit Gestalt als Werk wird das Versalitätsproblem aufgegriffen; damit werden auch die Vereinheitlichungsprobleme der anderen Mechanismen von Metamorphosen ausdrücklich herausgestellt. Nicht zuletzt wird damit das Entwicklungsschema als etwas bestimmt, das funktioniert.

Die jeweils wirksame Gestalt verfaßt sich in Werken als Einrichtungen, Raum beanspruchenden Gebilden. Sie widerstehen anders Möglichem; sie eröffnen und begrenzen Wirkungskreise; sie stellen Handlungen auf die Probe, kontrollieren, bestätigen sie; sie fördern Wiederkehr, Aufgliederung, Funktionsverhältnisse. Werke setzen Realisierungen in Bewegung, sie werden Realisierung gegen andere Realisierung. Werke sind hergestellte Wirklichkeit, in denen Handlung Gegenstand, Kunst Natur wird — und umgekehrt. Ins-Werk-Setzen der Gestalten bedeutet, Methoden finden, Strategien entwickeln, „Umwege" gehen, die festhalten können, wie Wirklichkeit durchgliedert wird.

Aber Werke gewinnen Raum nur, indem sie Übergänge auslegen. Im Werk werden Übergänge handlich, praktikabel und transportabel gemacht — dennoch wird der Übergang nicht aufgehoben, und er bleibt auch in Bewegung. Daher können Dinge, Mittel, Zeugnisse und Erzeugnisse anderen Sinn gewinnen; sie werden in anderen Zusammenhängen gebrochen, umgedeutet und umgebildet. Daraus ergibt sich auch, daß die Werke anderer Zeiten und Kulturen aus den Metamorphosen heute erst einmal herausgerückt werden müssen, wenn wir sie geschichtlich verstehen wollen. Paradoxerweise können Kunstwerke uns etwas bedeuten für „damals" und zugleich für „heute". Aufschlußreich ist der Übergang in der Reihe des als „Werk" Bezeichneten: Arbeit, Tat, „gute Werke", „Gedankenwerk", literarisches Werk, Bildwerk, „Produkt", Institution, Fabrik, Lebenswerk, Kultur und Natur als Werk.

Das vertieft und verbreitert sich noch durch Metaphern des Ins-Werk-Setzens wie Schöpfung, Erzeugung, Herstellung, Bildung oder von speziellen For-

men des Ins-Werk-Setzens her. So deutet CARLYLE die ganze Wirklichkeit nach dem Muster des Kleider-Machens, wenn er die Rolle von Gestaltung und Formung, ihre Probleme, Chancen und Grenzen kennzeichnen will. Wir verstehen auch die „Natur-Dinge" nach Art von Werken. Das bedeutet nicht: als „Wollen", „Leistung", „Planung" — sondern: als etwas, das der Mechanik von Metamorphosen entspricht. Daher fällt es auch nicht schwer, GOETHEs Beschreibung der Pflanzen-Metamorphose oder seine Farbenlehre auf Gestalt als Werk zu beziehen: Werke der Kunst erläutern die Eigenart von Wirklichkeit oft viel besser als lange Abhandlungen über Einzelheiten oder starre wissenschaftliche Klassifikationssysteme.

Kubismus-Werke

— Picasso „Suze": Aufgliederung mit beweglichen, ersetzbaren Zügen (Zeitung, Farbe, Gekritzel). Flaschenabstraktion als Verrücken des ganzen: „Suze"-Schild, weiße Flaschenstilisierung, blauer Boden, Zeitungsschatten, Halsaufblick, Tischartiges. Das heißt: ein vertrauter Stilleben-Aufbau wird aus Verrückbarkeiten nachgebildet und macht dadurch auf Formalisierung und Symbolisierung aufmerksam. Cézannes Gegenstandsklärung führt zu einem sich verselbständigenden Gerüst. Zugleich Übergang von „romantischer" Natur zu Zivilisationsprodukten (Zeitung, Kataloge, Werbung, Flohmarkt); Indem Kunst vergleichbar Freuds „Überdetermination".

— Braque „The Program": Tisch mit Gläsern, Kannen, Schach in Flächen gebracht, die sich ineinander verrücken: durch „Transparenz", Überschneidung und Verstärkung der Überkreuzungspunkte; „Dazwischen" herausgerückt durch Eingliederung „realer" Flächen (Kino-Programm, Druckpapier, schachbrettanaloge Schwärze); zugleich Zentrierung wie bei „normalem" Stilleben und wie bei (geometrischer) Ornamentik (Typographie): als würden ein Bild und ein Bildgerüst gegeneinander verrückt. Eine Sache wird durch die „Geometrie" ihrer Wirksamkeiten und Wendungen charakterisiert.

zu Ins-Werk-Setzen

— *Wirkungseinheiten umfassen „Unanschauliches" und „Gegenständliches", Entwicklungsprozesse und Versinnlichung im/als Werk: Kenntlich-Machen, (Wieder-)Aufrufen-Können, Zugänge-Einüben, Halt für Funktionieren, Verteilung von Wirksamkeiten gehören zur Wirklichkeit, mit der wir zu tun haben.*

— *Produktion, Entwicklung brauchen Zeit und gehen über Gegenständliches hinaus: Paradoxie des Ins-Werk-Setzens dieser Entwicklung. Die Kunst geht dieser Entwicklung von Wirklichkeit nach. Indem wir Kunstwerke herstellen, schaffen wir Spuren der Wirklichkeit (Werk als Spur). Problem für Kunst und Wissenschaft: daß der Entwicklungsgang darin nicht verschwindet.*

— *Bemerkbar werden die Eigentümlichkeiten des Ins-Werk-Setzens bei Störungen. Es gibt eine Art Verletzung von Wirkungseinheiten, die einer Kreislaufstörung analog ist; Umstellung von „Versorgung" und Umsatz werden erforderlich. Die „Sprache des Leibes" beschreibt die erlebte Beschaffenheit solcher Verletzungen: geht an die Nieren, schlägt auf den Magen, bildet einen Kloß, stumpfe Zonen, Abgerissenheiten, Unterbrechungen. Ins-Werk-Setzen kann das „heilen" durch Erfahrung von Weiterbestätigung, Weiterformung, Umbildung: Werk als System von Konsequenzen, als „Kreislauf".*

— *Ins-Werk-Setzen: Verfassungen und Richtungen als Festlegung von Gestaltbrechung. Umzentrierungen möglich; Escher, Magritte behindern Ins-Werk-Setzen. Obwohl im „Bild" leichter und erträglicher, können ihre Werke beunruhigen. Ähnlich: Op-Art.*

— *„Übertragung" als Ins-Werk-Setzen zwischen zwei Menschen; verschiedenartige „Schau-Plätze" oder Übungsplätze für Kunstnachahmung, auf denen etwas ins Werk gesetzt werden kann: Laientheater, Hobby, künstlerische Betätigung, Arbeit, Verein, Sammeln als Umgestaltungsfelder und als Behandlungsfelder.*

— *Umsetzen von Problemen des Ins-Werk-Setzens in Bilder möglich: Bildersprache („Reinigen", „Wegwischen"; „Zappeln"); Sprache des Traumes; Dramatik der Ausdrucksbildung; Sich-Fassen des Seelischen in Bildbewegungen (Mythen, Literatur).*

— *Ballungen, Betroffenmachendes, Verdichtungen können Konstellationsprobleme verraten. Beispielsweise am „Rande" des Schlafens (Träumen, Einschlafen, Aufwachen): da schlägt etwas „Wellen", Versinkendes, Verschlingendes, — erschreckende Konfrontation mit Werken, die aus dem Bann des Alltags entlassen sind. Als träten unsere Werke für einen Moment auseinander.*

— *Die seltsamen „Kausalitäten" bei H. Bosch versinnlichen Wirkungs- und Entwicklungsprozesse des Ins-Werk-Setzens: Verrücken, Austausch, Dehnen und Stauchen, Konsequenzen, System und Umbildungsmöglichkeiten — was alles geht, wenn einige Anhalts- und Drehpunkte markiert sind. Fischreitersoldat, Besucherberg (Einwachsender; Vergrasender), Heranschneckelkirche, Verspeisungsauswachsen, Kopf-*

Baumeigerippe, Verdauungsmühlen, Flieg(un)wesen — das sind Entwürfe seltsam funktionstüchtiger Verwandlungsgestalten. Sie machen Bedeutungskreise und Umsatz sichtbar, sie entsprechen zugleich unserem Eingeübtsein und den Erfahrungen von Verwandlung. Daher ist es schwer, solche lebensfähigen „Phantasiegestalten" zu entwickeln — Bosch-Fälschungen sind erkennbar an „unorganischem" Zusammenkleben.

Endlosigkeit und Endlichkeit des Ins-Werk-Setzens

Es ist kaum möglich, in Kunst und Seelischem an ein festes Ende zu kommen; GOETHE fand es ungeheuerlich, daß von keiner Seite an ein Ende zu denken sei. Dennoch gibt es eine Endlichkeit der Metamorphosen, und sie ergibt sich aus dem Ins-Werk-Setzen — auch daher ist das ein zentraler Drehpunkt gestalthafter Entwicklungen. Darauf richtet sich unser Erfassen, darauf richtet sich Behandlung.

Endlichkeit ist gegenständlich, entschieden und begrenzt, mit bestimmten Folgen verbunden. Das Werk setzt Gegenständliches als wirklich: das „verdrängt" anderes, ist zugleich aber auch Erweiterung von Wirklichkeit — ganz gleich, ob wir ein neues Werk herstellen, ob wir Werke umformen oder zerstören („das ist sein Werk") oder ob wir etwas entwickeln, nutzen, behandeln. FREUD nahm an, daß Unlustspannungen sich verändern, indem Tätigkeiten an einem „Objekt" ausgeführt werden. Produktion stellt sich dar als eine Aufgabe, deren Lösung nur erfahren werden kann, indem sich „gegenständliche" Wirkungen zeigen.

Die Gegenstände, deren Behandlung „befriedigt", sind nicht eng umgrenzt, sondern beweglich und austauschbar; was zu brauchen ist, ist jedoch auch nicht völlig beliebig. Man kann nicht alles, was man will, ins Werk setzen; es paßt auch nicht alles zusammen. Gestalt — als Werk verstanden — macht Konstruktionen sichtbar: als Gebilde, deren Ecken und Kanten aufeinander bezogen sind, die Konsequenzen haben, die bestimmte Möglichkeiten ausschließen, die eigene Probleme und eigene Rechte haben. Gerade dadurch wird das Ins-Werk-Setzen auch zu einer „endlichen" Markierung.

Gelingt eine entsprechende Fortführung, erscheint „diese" Gestaltbildung als „lösend" oder sogar „heilend". Versagt sie, bilden sich seltsame Formen aus, die etwas durch Verschiebung, Verlagerung in „gegenständlichen" und „endlichen" Symptomen ins Werk zu setzen suchen. Solche Symptome machen auf die Chancen und Begrenzungen des Versalitätsproblems aufmerksam.

Verfehlen ist unvermeidlich — daher gibt es auch ein „Glück" des Endlichen; daher macht ein „Werk" Spaß, das etwas bringt. Kunstwerke „machen Spaß", weil wir merken, was hier gelungen ist, und zwar auf „engem Raum". Das Kunstwerk wird zu einer transportablen Bestätigung, daß nicht alles verloren ist. Das gilt auch für die Wissenschaft (Gegenstandsbildungen). Im Gegeneinander von „Wollen und Können" wird das Problem auch im Alltag umrissen.

Das Endliche des Ins-Werk-Setzens ist zugleich Entschiedenheit. Das Werk und sein Funktionieren sind Gestalten der Wirklichkeit, die nicht mehr nach allen Seiten zu wenden sind; sie beanspruchen Raum und machen ihn anderen Lebenswirklichkeiten streitig — DESCARTES hätte von hier aus seinen Beweis wirklicher „Dinge" führen können. Am Werk wird manifest, daß wir da etwas herausstellen, indem wir zugleich andere Probleme im Geheimnis lassen; nur dadurch können wir leben. Im Herausrücken aus dem bis dahin Verborgenen legen unsere Werke offen, was wir sind.

Verkehrung

Das Werk ist eine „bewegliche Ordnung"; es ist so konstruiert wie der Produktionskomplex im ganzen. Daher kann man von Übersetzungen, Übergängen, Gegenbewegungen, Belastungen, Erleichterungen, Drehpunkten sprechen. So lassen sich auch Wissenschaft und Kunst bestimmen, ihre Konzepte wie ihre Methoden. Sie suchen Wirklichkeit auf ihre „Bedingungen" zu bringen und ihr Zusammenspiel in Gegenstandsbildungen nachzumachen; und zwar derart, daß Entwicklungsgestalten von Dingen und Menschen sichtbar werden. Dabei kommt ein Austausch zustande — er stellt fest, was worin wodurch zum Ausdruck kommen kann, was sich stört, was nicht zu verrücken und was anders oder umgekehrt zu machen ist.

Unsere Werke stecken das Spielfeld von Wirklichkeit ab. So wie das Seelische sich versteht, indem es Wirklichkeit auslegt, bricht und verrückt, so verstehen die Werke von Wissenschaft und Kunst Wirklichkeit, indem sie Grenzwerte, Umbrüche, Störungen, Entwicklungen, Umbildung, Öffnen und Schließen von Gestalten erfahrbar machen. Wenn wir erkennen wollen, wie Gestaltung und Umgestaltung die Grenzen von Ganzheiten bestimmen, müssen wir ihren Wendekreisen nachgehen. Auch diese Grenzbestimmung gehört zur Mechanik, die Gestaltbildung trägt.

Das Aufdecken der Grenzbestimmung von Drehpunkten oder Wendekreisen führt zu einem eigentümlichen heuristischen Prinzip: Verkehrung. Die Ästhetik des 18. Jahrhunderts brachte „Verkehrung" mit Umkehrbarkeit — etwa beim Witz — zusammen (BÄUMLER). Verkehrung grenzt an Verrückbarkeit, betont aber stärker die Kehrseite von Wendungen. Verkehrung ist ein Mechanismus zu erfahren, wie weit etwas verfügbar oder auszuhalten ist, wann etwas kippt und worein man dabei gerät. Gestalten — als Gestalten der Wandlung — bleiben auch durch diesen seltsamen Mechanismus lebensfähig und „praktisch".

Verkehrung ist Richtungswechsel, bei dem Vornahmen und Verfügungsgewalt preisgegeben werden. Sie ist freiwillig-unfreiwillig und kann dadurch die Automatik von Binden und Lösen, den „Mechanismus der Dinge" (BERGSON) besonders deutlich machen. Verkehrung führt zu Drehpunkten; sie forscht Verrücken und Unverrückbarkeiten aus — indem wir in etwas reingeraten, indem uns etwas abgenommen wird, indem etwas kippt oder indem wir etwas zu demonstrieren beginnen. Reingeraten meint: etwas hat uns; Abnehmen: es läßt uns nicht; Kippen: weder lassen noch nicht-lassen („Verkehrtwerden"); Demonstrieren: überbetonen, daß man es hat. „Verkehrt" ist alltäglich und bekannt — die Leute wissen, daß damit eine eigentümliche Bewegungsform gemeint ist.

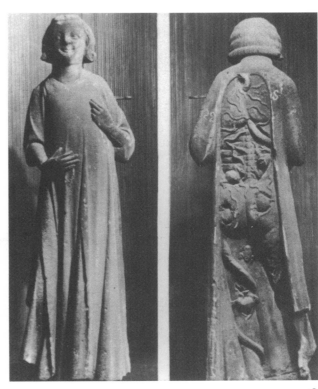

Das nicht ganz Geheure von Verkehrung tritt besonders in ihrer lateinischen Bezeichnung „Perversion" zutage. Dem schließt sich auch die Bewertung von Verkehrung an: von dem als „normal" Abzusichernden aus ist sie das Fremde, Unverständliche, Häßliche, „zu Verfolgende", „zu Behandelnde". FREUD suchte zunächst nach spezifischen Dispositionen für die verschiedenartigen Perversionen. Dabei stieß er auf Gestaltungsnotwendigkeiten und -mög-

Verkehrungen tragen dazu bei, die Chancen und Begrenzungen der Wirklichkeit in Erfahrung zu bringen: in der Umgestaltung der Dinge, im Aufdecken der Kehrseite, im Spiegel der verkehrbaren Welt, im Reingeraten in Unerwartetes, in Umkippen, Karikieren. In REMBRANDTs „Ganymed" spitzt die Kunst ihre Heuristik des Verkehrens zu, die Skizze bewegt sich in Extremisierungen: sie gewinnt Wucht und Gewalt, sie erwirkt eine kunstvoll-beschaubare Ordnung.

lichkeiten einer „Libido" (Trieb an sich) und von da her auf Grundzüge aller Produktionsprozesse (Antrieb, Instrumentierung, Sinnbildung, Befriedigung, Fixierung, Wiederholungstendenz, Umbildungsformen, Konflikt, Verdrängung). Für Freud war damit Verkehrung zum Ansatzpunkt geworden, Grenzen der Gestaltbildung zu kennzeichnen.

Die Analyse der Probleme einer solchen Konstruktion gerät aber zu einer Erzählung, wenn die Verdrängung die Rolle eines Bewirkers übernimmt. Demgegenüber ist festzuhalten, daß sich im Verkehren die ganze Übergangs-Struktur dreht. Das wird besonders am Verkehrt-Halten deutlich. Die Gestalt der von uns erlernten Lebenszirkulationen ist ständig bedroht: durch das Erfahren von Veränderlichem wie von Unverrückbarem. Um den damit entstehenden Krisen von Gewinnen und Verlieren auszuweichen, werden Formen des Verkehrt-Haltens produziert. Sie suchen den Einbruch unvermittelter Veränderungen und Unverrückbarkeiten vorwegzunehmen, indem Preisgaben von vornherein akzeptiert werden. Dadurch können dann Vermittlungen leichter eingesetzt werden. Daß etwas vermittelt wird, bei einem solchen Akzeptieren, zeigt sich im Erhalten von Bewegungs- und Ausnutzungsmöglichkeiten — innerhalb des „selbstgewollten" Rahmens — bei „Neurosen" im Alltag und in der Kunst.

An Verkehrungen stellt sich heraus, daß Kunst und Seelisches beweglich, reversibel, komponierbar sind, und zugleich, daß das nicht so glatt funktioniert. Verkehrung ist ein Austausch-Prozeß, der sowohl Umwandlung als auch ein Versperren von Umwandlungen einleiten kann — er kann neu erfahren lassen, er kann aber auch weitere Umbildungen behindern. Kunst bildet Verkehrung in beiden Richtungen weiter. Sie bringt in Bewegung, was verkapselt ist; sie kann aber auch „umfunktioniert" werden und hilft nun zu verkapseln, was sich bewegen möchte. Dann wird die „Freiheit" des Verrückens, die Zirkulation der Übergänge, die Um-stellung eingeschränkt, um Krisen und Pleiten zu verhindern. Da sich die Mechanik der Metamorphosen im ganzen gegen Verkehrt-Halten wendet, bilden sich Formen aus, die auch aus Einschränkungen noch etwas „Psychästhetisches" machen — das sind die Produktionen, die FREUD Triebschicksale und Abwehrmechanismen nennt.

Verkehrungs-Heuristik

Formen des „es hat ihn":

— *Reingeraten in „ungewollte" Qualitäten (in Dreck/Schmutz, Klebendes, Unordentliches — in Perfektion, Zugzwang, System)*

— *Reingeraten ins Umgekehrte (Verkehrte Welt; Vampirfilm; Satire, Parodie, Karikatur)*

— *Reingeraten ins Verfehlen (heut' mach ich alles „verkehrt"; Tücke des Objekts; „Balduin Bählamm", „Auch Einer")*

— *Zeit als notwendig Verkehrendes: Wohltat wird Plage, Hilfe wird Erpressung („Betonierung"); einst Berechtigtes wird Wiederholungszwang; Umwendung; Reingeraten ins „Glück" (Hans im Glück)*

— Steigerung in einer Richtung (immer mehr . . .), obwohl man andere Richtung als sinnvoller, zutreffender wahrnimmt (Wortwechsel, Streit, Vorwürfe; kein Heraustreten aus Krise); Räusche

— Reingeraten ins Gegnerische (Gegenwillen; Poe: Geist der Perversion); Auswachsen des Karikierens oder makabrer Scherze

Formen des „es läßt nicht zu":

— Verkehrung als Lähmung, Sich-nicht-regen-können, Verstummen durch Abnehmen. (Provokations- oder Anregungsverkehrung: etwas nicht können, was man kann (will), nur weil anderer es nahelegt, weil er „hilft", weil er etwas „abnehmen" will)

— Verkehrung durch Zuschieben (Festbannen; Zurückspielen — du bist selber ein . . .; der Teufel hat dich; „kriegt Ilse keine Sülze, dann brüllt se"); Formzwänge (durch „Verrücktheiten", Provokationen, Rituale)

— Verkehrtwerden durch Absolutheitsansprüche, Überfreundlichkeit, Vollkommenheit, Alles-Können

— Beim-Wort-Genommen-werden als Verkehren (Erzählstopp; Alice=Technik); Penetranz des Auf-der-Stelle-Tretens

— Verkehrung ins Gegenteil (statt heran—hinweg; Verteufelung von Begehrtem; Haltet-den-Dieb)

— unbehagliche Spiegelung (sich nicht wohlfühlen in „eigener Haut", in Kleidung, vor dem Spiegel)

Formen der Demonstration von „man hat es":

— Wendung gegen sich selbst, nachdem etwas ein wenig danebenging, obwohl man das als dumm erkennt (Noch-mehr-Reinreiten, weil es „eigentlich" ganz perfekt gehen müßte)

— Genese von Ressentiments (die „Sauren" und Ewig-Klagenden, als „Erniedrigte und Beleidigte", weil sie es „eigentlich" können, wissen, haben müßten)

— Kitsch als Versicherung von Handhaben-Können (Kunst des 19. und 20. Jh.; „Religiöses"; Konstellationsprobleme von Historie, Wunderbarem, Eindrucksvollem, „Erhabenem")

— „Verrücktheit" neuer Sichtweisen: Dada, Surrealismus, Pop — als Demonstration von Gegen=Stil

Formen des „weder—noch":

— „Verkehrtsein" (Aachener Klassifizierung für „böse" Kinder; Durcheinander, Durchdrehen)

— Kreiseln; Teufelskreise als Verkehrung des Paradoxen

— Versuche, unumgängliche Paradoxien aufzuheben (sich ständig neu seines „freien" Willens und seiner „Gedankenfreiheit" zu versichern suchen)

— Verabsolutierung von „ästhetischem Verhalten" (L'art pour l'art; Duchamp)

Übergänge zu Verkehrthalten:

— Wendung zum Pol „übergut" (Reaktion gegen „Böses") oder zum Pol „überbös" (Gegenwille, Nonnenhysterie): im Sinne von Vereinheitlichung unserer Werke entstehen „gut" und „böse", Schuld und Lossprechung

— In-Bewegung-Bleiben umgrenzt durch relativ starre Verkehrungen von „Abwehrmechanismen"; Projektion: was man „hat", aber von sich weist, wird auf andere übertragen — das erlaubt dann, das Verpönte zu leben und zugleich „dagegen" zu sein. „Reaktionsbildung": Erfahren des Besessenseins oder Belastetseins, wobei die einzige Verfügbarkeit nur noch im Umkehren liegt. In dieser Logik sind sich die Gegensätze „näher" als die Entfaltungen, das „Hin" und „Weg" sind einander verwandter als Umwege.

Hinweise auf Übergänge

Gestalten und Metamorphosen sind Zwiesprache: sie bringen etwas zum Ausdruck, sie setzen etwas auseinander, sie sind Bildung und Umbildung. Das betrifft in gleicher Weise Kunstwerke, Umgang mit Kunst, Kunst als Herstellen. Wenn man diese Zwiesprache kennzeichnen will, legen sich Polarisierungen nahe: Wesen und Erscheinung, These und Gegenthese, Anschauung und Tätigkeit, Kunst und Natur, Ganzheit und Gliedzüge. Dieses Denken von zwei Enden her ist richtig und falsch zugleich. Richtig ist das Hin und Her darin, die notwendige Beziehung auf Zweieinheiten bei jeder Erklärung von Produktion. Falsch ist die Trennung in Dualismen und Bereiche.

Die Versuche, Metamorphosen zu kategorisieren, haben zu einer Vielfalt von Definitionen der Kunst geführt. Kunst soll die Idee zur Erscheinung bringen, sie soll Einheit in der Vielheit anschaulich machen, sie soll Zweckmäßigkeit ohne Zweck repräsentieren, sie soll eine Synthese sonst getrennter Bereiche ermöglichen. Mit PLATO scheint das zu beginnen: ein Reich der Idee offenbart sich im Abglanz der Erscheinungen und weist damit der Kunst ihren Platz.

So einprägsam das wirkt, so schwer wird es, diese Formel aus der Beschreibung von Metamorphosen abzuleiten. Das Hin und Her wie das sich verschiedenartig Qualifizierende sind nicht zu leugnen. Das ganze ist jedoch eher eine Entwicklung in Übergängen und weniger ein Überbrücken oder Vereinigen von an sich Getrenntem.

Eisenstein

Eisenstein stellt in seinen Filmen durch Austausch die Dreh- und Wendepunkte von Zusammenhängen dar, er entwickelt ihre psycho-logischen „Verbindungen" und läßt darin den Übergang Wesen—Wirkung anschaulich werden. Dadurch enthüllt er Wirklichkeit über Einzelheiten hinaus: im Montieren charakteristischer Handlungen, Dinge, Physiognomien, Symbole — je nachdem, worin „Wesentliches" als Wirkendes einprägsam herausgerückt werden kann. Im Übergang Wesen—Wirkung zeigen so die Verrückungen bei der

Zerstörung der Zarenstatue eine „Psychologie" des Um-Sturzes — mit Drehpunkten der Konstruktion: Holzgötze, Ansturm, Aufruf, Bewegung, Schlinge, Leiter, Bestürmung, immer mehr ziehen mit, Zerfall in Teile. Das ist ein Bewegungsgefüge des Herausbringens von Wirklichkeit.

„Potemkin" und „Oktober" stellen die Psychologie von Revolution als Wirkungseinheit dar — jenseits von „Verhaltensfolgen", von Subjekt-Objekt-Trennungen: eine Entwicklung von Wirklichkeit „in sich"; der Übergang Wesen—Wirkung vollzieht sich in der „Montage" von Gesichtern — Bedeutungen — Gegengesichtern — Dingen — Bewegungen — Aktionen — Übertragungen — Verhältnissen — Steigerungen — Auflösungen. Damit rückt Eisenstein Übergangsstrukturen ins Bild.

Übergänge

Rekonstruktion bezieht sich auf Strukturelles. Struktur meint Grundriß, Konstruktionsgerüst, wesentliches Verhältnis, Funktionsformel. Das könnte man mit der Welt der Ideen gleichsetzen und als etwas „jenseits" konkreter Produktionen ansehen. Aber wie es kein Reich von Ideen(-dingen) gibt, so gibt es auch keine fest seiende und jenseitige Struktur. Die Beschreibung von Metamorphosen gibt Struktur den Sinn von Entwicklungszusammenhang, Übergangs-Struktur, Problem-Struktur, Strukturierungs-Gefüge. Struktur betont dann: einige Züge sind für bestimmte Konstellationen wichtiger als andere; Konstruktionsprobleme umgrenzen ein Total; fundamentale Verhältnisse sind in Bewegung und ermöglichen verschiedenartige Regulationen.

Entwicklung oder Übergang stellen dabei heraus, daß Struktur „wird": indem etwas anderen Sinn gewinnt, indem sich Ordnungen umbilden, indem Gewichte neu verteilt, indem ein Maß oder ein Prinzip erlernt werden. Übergangs-Struktur betont: im Herausbilden von Wirklichkeit wandeln sich Grundbestimmungen ineinander — das ist notwendiger Übergang von Thema und Variation, von Wiederkehr und Verströmen, von Vereinfachen und Ausspannen, von Problem und Problemveränderung. An Struktur interessiert hier: wie Prinzipien auf Zufall angewiesen sind, wie Konkretes von „Allgemeinem" abhängt, wie aus Werdendem Systeme entstehen, aus Bildern Tätigkeiten. So etwas kategorisiert die Kunst.

Wenn wir auf Übergänge achten, geben wir Polarisierungen — wie Wesen/Erscheinung, Kunst/Natur, Sein/Werden — einen anderen Sinn. Zugleich verdeutlichen wir damit, daß sich Dinge, Beschaffenheiten, Handlungen als Anhalts- und Wendepunkte von Metamorphosen verstehen lassen. Kunstwerke und Umgang mit Kunst gliedern sich in Übergangskategorien; sie decken Übergänge von Gegebenheit und Anforderung, von Geschlossenheit und Ungeschlossenheit als Mechanismus von Metamorphosen auf.

Wir lernen, daß die „Dinge" sich umkategorisieren, indem sie wirken. Die Kunst macht Übergänge als Grundlegendes spürbar. Ihre Kategorisierung trägt Gestaltung; sie „erinnert" uns daran, daß wir uns stets auf eine eigentümliche Gesamtkonstruktion beziehen müssen, wenn wir „kleine Bildchen", banale Tätigkeiten, „bloß Hinsehen" psycho-logisch erklären wollen. Gestalt kommt zum Leben durch eine Übergangsstruktur, die „Reizen", Antworten, Verbindungen, Nachwirkungen vorausgeht. Sie umrahmt und trägt Produktion; sie bewirkt, daß „Zusammenhänge" in dieser Wirklichkeit halten.

Gestalten können sich bilden und auswirken, weil sie mit dem Übergang von Zufälligem und Grundverhältnissen zu tun haben; sie sind „erstes und letztes", sie betreffen Anhalte und Bewegungen; sie werden getragen von „universalen" Konstruktionsproblemen der Metamorphosen. Infolgedessen fällt es so schwer, Gestalt irgendwo fest zu lokalisieren — als „ideal", als „fundiert", als „strukturell" usw.

Übergang bedeutet für Gestalten: Versalität auslegen, in Entwicklungen geraten, Weiterleben durch Verändern-Müssen, Paradox. Daher werden „Umsatz", Sich-Verwandeln, „Originales" für Kunst und Behandlung wichtig; daher wird es wichtig zu erfahren, wie sich aus Durcheinander, Störung, Häßlichem, Zufälligem etwas herauszuheben beginnt — im Übergang zu „Wesentlichem", zu neuen Lagen und Antworten, im Entwickeln von „Drehpunkten" für Anschauung und Tun. Das geht so weit, daß man das Gegenteil, die andere Seite, erfahren will („Masochismus", "Homosexualität", „Inversion", „Perversion"); Zirkulation und Spirale melden sich an.

E. Paetz: Bilder von Übergängen und Verrückungen

— Mutet an wie Übergang zwischen Pop und Surrealismus: paradoxerweise ist die Genauigkeit der Darstellung von Gegenständen — ihrer „Behandlung" und ihrer Zerlegungsmöglichkeiten — ein Übergangspunkt, der „Realismus" umkippen läßt in Über-Realismus.

— Zunächst scheinen mehr Übergangscharaktere wichtig: Geometrisches, Kubisches, das übergeht in Sich-Auflösendes, in Diffuses, in Herauswachsendes, in Dreck. (Treppen, die nach oben hin in Dreck zerfallen; oder Erdhaufen, Steiniges, Wurzelholz, das aus Geometrie, Kubus herausbricht, -fällt, -wächst).

— Dann ist da ein Erfahrbarmachen von Kontrasten: von Schwere, Klotzigem, „Natur"-Dichte und von Bearbeitetem, Herausgestelltem, zum Fliegen

plexqualität. Das sind nicht Summierungen von Anschauung und Tätigkeit, sondern Produktionen, in denen Übergänge „stofflich" werden. Im Traum leben wir in Gestaltbildungen, denen ihr Übergangscharakter deutlicher als im Wachen anzusehen ist. In Verdichtungen, Verschiebungen, Veranschaulichungen, Verstofflichungen, Symbolisierungen wirkt nicht die „Logik" eines „unteren" Systems. Hier tritt die Metasprache einer Übergangsstruktur ins Bild.

Genauso sind Dinge, Eigenschaften, Vorgänge, Gebilde als etwas zu verstehen, in dem sich der Sinn von Übergängen manifestiert. Auch die Gestalten von Vater, Mutter, Geschwistern, an die sich die Konstruktionsanalyse FREUDs hielt, sind Produktionen, deren Sinn sich erst in der Auslegung durch Übergangskategorien enthüllt. Für die Analyse der Dinge haben sowohl die Werbepsychologie als auch Handwerk und Kunst auf analoge Auslegungsnotwendigkeiten aufmerksam gemacht. Hier stoßen wir auf eine Welt in Bewegung, die durch Überdeterminationen, Verdichtungen, Umbrüche, Mehrgleisigkeit ihren Reichtum und ihren Aufgabencharakter erhält.

Gebrachtem (leicht Gemachtem); Holz als Rohblock zwischen seinen „Entwicklungen" (durch „holzbearbeitende Industrie", durch Vermesser, Geometer). Teils auch Umkippendes, Auf-den-Kopf-Gestelltes: ein mit geschichtlichen Zeichen markierter Steinklotz (memory stone) auf dünnen Holzbohlen — zugleich ein Ineinander von Material und Geometrie (— Masse).

— Die späteren Arbeiten: Verrückungen — Aus-Schnitte, etwas aus dem (ursprünglich) Unausgeschnittenen herausgerückt, wie Scheiben, wie Abgestochenes, wie Aus-Gehobenes oder wie ver-rückte Bauklötze, Kuchenstücke oder wie durch-schnittenes Organisches, das danach nicht wieder ganz genau zusammengehalten wird. Dazu auch sichtbar gemachte „Schnitte" als Zerteilungen (z.B. bei Kuben) oder „geometrisch Herausgeschnittenes" (Kubus) aus einem Wald, das auf dem Bild daneben „extra" zu sehen ist; oder: ein Block, der seine „Stelle" verläßt, die aber noch kenntlich ist.

Auslegung von Übergängen

Die Übergangskategorien führen aus, was Psychästhetik in sich schließt. Untrennbarkeiten, Fortsetzungen, Formulierungen, Symbole wirken, indem sich Übergänge vollziehen, die Gestalt-Qualitäten herausrücken: Qualitäten zwischen gegeben und aufgegeben, zwischen ergänzungsbedürftig und eigenständig, zwischen anreizend und abweisend, zwischen „schon" und „noch nicht".

Daher operiert die Psychologie mit eigentümlichen Bezeichnungen wie Aufforderungscharakter, Ambivalenz, Anmutungsqualität, Umgangsqualität, Kom-

In jeder Übergangsstruktur sind verschiedene Kategorien wirksam, die ihre spezifischen Konstellationsprobleme mitbestimmen und die zugleich Vereinfachungsmöglichkeiten, Ausweichrichtungen, Drehpunkte, Störungen für Metamorphosen darstellen. Wenn wir das durch Typisierung zu vereinfachen suchen, greifen wir die Spannung zwischen Entwicklungsproblemen und ihrer Entfaltung in Geschichten auf. Offenbar charakterisiert C.G. JUNG mit Archetypen solche Spannungen — wobei sich seine Angaben teils auf Grundprobleme, teils auf Probleme von Übergangstypen, zum Teil auf Probleme der (neu) hergestellten „Wesenheiten" beziehen. JUNG betont den Übergang von Objekt-Hinweisen auf Subjekt-Probleme und berücksichtigt damit besonders die Wirkungseinheit der Analyse als Vermittlungsprozeß.

„Archetypen" oder „Ideen" deuten hin auf Konstruktionsprobleme. Sie sind nicht feste, einheitliche „Wesen"; sie repräsentieren eher Chancen und Begrenzungen eines Übergangs der Gestaltbildung beim Erfassen und Behandeln von Wirklichkeit. Daher kann man auch nie die „Idee" eines Bildes, getrennt von seinen spezifischen Übergängen, würdigen. Indem wir diesen Übergang als Konstruktionszug von Metamorphosen kennzeichnen, heben wir Gestalt als etwas heraus, das sich bewegt, indem seine Brechungen kategorisiert, und das sich qualifiziert, indem seine Bewegungen (im Übergang) gebrochen werden.

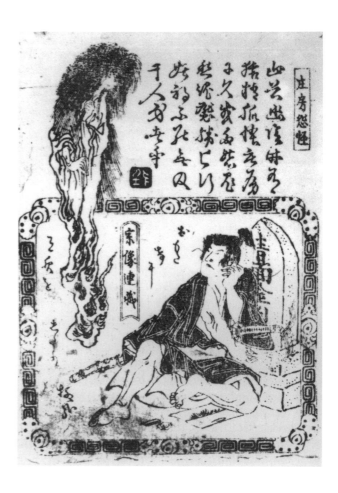

Kunst weist in „Sinnlichem" Übergänge und Entwicklungsprinzipien auf; Übergänge von geometrischem Raster und Bauch, von Blättern und ornamentalen Mustern, von Wucherndem und Architektur, von Arbeitsgerät und Kunstobjekt.

Kunstwerke machen auf eigentümliche Kategorien und Prozesse aufmerksam: auf die Seltsamkeiten eines Ineinander—Auseinander, das widersprüchliche Wirksamkeiten eint (Banales — Ungeheures, Geordnetes — Makabres, Natur — Kunst, Glanz — Kitsch); auf Keimendes und Sprossendes, auf Sich-Strukturierendes und Sich-Auflösendes, auf Übergänge zwischen beschaubar und häßlich, zwischen Gestaltwerden und Gestaltzerfall.

68

Übergangscharaktere

— *Kleidung: Andeutungen, Betonung von Drehpunkten, Sich-Verschiebendes, Rutschendes, Ausblicke/Einblicke Eröffnendes, Sich-Ergänzendes, Unterstreichendes, auf Verborgenes Hinweisendes, Analogien zu anderen ,,Künsten": Mehrstimmigkeit, ,,fruchtbarer Moment", Überschneidungen, Montagen.*

— *Beschreibung — Rekonstruktion: Beschreibung ist mehr als Feststellen; Beschreiben bringt Übergangsprozesse in Gang. Beschreibung bewegt sich zwischen Vorentwürfen und Korrekturen und Neubestimmungen, sie baut sich auf in Form einer Geschichte, die durch Eingehen auf Realisierung, Dazwischen, Verrücken gebrochen wird. Ihre Bewegung zielt auf ein Maß in Übergängen.*

— *Natur — Kunst: Nichts ist so kunstvoll, als daß es uns nicht in (der) Natur (wieder) begegnen könnte; wenn Kunst nicht weiß, wie sie weiterkommt, kann sie sich auf die ,,strukturbildende" Materie von Natur einlassen. Umgekehrt: ,,Natur" ist einer der künstlichsten und kunstvollsten Begriffe, die es gibt. Nicht Kunst oder Natur, sondern Kunst und Natur. Ihre gegenseitige ,,Erschließung" ist ein paradoxer Übergang.*

— *,,Schön": ,,Schön" als fest, sicher, bekannt, vertraut und zugleich im Übergang zu unbegreiflich, verrückt, unmöglich, herausfordernd. Mit dem Anziehend-Befremdenden von ,,schön" verbinden sich Tendenzen, das schön ,,Seiende" ,,aufzufressen", sich seiner zu ,,bemächtigen", es zu ,,haben" und ,,auseinanderzunehmen", aber auch davon ,,nehmen" zu lassen. Das gilt von Menschen, Landschaften, von der Begegnung mit Kunst-Werken. Übergänge zum ,,Schönen" aus dem (sexuellen) Begehren, aus dem ,,Hunger" von Anschauung und Tätigkeit, aus Gestaltung als ,,Macht" und ,,Ohnmacht", aus ,,Sinnlichkeit" und ihrer Dramatik, aus ,,Manipulation" und Ungestalt, Dreck, Häßlichem, Rohem, Chaotischem.*

— *Wirklichkeit: Wirklichkeit ist nicht eine feste Gegebenheit an sich, über die ein Subjekt ,,streicht". Wirklichkeit ist Übergang vor allen Ausgliederungen, etwas, das sich steigern und entwickeln läßt, das übergeht in kunstvoll entfaltete Transfigurationen. Produktion rückt daher Übergangsstrukturen einer unendlichen Wirklichkeit heraus. Kunst belebt das in ihrer Konstruktions-Erfahrung.*

— *Moderne Kunst: sie macht Übergänge spürbar, indem sie die Kunst konstituierenden Wirksamkeiten auseinanderlegt und extremisiert — als nehme sie sich die Zug um Zug vor. Sich darstellendes Nebeneinander von Zentrierungen: Realität (Fotos, Gefundenes, Dokumente, Objekte), Dazwischen (Konzepte, Verwischungen, Montagen, Antasten, Umzentrierung); dadurch Übergang als ,,drängend", ,,unvermeidbar" erfahren.*

— *Übergangscharaktere und verschiedene Arten von Kunst: Realitätscharakter verstärkt in unbequemem ,,Zufall" (Müll, Haare, Blech, Werbung); Entwicklungsmöglichkeit verstärkt in Sur-realem, in Konzepten, in allgemeinen Ausdruckswerten, in Symbolischem. Austausch und Rotation, als Übergangsmotive, werden versinnlicht in Collagen, Objektkästen, Montagen, Assemblagen, in Relativierungen, Unfest-*

gelegtem, in Verwischungen. Konzept-Art ein Versuch, Übergänge als Produktionsprozesse aufzudecken: Entwürfe, Anschaulichkeit von Notizen, Sprachstützen, Anordnung von Modellen als Herausforderung von Übergang, als Weiter-zu-Bildendes, als Voraussetzungen Aufgreifendes.

— *Messe: Einverleibtwerden in Gestalten aus schwebend-steigernder-abklingender Musik, in bildhaft-steingewordene Richtungen, in Weihrauch und Licht. Dadurch wird ein Übergang in Anderes versinnlicht; ein Prozeß, der auf Wandlung zugeht, entfaltet Konstruktion von Welt und betätigt sie. Zusammenfassung in Wort und Moral, ein Ansatz, das ganze transportabel zu machen. Analog: Wissenschaft als Religion.*

zu Übergänge

— *Banales und Phantastisches*
— *Funktionieren und ,,Inhaltliches"; Wie und Was*
— *Material und Struktur*
— *Ordnung und Verrücken*
— *Selbsterfahrung und Blick der anderen*
— *Aufgabe — Gegebenheit*
— *Notwendigkeit — Zufall*
— *Gemacht — Gegeben*
— *Fließend und Fest*
— *Normen und Formen*
— *Innen und Außen*
— *Schön und häßlich*
— *Ausdruck und Konstruktion und Geschichte*
— *Ganzheit, Gefüge, Gliederung*
— *Etwas=Werden und Entwicklungsgesetz*
— *Unwahrscheinliches (,,Reines") und Wirksames*
— *Funktion und Funktionswechsel*
— *Richtung und Inversion*
— *Feststellung und Paradox*

Morphologie: Regeln von Gestaltung und Umgestaltung

Die Analyse von Kunst rückt eine Wirklichkeit in den Blick, die Seelisches und Behandlung anders sehen läßt, als es üblich ist; das haben wir mit Kennzeichnungen wie Transfiguration, Brechung, Produktion und Psychästhetik umrissen. Daher genügt es auch nicht, Kunst zu charakterisieren durch Sinnlichkeit statt Begrifflichkeit oder durch Gefühl statt Verstand. Viel wichtiger ist diese Gesamtkonstruktion, aus der Kunst erwächst und die durch Kunst — auch für Seelisches und Behandlung — kenntlich wird.

Schon daran verdeutlicht sich, daß Morphologie nicht mit dem Passenden, Harmonischen, Abgestimmten gleichzusetzen ist, das an ausgewählten optischen Figuren beeindruckt. Beschreibung und Rekonstruktion des Umgangs mit Kunst lassen auch anzweifeln, daß es sich hier um teleologische Prozesse oder um die Richtung auf Ideen und Ideales handelt. Etwas Ganzes, etwas Sich-Gewichtendes und Sich-Entwickelndes steht beim Umgang mit Kunst sicherlich an — aber das ist bewegt, gegenläufig, paradox, im Übergang, verquer, ein Hinüber und Herüber, das dennoch ein „lebendiger Kreis" ist (HERDER). Es ist eine paradoxe Einheit von Notwendigkeiten und Zufällen der Verwandlung, die Sinn aufdeckt, indem sie ihn wieder aufgibt.

Brechung, Transfiguration, Verwandlung vermitteln, indem sie binden und lösen. Hier entstehen Zweieinheiten und Dreieinigkeiten, Verschiedenartiges ergänzt sich zu Einheiten, Einheitliches erhält sich durch Veränderung. In diesem Sinne sind die Regeln von Gestaltung und Umgestaltung zugleich das, was bewegt, und das, was zusammenhält. Morphologie tritt daher im einzelnen wie im ganzen zutage durch das Trennend-Verbindende von Gliederung, Anfang–Ende, von Mindern und Steigern, Auseinandersetzung, von Umwandlung, Sich-Begrenzen, Verkehrung, Zirkulation. Dadurch gewinnt die Konstruktion Anhaltspunkte, Drehpunkte, Verteilungen, Problemgehalt — auf Ausdruck Drängendes wird faßlich in Umwandlung, scheinbar Festes erfährt sich in Bewegungen, Konsequenzen und Störbarkeiten; Übergänge und Kategorisierungen entwickeln sich in einem.

Es legt sich nahe, die Morpho-logie dieser bewegten und erregten Ordnung in Formeln wie Gestalt als Paradox und Gestalt als Brechung zu fassen. Darauf läuft es zu, wenn wir die Regeln, nach denen sich die Mechanik von Metamorphosen unterhält — oder auf sich selbst „reagiert" — als morphologische Regeln bezeichnen. Gestalt als Brechung und Gestalt als Paradox kennzeichnen Funktionsverhältnisse von Kunst und Seelischem: was sich verteilt, was zusammengebracht werden kann und muß, was sich begrenzt, was sich wandeln läßt, was auflöst und verbindet.

„Naturgeschichte der Kleidung" (E. Herrmann)

Frage nach „Formen und Construktionen" der (willkürlichen) Variation unserer Hautdecken; durch die Variation können wir uns den Anforderungen von Grundaufgaben des Sich-Bekleidens von Stunde zu Stunde neu anpassen. Kleidung löst die Aufgabe des Schutzes gegen feindliche Störungen, der Deckung gegen Wind und Wetter, des Schmückens und Verhüllens.

Je nachdem, um welche Aufgabe es geht, ist die Kleidung anders konstruiert: Schutzkleid nach Art riesiger Schalen oder Krebspanzer — ihr Problem ist die Beweglichkeit.

Das Deckkleid nähert sich der Dachform: Sich-Bewegen-Können und Abschlußprinzip führen zu Modifikationen, wie der Röhrenform und dem Hüllkleid, das eine Art transportabler Ofen ist.

Hüllkleider können auch der Zier und dem Verhüllen dienen (Bauschen, Falten, Schleier, Schleppen). Dem Zierkleid kommt die Aufgabe zu, der Gestalt „Distinction" zu geben.

Die Durchgliederung der Haupttendenzen erfolgt durch Kopf-Hand-Fußbedeckung (Arbeitsorgane), durch Mittelleibbeschichtung und Hals-Arm-Beinbekleidung. Gliederung und Aufbau hängen mit Anziehen, Halten und Tragen zusammen.

Das Hauptkapitel beschäftigt sich mit den Metamorphosen der Kleidung — mit der Beziehung von Ganzem und Gliedern, mit ihrer Angleichung und Subordination. HERRMANN verfolgt hier Gesetze der Erweiterung und des Einschrumpfens, der Übersteigerung und Umkehrung. Die Verengung der Kleider bringt alles Beiwerk als selbständiges Teil heraus — die Erweiterung verleibt die Teile dem Hauptkleide ein. Die Wandlung der Kleidung bewegt sich vom Weitesten zum Engsten, vom Längsten zum Kürzesten — von Extrem zu Extrem.

Kunst produziert für uns gleichsam „Kleider" unserer Wirklichkeit: als Gegenüber und Einverleibung, als Probieren-Können, als Schutz, Schmuck, Entwurf, als „Idealisierung", als Angemessenes, als Ausdruck-Finden für Wirklichkeiten.

Verschiedenartigkeit von Kleiderformen: Einfaches, Unauffälliges, Vielfältiges, Anspruchsvolles, Bewegliches, Umgehen mit Störbarkeiten — das sind zugleich Maßstäbe von Entwickeln-Können.

Zugleich wird eine Morpho-logie sichtbar in Angleichungen, Entsprechungen, Abweichungen, Polarisierungen, Gegenbewegungen, Extremisierungen, Spannungen, Kreiseln, in Gefügen, Über- und Unterordnungen, in Entwicklungsgestalten.

Metamorphosen lassen sich an der Kleidung im ganzen wie an Einzelteilen beobachten. Die Verlängerung von Kleidung fördert eine sehr „bewegte" Körperhaltung, mit „Herausbohren" von Extremitäten; die Entwicklung eines Kleidungsstückes drängt die anderen zurück, wird aber selbst auch verändert (Aufschlitzen, Zuspitzung) — bis über allerlei Stützversuche die Gegenbewegung zum Zuge kommt. Jede Änderung führt zu eigenen Problemen.

Wenn sich die Kleider verengen, werden Gehen und Sitzen erschwert; um der Spannung zu entgehen, wird stärker untergliedert, die Einzelteile gewinnen Eigengewicht: bis wieder die Gegenströmung da herausbricht. Manche Glieder der Kleidung verändern sich gleichsinnig, andere im Kontrast.

Die Metamorphosen der Kleidung bringen eine „Physiognomik" zum Ausdruck, die die Verhältnisse der Kleidungsstücke in Bewegung hält; denn die Kleidung „umfaßt alle Horizontal- und Vertikal-, alle Kreuz- und Querlinien, welche man sich nur denken mag". Sie können sich treffen in einem „Vorwärts" mit herausforderndem Hut, einem nachschiebenden Cul, einer wallenden Schleppe, einem beflaggten Kleid. Sie dienen dem Andeuten und Verhüllen, sie sind beständige Beschäftigungsaufgaben. Hier wird die Symbolik der Kleidung deutlich und damit wird auch die „Ästhetik" der Kleidung angesprochen.

So kann eine nur nach Horizontalen oder nach den Dach-Dreiecken der Deckkleidung konstruierte Form den drei Ovalen der Körpergliederung widerstreiten. Oder der Faltenwurf unterstreicht nicht das Bedeutsame, sondern irgendetwas anderes. Herrmann denkt von leiblichen Wirklichkeiten her, die durch die Künste der Kleidung zum Spielen gebracht oder unterdrückt werden können. „Die Kleidung ist die unbewußte Sprache der Geister und drückt sich umso deutlicher aus, je mehr der Mund zum Schweigen verurteilt ist".

Zur Morphologie der Baukunst

— Richtungsbestimmung: sich in bestimmten Bahnen bewegen; auf festgelegte Markierungen blicken; durch Beleuchtung geführt werden. Daraus entwickeln sich Gestalten, die Verbindungen, Wendungen, Störungen, Steigerungen nahelegen.

— Entfaltung von Bedeutungen in diesen Bildungen: in Kirchen auf Altar, Gnadenbilder zu, an „Erzählungen" und Symbolen entlang (Gemälde, Plastiken, Ornamente), in Bergendes, Klares, Offenes hinein (Farben, Dunkelheit, „Atmosphäre").

— „Eintreten" in Überschneidungen, Perspektiven, Zusammenströmendes; Formierungen durch Metamorphosen von Stützungen, Eingrenzungen, Freistellungen, von Ecken, Beugungen, Farben, Schwerem, Erleichterungen; Analogien, Entsprechungen, Rhythmen schaffen Beziehungen, Verhältnisse, klärende Verrückungen.

— Erfahren von Übergängen zwischen „Geschichten" und Konstruktionen, zwischen Natur und Kunst; von Übersetzungen, Transpositionen; von Keimformen und Sproßformen, von Ganzheit-Gliedbeziehungen — darin entwickeln sich spezifische Ausdrucksbildungen.

— Zu den Produktionsformen, die ins Werk gesetzt werden, gehören Wiederkehr, Wiederaufgreifen-Können, Bezug auf Festlegungen, Überschreiten von Begrenzungen. Umsatz, Spiegelung, Wiederfinden, Zusammenrücken von Bedeutsamkeiten; Bewegung des ganzen in Variation, Abweichung, Auseinandersetzung.

— Verwandlungen: Etwas-Werden, ein „Gesicht"-Gewinnen, symbolisches Aufgehen — in Beschaffenheiten, in „universalen" Gestaltungstypen, die zentriert sind um Charaktere von Feuerstätten, Lichträumen, Höhlen, Weltmodellen, Stabilisierungen, Wagnissen.

— Psychästhetische Untrennbarkeiten und Fortsetzungen: Umläufe, Sich-Umstülpendes, Verschalungen, Umgestaltungen, Verrückungen von unten nach oben, von längs und quer, von klein und groß, von innen nach außen, von außen nach innen (Bäume werden Säulen, Decken werden Wölbungen, Umgänge werden Ornamente, Wände werden Durchbrechungen, Außengalerien werden Innengliederung, Streben werden Bündel). A. Gaudi rückt das in seinen Werken bewußt ins Bild.

Kunstvorbild

Kunst ist Vorbild der so geregelten Produktion – Psychästhetik begründet, woran das liegt, Morphologie, welche „Lösungen" dabei zustande kommen. Kunstwerke gewinnen dadurch ihre „Intelligenz" und ihre „Freiheit", wie auch ihre Beziehung zu Wirklichkeit und „Ordnung".

Kunst ist Vorbild von Produktion, weil sie die Metasprache der Übergangsstruktur bemerkbar werden läßt: sinnliche Erfahrung, Bewegung, kategoriale Ordnung sind untrennbar; jeder dieser Züge existiert paradoxerweise nur, indem auch die anderen da sind — indem er in das Andersartige übergeht. Damit wird nochmals deutlich, was eigentlich in Transfiguration wirksam ist und wie sie funktioniert.

Kunst macht, anschaulich und erlebbar, das Herausführen von Wirklichkeit verständlich: von ihren Konstruktionsproblemen her. Gleich der Beschreibung des Umgangs mit Kunst führt ihre „Beschreibung" von Entwicklungen, Gegenbewegungen, Störungen, Umbrüchen an das Werk der Realität heran. Vagheit, Doppelheiten, Übergänge, Symbolisches dieser kunstvollen „Beschreibung" sind nicht Mängel, sondern Stärken beim Umgang mit Wirklichkeit. Sie verraten nicht eine „niedere" Organisation oder „Regressionen"; sie erfinden vielmehr die Sprache, künftige Situationen zu lösen. Ihre Brechungen gewinnen dem ganzen immer wieder neues Leben ab. Es bleibt in sich fraglich, gegensätzlich, mehrsinnig, schwankend und kann doch Klarheit, Entschiedenheit, „Glanz des Wahren" gewinnen. Kunst lehrt, mit diesem Gestalt-Paradox umzugehen.

Das setzt uns in den Übergang von Wirklichkeit, von Wahrheit, von Sein und Schein, von Zufallendem und ewig Wiederkehrendem. Das rückt zugleich auch Eigentümlichkeiten von Kunst heraus, die zu tun haben mit „Überflüssigem", „Reichtum", „Farbigkeit". In ihren Kompositionen, im Entwerfen neuer Gestalten, die die paradoxen Wirksamkeiten binden, äußert sich eine „Logik", die von jeder linearen Logik abweicht. Was über die Rekonstruktion von Metamorphosen zu sagen war, ordnet sich dem ein: die Realisierung, die Schräge, das Verrücken.

Wer zum Denken ein „Subjekt" braucht, für den kann das Leben dieser Konstruktion zum „Subjekt" werden. Wenn man nach „Motivationen" sucht, dann kann man seine Probleme, Bewegungen, Ordnungen, seine Chancen, Begrenzungen als „Triebkräfte" ansehen — als Triebkräfte eines sich (in sich) entwickelnden Totals. Und wenn man an ein allgemeines Konzept wie „Dialektik" anknüpfen will, dann braucht man solche Zergliederungen, sonst sagt das nichts über Kunst, Seelisches und Behandlung.

Transfiguration und Gestaltbrechung

Wir untersuchen den Umgang mit Kunst psychologisch, um Kunstwerke „transparent" zu machen: man soll es ihnen „ansehen" können, was jeweils als Kunst zusammenhängt. Darin steckt der Gedanke, Kunst lasse Transfigurationen zugleich tätig und erfahrbar werden, und sie stelle etwas damit an. Ehe wir untersuchen, wie Kunst etwas damit anstellt, fragen wir danach, was überhaupt Zusammenhang und Verbindung bringt. Gestaltbrechung ist eine Antwort auf diese Frage. Das bedeutet: wir sehen Kunstwerken zunächst einmal ein solches Verbindungsprinzip an.

Trans-Figuration bedeutet, daß Wirklichkeiten ihren Sinn entwickeln, indem sich etwas zwischen verschiedenen Wirksamkeiten abspielt. Dabei bilden sich vereinheitlichende Gestalten aus, die andere Gestalten übergreifen. Wir sind bereits vorwissenschaftlich damit vertraut, daß Gestalt auf in sich verständliche, anschaulich-gegliederte und „komplette" Gebilde aufmerksam macht. Daß ihre Zusammenfassungen in Entwicklung zu denken sind, stellen wir durch das Prinzip der Gestalt-Brechung heraus. Vielleicht befremdet es zunächst, Vereinheitlichung als Gestalt-Brechung zu bezeichnen. Aber das Ganze von Produktionen und Metamorphosen ist gar nicht anders zu begreifen als durch Bewegungen und Gegenbewegungen, durch Ergänzungen und Veränderungen in Sinnzusammenhängen.

Gestaltbrechungen sind Gestalten als Gestaltendes und Gestaltetes. Was an Gestalten aufkommt, lebt weiter, indem es wie in einem Spektrum gebrochen wird. Das hat wiederum methodische Entsprechungen: von umfassenden Ganzheiten kann man nur sprechen, wenn man sie zerlegen und wieder zusammensetzen kann; auch das ist Gestaltbrechung. Es gibt verschiedene Sorten von Gestaltbrechung — und damit verschiedene Sorten von „Verbindungen". Sie sind Wendungen oder Versionen des Totals — gemäß seinen Konstruktionsproblemen und ihren Entwicklungsmöglichkeiten. Indem wir die Folge der Gestaltbrechungen, ihre Beziehungen zueinander und die Vermittlungen zwischen ihnen verfolgen, decken wir das Entwicklungsgesetz auf, das die Bewegung der Transfigurationen überschaubar macht.

Wir sind davon ausgegangen, Wirklichkeiten „in ganzer Breite" und in Entwicklung zu verfolgen, als seien das Seelenlandschaften oder Seelenindustrien — im Werden. Gestaltbrechung greift das auf, führt das weiter: stets wirkt mehreres bindend und lösend im Ganzen zusammen, und das spielt sich in Folgen und Umbildungen ab. Dieser räumlich-zeitlichen Gestaltbrechung ordnen sich unsere Beschreibungen ein: da sei etwas und mehr, da folge etwas und gehe über Folgen hinaus, da drehe und wende sich etwas, das bilde sich um und das breche um in anderes. Das ist System und Werden in einem.

Gestaltbrechung organisiert das Leben des Totals, das Ich und Welt umfaßt; Brechung kennzeichnet Notwendigkeiten von Entwicklung, die untrennbar miteinander verbunden sind — Fortsetzung und Abwandlung, Sein Gewinnen im Anderswerden, Indem

von Umfassendem und Unfertigem. Daher konstituiert sich das Seelische als sich entwickelndes Werk notwendig in Realisierung, Schräge, Verrücken, Übergang, Verkehrung. Daher wird aber auch immer wieder eine Gestaltbildung herausgefordert, die den Drehungen und Wendungen des Ganzen ihren Sinn gibt.

Das ganze ist mehr als ein Nebeneinander von Ambitendenzen: Gestaltbrechung rückt als Entwicklungsprinzip heraus, daß die paradoxe Ergänzung von Widersprüchlichem lebensnotwendig ist.

Dem folgt unser methodisches Vorgehen: wir heben zergliedernd „fruchtbare" Differenzen heraus (Gestaltlogik); wir typisieren die Polaritäten von Spannungs- und Ergänzungsverhältnissen (Gestalttransformation); wir zentrieren den Austausch im Verfolgen von Entwicklungskreisen und Kompositionsmöglichkeiten (Gestaltkonstruktion); wir rekonstruieren Bildungsprinzipien, indem wir uns auf den „Witz" einlassen, an den Zuspitzung und Umdrehen der Übergangsstruktur heranführen (Gestaltparadox).

Gestaltbrechung wird wie ein Entwicklungsprinzip „genießbar", indem sich Fundstücke und Zusammengesetztes zu organisieren beginnen.

Versionen der Gestaltbrechung

Gestaltbrechung ist nicht ein Akt oder eine Kette gleichartiger Akte. Dem entspricht die Beobachtung, daß sich der Umgang mit Kunst und Wirklichkeit wie ein „Lebewesen" ausnimmt, das sich erweitert, das abweist, einbezieht, wiederholt, steigert. Offensichtlich gibt es verschiedene „Sorten" von Gestaltungsprozessen, zwischen denen es hin und her geht; das legt nahe, auf verschiedene Versionen von Gestaltbrechung und ihre Umwandlung ineinander zu achten.

In Träumen und bei Einschlafprozessen zeigen sich solche Versionen anschaulich und im Übergang: aus Qualitäten brechen Bewegungen oder „abstrakte" Formen auf, die sich wiederum in erschreckende Bedeutungen oder in seltsam „surreale" Gebilde wandeln. Bei der Traumdeutung kann es dann geschehen, daß sich bestimmte Fortsetzungen versperren: „Weiteres" tritt nur in einer unverfügbaren Version auf, als stumpfe etwas ab, als folge auf Zusammenhang „Bimsstein", nicht Auszulegendes; erst auf „Umwegen" und über „Drehungen" läßt sich eine Weiterentwicklung vermitteln.

Es gibt also auch Störungen „in" Versionen; und zugleich Chancen, über andere Versionen zu vermitteln. Nicht nur im Traumleben, wir werden auch am Tage in Lagen gerückt, wo es nicht weitergeht. Wir werden verschlungen von den Versionen, in denen andere ihre Geschichten entfalten — als werde uns Luft und Bewegung genommen, weil wir die Dinge zunächst nur in bestimmten Versionen abhandeln können. Wir haben immer mit Gestaltbrechung zu tun; auch von ihren verschiedenen Typen oder Versionen kann man sagen, daß sie einander brechen.

Die Versionen lassen ein Entwicklungsgesetz erkennen, das ihre Abfolge und Vermittlung bestimmt. Es handelt das Grundmotiv der „Verhältnisse in Entwicklung" ab. Die Relativität des Seelischen erhält durch die Versionen, die aufeinander hin und voneinander weg zu bewegen sind, ihre Eingrenzung: das Entwicklungsgesetz stellt die Versionen als ein Gefüge für Bewegungen, mit „typischen" Wendepunkten, heraus. Überschaubar werden die Versionen „im Gang" von der Version Gestaltlogik zur Version Paradox — über Transformation und Konstruktion. Die Versionen setzen das Urphänomen der ungeschlossenen Geschlossenheit in Entwicklungsformen um.

Beschreibung: H. Bosch

Methoden sind Tätigkeiten, die vergegenwärtigen, aufgliedern, herausstellen, in ein Verhältnis bringen; sie suchen Entwicklungen und Funktionieren zu verdeutlichen. Es geht darum zu „retten", was sich zeigt, zu kategorisieren, wie es der Bewegung der Sache entspricht, zu rekonstruieren, nach welchen Regeln sich Zusammenhänge bilden. Da wir uns auf einige Prinzipien festlegen, nach denen die Bewegung der Sache und des Umgangs mit ihr abläuft, gewinnen wir eine Kontrolle: einerseits muß sich von verschiedenen Seiten aus etwas „Gemeinsames" immer wieder aufdecken lassen, andererseits werden in der Entwicklung des Ganzen unangemessene Annahmen herausgefiltert.

Das Voran-Schreiten der Untersuchung hier ist eine Einübung in Methode — von Beschreibung zur Rekonstruktion. Nur indem wir lernen, den Bewegungen des Umgangs mit Kunst zu folgen, entdeckt sich die Sache in Entwicklung. Ohne den Halt im Beschreiben aufzugeben, können wir diese Entwicklung mehr und mehr mitmachen oder nachmachen — indem wir ausdrücklich Entwicklungen zu beschreiben beginnen, indem wir mit Umbildungen, Störungen, Reduktionen, Eingriffen zu experimentieren beginnen, indem wir die Rekonstruktion wieder in gezieltes Handeln — Umgestaltung, Neukonstruktion, Behandlung — umsetzen.

Gestaltbrechung, Entwicklung, Bildungsprinzip treten besonders augenfällig bei „seltsamen" Bildern und bei der Betrachtung einer Bilderfolge zutage; die Bilder von H. Bosch in Madrid sind ein Beispiel dafür. Die Beschreibung eines Umgangs mit diesen Bildern zeigt, wie sich eine Spiralbewegung nahelegt, wenn das ganze dem verspürten Zusammenhang gemäß formuliert werden soll.

(„Todsünden") Wie es zugeht in der Wirklichkeit oder wie Wirklichkeit ist, wenn sie unter Tugenden und Todsünden gestellt wird. Das wird in Feldern und Kreisen sichtbar gemacht — wie ein Spektrum, das sich als Aufgliederung eines Kreises, in Polaritäten und in einer Kombinationsform darstellen läßt. In diesem Nebeneinander mit Mittelpunkten und Extrempunkten werden Ursachen und Folgen, Wirkungszusammenhänge, vergegenständlicht.

Die Vergegenständlichung sieht so aus, daß jeweils ein bedeutsames Kennwort in Verkehrungen der Wirklichkeit ausgelegt wird: „Zorn" — Stuhl auf Kopf, Tisch umgekippt. Entwicklungen werden versinnlicht, indem etwas hinzukommt — Teufel, Tod, Engel — oder indem die Umkehr „danach" ausgemalt wird: „Gefräßigkeit" an guten Dingen dreht sich in Kröten-Schlucken-Müssen, „Zorn" von Leiden-Machen in Erleiden, gegen andere gewendetes Leiden in von außen bewirkte Leiden. Wirklichkeit in Brechungen. Das Anschauliche der Wirklichkeit im ganzen ist jedoch nicht ineinander gerückt — seine Bewegungen werden in getrennt gehaltenen Bildern lokalisiert (vorher—nachher; gut—böse; Erlösendes—Unerlöstes; Ursache—Folge). Man weiß, worum es geht; aber die späteren Bilder Boschs lassen ahnen, daß das auch ganz anders zusammengehalten werden kann.

(„Heuwagen") Ungeheuerlich, in die Mitte eines Triptychons einen Heuwagen zu setzen, hinter dem Fürsten und Könige reiten – anstelle des Erlösers im Zentralkreis der „Todsünden". Hier rückt der Erlöser über den Heuwagen; als äußere er: so ist das nun – „alles Heu", Heu als alles Verbergendes. Der Heuwagen „fährt" von einem paradiesischen Farbfeld in ein Menschen-Berg-Höhle-Gebilde. Diesmal wirkt das Ganze wie ein Zusammenhang, eine Metamorphose, eine Spirale. Die Dinge sind ineinander und brechen einander wie das Ganze; ein Gefüge vermittelt, wie ein Zwischenganzes, eine Wirklichkeit und ihre Wendungen.

Bewegung von links nach rechts. Links oben gehen aus einem vor-gestaltlichen Spektrum (Gott) seltsame Fliegengötter hervor. Darunter das Erschaffene und sein Sündenfall. Von da aus drängt an den Heuwagen – und unter ihn – „normale" Menschenwelt; die ist seltsam und schlimm; das fährt zur Hölle. Zum Höllenteil hin wird es komplizierter und wohl-konstruierter: die Gebilde versinnlichen wiederum Wirkungen, aber jetzt in eigentümlichen „Kausalitäten" – es sind „lebensfähige" Einheiten, in sich geschlossene und verständliche Gestaltbrechungen, die anschaulich, wie „wirkende Wesen", existieren. Sie funktionieren nach einem „verrückten" Prinzip: wenn das ist, wäre auch das ergänzbar – so wie das anfängt, warum könnte das nicht so weitergehen:

Ein Helm sitzt auf dem Arm, der ist ein Glied wie ein Bein (wodurch der Helm zu einem Kopf-Körper wird), dem Bein kommt ein Schuh zu; wenn man den Helm als ein vergittertes Gemach nimmt, kann man allerlei herausstrecken – daran kann man wieder etwas hängen. Oder: Ein Tisch hat Beine, dann kann er auch gehen (ohne sich ganz zu verlieren) und dann kann man den Beinen etwas anziehen und auf den Tisch einen Kopf tun: warum sollte man das nicht von zwei Rädern ziehen lassen, die durch Körper bewegt werden, wenn es nach vorn geht, brauchen sie gute Antennen. Ein Fisch kann einen Unterkörper im Maul haben und wird dann der Körper (Augen–Brust) dieses Menschen – sieht man die Kiemen als Bewegungsmittel/Beine, dann hat der Fischmensch vier Beine oder ein Beinpaar, das sich aus dem Maul wie aus einem Kleid reckt, und zwei Arme, die er hochschmeißt.

Diese Erzählungen der Details lassen sich so verfolgen, daß weitere Wendungen dazu passen: dabei schaut jemand zu oder das Gebilde dringt auf ein anderes ein, tut ihm was an, oder es steigert sich zu verrückter Größe oder es wechselt sich mit anderem in etwas ab (Zudecken, Aufdecken, Zugreifen). Dabei beginnen sich Gefüge herauszuheben, die die Einzel-Kreise der „Todsünden" ablösen: sie tragen die Verhältnisse und die Bewegungen eines Ganzen aus, und sie fassen die Bosch-Kausalitäten wie Abstufungen einer seltsamen Wirklichkeit im Übergang zusammen. Dazu kommt das Gefühl, so farbenreiche Bilder von eindringlichem Zusammenhang wie „Heuwagen" oder „Lustgarten" fänden sich sonst kaum.

Bosch bringt die Dinge als Übergänge, Wirkungen wie Ding-Folgen, Einschätzungen von Wirklichkeit als Zustandekommendes zum Sehen; er rückt damit Kategorien und Bewegungskräfte wie Begebenheiten und das Dazwischen wie einen Leib heraus. Nebeneinander, Nacheinander, Felder und gedankliche Beziehungen bei den „Todsünden" sind zu Übergängen im einzelnen und im ganzen geworden: von gelb zu blau; von Sache zu Lebewesen, zu Mensch, zu Ungeheuer; von Festem zu Beweglichem, zu Ent-wicklungen, zu Umbildungen – wie eine Spirale vollzieht sich das, und in Spiralen läßt sich das verfolgen.

(„Versuchungen des Hl. Antonius") In den drei Antonius-Fassungen (Weltbild, „Brustbild", Weltausschnitt) werden diese Züge weitergeführt. Das sind drei Übergangsbilder: in den Einzelheiten (Bosch-Kausalitäten), im Spektrum ihrer Vergegenständlichungen und Färbungen, in den Bildgefügen (Fliege-Bilder, Erd-Bilder, Weitbilder, Nahbilder), im ganzen der Wirklichkeit als Verlockung und Versuchung.

Als gerieten wir in eine Spirale, die über Wendungen immer mehr an ein Prinzip heranführt: die Perfektionsmöglichkeiten der Wirklichkeit – was alles denkbar wäre – stellen sich zugleich als Verkehrbarkeiten dar: was alles aus einem Ei rauskommen oder zu einem Ei hinführen kann – was in einem Hintern enden oder wozu ein Hintern Anfang sein kann; was „Tragen" als Wirklichkeit und Wirksamkeit alles bewegen kann – worin „Tragen" wirkt: Füße, Blasebalg, Ochsen, Arme, Faß, Galgen, Kopf. Das geht weit über die modernen Bestimmungen „höchster Intelligenzformen" – Verfügbarhaben von Möglichkeiten und Wahrscheinlichkeiten – hinaus.

„Indem" treibt Bosch Brechungen und Metamorphosen weiter: ein Fisch bewegt sich – also warum nicht Räder, er hat ein Maul – also rein und raus (Fischtrompete), er kann fressen und wird gefressen, er kann tragen und kann selber irgendwodrauf. Solche „Werke" sind Wirkendes, das sich in sich entwickeln kann, indem etwas in anderes übergeht und wieder damit bricht, indem es sich öffnet und schließt. Beschreibung führt uns zur Einsicht.

Hier entfalten sich Versionen von Wirklichkeit, deren Entwicklung immer wieder neu aufbricht, was wir sehen; durch sie hindurch entdeckt sich eine psychästhetische Wirklichkeit mit eigenen Entwicklungsgesetzen. Das späte Antonius-Bild (Weltausschnitt) zeigt, daß eine verrückte, grenzenlos kombinierbare Welt auch in scheinbar ruhigeren Verhältnissen ständig als Versuchung, Herausforderung, Spiegelung, Bedrohung anwesend ist. Demgegenüber besteht die „Tugend" des Einsiedlers, im Zentrum, in einer in sich gekehrten, entschiedenen Stellung zu dieser Wirklichkeit — was sind da noch „Todsünden".

(„Anbetung der Drei Könige") Da ist der „Heuwagen" in der Mitte festgestellt: ein Heu-Stall, in dessen Umkreis der Welterlöser geboren wird — rechts in der Ferne wird der Hirt von Wölfen überwältigt. Bosch stellt nicht mehr „Tugenden" oder „Todsünden" in einem Nebeneinander dar, das ein Hinzutreten des Teufels oder das Nachher von Wirkungen abbildet — bei der „Anbetung" ist die Welt anschaulich entwickelt, in einem Zugleich und Zusammen verschiedenartiger „Bewegungen": anbetende Könige, daneben, im Heustall, eine mythisch-magische Gesellschaft, darüber legen sich Zuschauer auf die Lauer, im Hintergrund reiten Bewaffnete heran, dazwischen der Erlöser. Vielfache Wiederholung irgendwie analoger und doch verschiedener Szenen: auf den Mantel gestickt, auf Becher gehämmert, als Plastik gestaltet; auffällig sind Dreiecke: Dach, Madonna, Stifter, Könige — als ob ein bestimmtes Verhältnis wiederholt ausgelegt oder verrückt werde.

(„Lustgarten") Die Dreigliederung des Bildes entfaltet ein Bedeutungsspektrum — links eine zauberhafte Metamorphose (Urpflanze, Urei) — rechts ein Teufelsei — in der Mitte keimt es aus Eiern um ein Wasserloch; darum windet sich ein Reigen. In dem Eindruck, hier zeigten sich die „Farbflächen" des Spektrums von Wirklichkeit, wirkt der Eindruck, das sei ein entstehender, in Blüte stehender, ruinierbarer Tafel-Aufsatz.

Urpflanze oder Urei scheinen über das Ganze verrückt: sie kommen in Abwandlungen immer wieder vor. Dabei werden sie stachlig oder sublimer, phantastischer und zerstückter, als wucherten in der Hölle Einzelheiten, Isolierungen, Abstoßungen, Ausscheidungen, tote Pflanzen; weiteres untergliedert sich nach Art der „Kausalitäten". Die Verrückungen von Pflanze und Ei umschreiben wie ein Bildungsprinzip den Kreis von Möglichkeiten und Versuchungen, der in den „Todsünden" anklang. Bosch arbeitet mit Vergrößerungen, Verschiebungen, Variationen, Umkehrungen, Neukombinationen, Expansionen — damit mißt er die Wirklichkeit aus. Von links nach rechts, von oben nach unten, vom Ganzen zu seinen Wendungen, als Gefüge von Begebenheiten und Konstruktionszügen, als Werk wie im Umgang — das ist eine grandiose Spirale.

Versionen der Gestaltbrechung

Gestaltlogik:
  — *Ausgesprochen/Unausgesprochen*
  — *Entsprechungen/Entgegnungen*
  — *Abstimmung/Abwandlung*
  — *Auslegung/Störung*
  — *Keimform/Sproßform*

Gestalt-Transformation:
  — *Handlungseinheit/Ergänzungen*
  — *Polaritäten/Extreme*
  — *Logik der Dimensionen/Gegenwirkungen*
  — *Einheit Sache — Erleben*
  — *Erweiterung/Entfaltung/Ergänzung*

Gestalt-Konstruktion:
  — *Formalisierung/Funktionalisierung*
  — *Spiegelung/Komposition*
  — *Rotation/spezifische Gestalt*
  — *Formaufbau/Formanalyse*
  — *(Zuspitzung/Umdrehen)*

Gestaltparadox:
  — *Entwicklungsgang/Versalität*
  — *Wesen/Problem*
  — *Symbol/Material*
  — *Drehpunkte/Haltepunkte*
  — *Entschiedenheit/Endlosigkeit*
  — *Natur/Kunst*

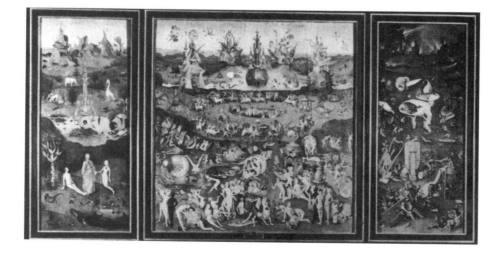

Gestaltlogik

Eine erste Version von Gestaltbrechung gewinnt ihre Wirksamkeit aus einer grundlegenden Regulation: bei jeder Gestaltbildung wird ein Doppel, ein untrennbares Ineinander—Auseinander gesetzt, in dem etwas zum Ausdruck kommt. Gestalten sind keine einfachen Figuren, sondern in sich verständliche Komplexe von Gestaltung und Umgestaltung. Man kann von einer Gestaltlogik sprechen, um die darin wirksame Fortsetzung zu charakterisieren: Gestalten entfalten sich als Sinngebilde von Implikation und Explikation. Beides ist gestalthaft wirksam in der Zeit — es geht nicht auf im Gegensatz von Möglichkeit und Realisierung.

Implikation meint, daß in jedem Vorgang etwas wirkt, das sich mehren und gliedern will, etwas, das in einer Gestaltqualität unentfaltet enthalten oder aufgehoben ist — Vorgestaltliches, Latentes, Drängendes, Vorgegebenes, Implikationen sind Keimform, ein unergänztes Total. Daher ist die ergänzende Explikation unumgänglich — ein Mehr und Weniger zugleich. Explikation führt Ausdruck-Finden fort; wobei notwendig anderes aufkommt. Die Explikation ist etwas und zugleich Ausdruck von mehr und anderem. Sie umschließt Weiterführen und Anderswerden, Entfaltung und Abweichen, Festlegung und Auseinander-

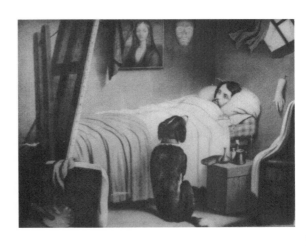

— Der ANTES-Mensch legt alles nach seinem „Muster" aus.
— Spiel mit Gestalt-Analogien als eine besondere Technik erotischer Karikaturen.
— Der Schutzumschlag des Buches stellt besonders einprägsame Störungen und Übersteigerungen von Gestaltlogik heraus: Kopf = Hut, Austausch von Mann bzw. von Frau; Verlagerung von erwarteten Abstimmungen.
— „Der letzte Freund": Sich auslegende Geschichte des Alleinseins: Geliebte fern, Kunst nicht mehr im Werk, Zimmer ungeschützt, kein Essen, nur der Hund.

setzung. Aus jeder Explikation erwachsen neue Implikationen. Ohne diese Übergänge „geht es nicht".

Das Ineinander—Auseinander der Gestaltlogik begründet, wie man Ganzheit-Glied-Beziehung oder Geschichten verstehen kann; es kennzeichnet Anhaltspunkte von Metamorphosen und bringt Prinzipien wie Abstimmung und Veränderungszwang heraus. Für die Entwicklung der Gestaltbrechung stellt diese Version daher eine erste komplexe und bewegliche „Verbindung" dar: Vor—Nach, Latent—Manifest, Entwurf—Festlegung, Keim—Sproßform, Passendes—Unpassendes, Übergreifendes—Gliederndes, Analoges—Kontrast, Fortführung—Variation. Der Zusammenhang, den die Gestaltlogik ausbildet, liegt in den Entsprechungen und Ergänzungen von Sich-Auslegendem.

Die „einfachen Formen" der Literatur (JOLLES) sind kunstvolle Gebilde von Implikation—Explikation. Sie spitzen Gestaltlogik zu und machen sie überschaubar, indem sie die Morpho-logie bestimmter Wirklichkeiten aufdecken: Wesentliches wird sichtbar in dichten und gesteigerten Ausführungen, die wiederum nur im Aufkommen „dieses" Wesentlichen ihren Sinn finden. Indem sich eine „Geistesbeschäftigung" in entsprechenden, aus der Vielfalt herausrückenden, zugespitzten Explikationen bricht, kommt die Gestaltlogik von Legende, Märchen, Witz zum Ausdruck.

Auch Untersuchungen von Filmen können aufdecken, wie „Seelenliteratur" zusammenhält: die äußere Geschichte (story) trägt sinnträchtige Verwandlungen voran, die mit fundamentalen Verhältnissen unserer Wirklichkeit zu tun haben. Dadurch werden die Zuschauer, über ein „Doppelleben", in komplette Entwicklungsprozesse verwickelt. Implikation und Explikation halten diesen „eigenen" Entwicklungsprozeß der Zuschauer in Bewegung (Ausdruck-Finden, Gestaltbildung, Behandlung, Brechung als Entfaltung). Infolgedessen kann man bei der Untersuchung von Filmen und Literatur grundlegende Muster der Abfolge von Entsprechungen und Abweichungen, von Verfließendem und Wiederkehrendem, von Störungen und Neuzentrierungen herausstellen, in denen die Gestaltlogik Themen und Probleme behandelt.

Gestaltlogik bei S. Steinberg

In Auslegen und Ausgelegtwerden von Gestalten oder Geschichten bleibt Seelisches in Bewegung, es gerät in Ordnungen und bildet sich dabei wieder um. Was sich bei Steinberg in Bildern ausdrückt, entspricht dem, was wir auch am Verhältnis von Wirklichkeit und Literatur erfahren: die unheimliche Fortzeugung, in der aus Verwandlungen neue Gestalten, aus Gestalten Wandlungen hervorgehen. Steinberg arbeitet zwei Prinzipien dieser Logik von Gestalt heraus: die Chancen einer vereinheitlichenden Abstimmung, die unser Leben ordnen hilft, und die Notwendigkeiten eines Veränderungszwangs, der unser Leben in Entwicklung hält und in neuen Situationen neuen Sinn finden läßt.

Daß sich Gestalten als vereinheitlichende Ordnungen ausbilden, die sowohl eine Vielfalt als auch ein Minimum an Andeutungen auf sich abstimmen, exer- ziert Steinberg in mannigfaltiger Weise durch. Er bringt die ganze Welt in Linien (all in line), ohne ihre vielfältigen Charaktere auszulöschen. Er setzt auf ganzmachende Schließungstendenzen, wenn er bis auf „Bruchteile" hin vereinfacht. Er beutet Analogien aus (Fingerabdrücke, Stempel, Mobiliar) und hält dadurch zusammen, was irgendwie paßt — da beginnt er jedoch bereits mit Abweichung und Differenz in Gestaltkomplexen zu spielen.*

Steinberg rückt die Wirksamkeit von Ganzheit-Glied-Beziehungen vor Augen — zugleich ihren Zwang und ihre Befrachtung. Immer mehr wird damit auch das zweite Prinzip in den Vordergrund gerückt: Gestalten implizieren einen Veränderungszwang. Steinbergs Lektionen weisen diese herausfordernde und Produktivität fördernde Lebensnotwendigkeit auf, indem Variationen, Umkippen, Abzweigungen, Verselbständigungen von Umwegen oder Vermittlungen belebt werden. Hier breitet sich aus, was die Gestaltbrechung an Auslegungsmöglichkeiten mit sich bringt: was sich alles ausnutzen läßt, wie alles alles durchlöchern kann, wie aus Zufälligem Festes, aus zunächst Festem Zufälliges wird.

Gestalttransformation

Wenn wir Filme, Literatur oder Bilder untersuchen, kommen wir wie von selbst von der Gestaltlogik zu den Themen der anderen Versionen. Das liegt an der „Natur" der Sache: die Werke, mit denen wir umgehen, führen den „Gang" der Gestaltbrechung von Wirklichkeit aus. Gestaltbrechung sinnlich und sinnfällig zu machen, ist ein wesentliches Kennzeichen von Kunstwerken.

So stoßen wir bei der Untersuchung von Filmen auf eine weitere Version von Gestaltbrechung in der Komplexentwicklung von Filmen. Wo zunächst vieles ambivalent war, wo verschiedene Auslegungen miteinander verflossen, beginnen sich allmählich stabile Richtungen durchzusetzen. Durch sie erhalten Wirklichkeiten ihre „Dimensionen", die Leben ordnen und transformieren. Die fundamentalen Verhältnisse der Wirklichkeit werden hier unter spezifischen Bedingungen geklärt.

Gestalttransformationen richten Geschehnisse aus, sie geben kategorialen Halt und stellen „Inhalte" in Entwicklungen her. Man darf sich das nicht in der Weise vorstellen, als werde ein „Chaos von Empfindungen" zurechtgemacht. Dem Produktionsgerüst von Wirklichkeit entsprechend kann es sich nur um „Bedingen" angesichts anderer „Bedingungen" handeln. Eine solche Auffassung wehrt den Gedanken ab, wir hätten mit einem Gegeneinander von Idee und Erscheinung, von Form und äußeren Elementen zu tun. Es geht stets um das Verhältnis „gleichberechtigter" Bedingungen von Transformation. Wenn man sich auf das wirklich Anzutreffende bezieht, muß man in ihrem Kreis bleiben, auch wenn das komplizierter und in mancher Hinsicht vager ist.

Gestaltbrechung, als Transformation gefaßt, zeigt sich in Richtung von Aneignung, Einwirkung, Anordnung, Ausbreitung, Ausrüstung, Umbildung. Sie können die Auslegungen der ersten Version durchdringen und vermitteln. Einwirkung kann beispielsweise der

Explikation in Für und Gegen, Anordnung dem Ahnen eines Zueinanders Gestalt und Inhalt geben. Damit bricht die Transformation Züge auf, die dazu beitragen, Spannungen der Gestaltlogik auszutragen. Daß die zweite Version durch Transformationsprozesse gekennzeichnet ist, bedeutet: eine seelische Produktion gewinnt ihren besonderen Sinn, indem sie zugleich auf grundlegende Aufgaben und Möglichkeiten eines „Lebewesens" hin ausgelegt wird (Dimensionen).

Man kann davon ausgehen, daß Seelisches sich in einem „Handlungsleib" ausbreiten will, der Form, Kontinuität, Bestimmung, Ordnung, Umbildungsmöglichkeiten erwirbt. Das ist mit Ausrüstung, Aneignung, Einwirkung, Anordnung, Umbildung gemeint. Was wir betreiben, ist mit solchen Transformationen oder Ausformungen verbunden; in sie geht das Betreiben über, ihnen gewinnt es etwas ab, in ihnen wird es gebrochen. Transformieren ist Durchdringen seelischer Beschaffenheiten, das sich in Folgen äußert. Die Richtungen der Transformation werden durch die „Logik" verschiedenartiger Qualitäten — wie Aneignen, Auflösen, Ausbreiten — bestimmt. Das Durchdringen schafft eine Art seelischer Leiblichkeit, die Wirklichkeiten vermittelt und Resonanz ermöglicht. Sie hält sich nach Prinzipien von Polarisierung und Extremisierung in Bewegung. Auf die Konstruktionsprobleme, die dabei entstehen, deuten Mythen und „Motive" hin, in denen sich seelisches Geschehen zu fassen sucht.

Die Frage nach dem Umgang mit Kunst läßt sich nur dann sinnvoll angehen, wenn man bei der Rekonstruktion Kategorien verwenden kann, die dem Beschreibbaren angemessener sind als die tradierten Klassifikationen. Die Transformationsrichtungen sind beschreibungsnah charakterisiert. Von da aus klärt sich vermittels der anderen Versionen, wie die Transformationen miteinander funktionieren: sie entfalten einander, sie erweitern einander, sie ergänzen einander (durch Explikation, durch Konstruktion, als Paradox). Damit erfahren wir morphologische Regeln von Zusammenwirken und Gegenwirkung wie auch Regeln von Verteilung und Entwicklung.

Bilder „nehmen" Wirklichkeit „wahr" — auch wenn sie nicht einfach abgebildet wird: Festlegungen, Wiederkehrendes, Sich-Änderndes, Standpunkte, Organisation usw.
Darin leben die Prozesse weiter, in denen wir Wirklichkeit aneignen, umbilden, anordnen, ausbreiten (Gestalttransformation); das sog. „Wahrnehmen" umfaßt Feststellen und Übergangsmöglichkeiten anwesender Transformationen in sich verrückenden Bildern.

Im Sinne von Gestaltbrechung kann man die Ausbreitungstendenz des Handelns den anderen Richtungen entgegenstellen wie Fundierung und Repräsentanz. Bezogen auf die Versalität, hat die Ausbreitungstendenz etwas mit Entwürfen eines „Glücks" der Versalität zu tun. Demgegenüber stellt die Gegenrichtung heraus, welche Bedeutung das Gleichartige hat und was Zerlegungen (noch) aushält; die Richtung Anordnung repräsentiert, was sich im Kreis eines „Typus" bewegt und spiegelt, die Aneignung, was sich als Kontinuität gebildet hat, die Umbildung, was als „lösbar" erscheint, die Einwirkung, wozu Setzungen notwendig sind. Ohne diese Züge wäre die Wirklichkeit blind und leer zugleich — auch das Kunstwerk.

Transformation bei S. Steinberg

Mit seiner Lektion über die erste Version des Umgangs mit Wirklichkeit vermittelt Steinberg einen Eindruck vom Strömen „schwankender Gestalten". Wir wären in Gefahr, uns darin zu verlieren, wenn nicht eine zweite Version das Lösungsangebot der ersten ergänzte. Woran wir uns halten können und was sich sinnvoll weiterführen läßt, unterliegt gleichsam einer Überprüfung durch verschiedene „Sorten" von Lebensnotwendigkeiten und Lebensaufgaben: durch Transformationen.

Steinberg deckt in seiner Lektion über diesen Lösungsansatz seelischer Probleme auf, wie Gestaltungsprozesse in relativ konstanten Dimensionen er

halten und weitergebildet werden. Das sind Richtungen, in denen sich seelische Gebilde qualifizieren und in denen sie Halt, Berechtigung, Wirkungsmöglichkeiten, System gewinnen.

Steinbergs Arbeiten zeigen, wie alles, was sich einstellt, in Richtung dieser Dimensionen überschritten oder transformiert wird; Aufmärsche, Richtungsweiser, Treppen, Architekturen, Zusammenballungen machen auf das Wohin und Woher und Wozu aufmerksam. Dem läßt sich das Verschiedenartigste zuordnen: im Rahmen seelischer Grundrichtungen können sich bedrucktes Papier, Fernsehen, Dinge und Menschen, Natur und Kunst ineinander fortsetzen. Aneignung, Einwirkung, Organisation sind universale Dimensionen der Wirklichkeit, die Räume, Zeiten, Ideelles, Materielles, Gebirge und Fiktionen zusammenbringen.

Diese verbindenden Kategorien des Lebens von Gestalten verhelfen in Steinbergs Bildern dazu, herauszustellen, daß wir mit Beglaubigtem und Unbeglaubigtem rechnen, mit oben und unten, mit fest und beweglich, mit tragend und getragen, mit aktiv und passiv, alt und neu. Steinberg belehrt uns allerdings darüber in einer seltsamen Weise; er weist nach, daß wir alles Mögliche — auch das bisher nicht Gewohnte — im Sinne der Grunddimensionen zu Anhaltspunkten, zu Beglaubigtem, zu Wirksamem machen können. Gerade dadurch werden die Notwendigkeiten der Transformation als grundlegende Bezugspunkte verdeutlicht.

Die Eigenart der verschiedenen Dimensionen einer Gestaltbildung wird besonders deutlich charakterisierbar von ihren Extremtendenzen aus, beispielsweise zu totaler Einverleibung oder Auflösung. Dem folgen Steinbergs Lektionen, wenn er abstrakte Gemälde in den Betrachter weiterführt oder wenn wirksame Fragen Steine ins Rollen bringen oder wenn der Rand von Luftpostbriefen Eigengesetzlichkeiten auszubreiten beginnt oder wenn der Zeichentisch nachweist, daß Seelisches nicht stehen bleiben kann.

Nun stehen jedoch die verschiedenen Dimensionen nicht beziehungslos nebeneinander. Die Transformationen werden ihrerseits nach Art von Gestalten zueinander in ein Verhältnis gebracht: von Gegenbewegung und Ergänzung, von Abstützung und Entfaltung. In seinen Lektionen über Polarisierungen geht Steinberg auch diesem Prinzip nach. Dadurch kann er vor allem auf eigentümliche Probleme der verschiedenen Dimensionen aufmerksam machen: auch die „feste" Natur ist eine Folge spezifischer Umbildungen — phantastische Zusammenstellungen gewinnen den Charakter von palpablen Gebilden — „Realitäten" werden in Collagen, Collagen in „Realitäten" aufgelöst.

Gestaltkonstruktion

Gestaltbrechung hebt die Form-Inhalt-Trennung auf. Ihre Wendungen sind sinnbildende und in sich zusammenhängende Meta-Morphosen eines Totals, das nur in diesen Entwicklungen existiert. Davon weicht auch die dritte Version nicht ab, in der sich Gestalten als konstruierbar erweisen.

Gestaltkonstruktion führt den Gang der Brechung weiter: sie entfaltet sich in Spiegelungen, Neu-Kompositionen, in Geometrie und Formalisierung. Besonders dieser Formalisierung wegen ist es notwendig, an die Untrennbarkeit von Form und Inhalt zu erinnern. Denn die sinnbildende Metamorphose von Wirklichkeit hört nicht ab und zu einmal auf und ist dann „nur" Form. Wenn „formalisiert" wird, bilden sich genauso eigentümliche Charaktere aus, wie wenn etwas in die Schwebe oder in Distanz gebracht wird.

Gleicherweise verbleibt die Konstruktion stets in einem Vermittlungsverhältnis zu den anderen Versionen. Daher machen literarische Werke oder Bildwerke auch durch ihre Formalisierungen Wirklichkeit aus: ihre Entwicklung kommt in den verschiedenartigen Überkreuzungen, Verrückungen, in der Bewegung von Strömungen und Wiederspiegelungen, in Symbolen und Ausweitungen des Spektrums umso wirksamer zum Ausdruck.

Gestaltkonstruktion kann in ihren Um-Kompositionen und Formalisierungen die Gestaltbrechung selbst thematisieren. Die Wirklichkeit läßt sich in ganz verschiedenartige Verhältnisse bringen, sie wird unter Veränderung von Umständen anders ins Werk gesetzt — das sind „Motive", die alles in Bewegung halten. Formalisierungen können helfen, Inhalte zu kennzeichnen: Farbwirkungen-Studieren leitet an, Natur zu entdecken, Auf-den-Kopf-Stellen legt Entwicklungsmechanismen von Problemen frei, „Herumexperimentieren" eröffnet „Wesens-Einsicht". Hier spitzt sich die Einheit von Brechung und Zusammenhang im Umkippen zu.

Durch konstruktive Brechung lassen sich Störungen „als" Störungen herausheben; Brechung kann den Abstand schaffen, der Wirksamkeiten „als" Wirksamkeiten in ihrem Spiel, ihren Verteilungen und ihren Konsequenzen verfolgen läßt. Dadurch kann natürlich auch eine „beschauende" Ruhe, ein Herausrücken aus Handlungszwängen zustande kommen (SCHOPENHAUER). Aber dieses Verrücken ist zugleich eine Chance, in Krisen die Fragwürdigkeit bisher selbstverständlichen Handelns zu erfahren und zu lernen, etwas anders ins Werk zu setzen. Paradoxerweise gehen verschieden gerichtete Veränderungen von Wirklichkeit erst durch das Erfahren von Konstruktion vor sich.

Gestaltkonstruktion erleichtert es, Verrückungen zu verrücken und zu übertragen. FREUD spricht von „Hilfskonstruktionen", die lebensnotwendig sind, und er meint damit etwas Ähnliches wie ADLER: Zurechtrücken, kunstvoll Konstruieren, Zusammenhänge vermittels Symbolisierung, Stellvertretung, Analogie aufrichten und erhalten. Darin zeigt sich zugleich die Ambivalenz von Konstruktionen: sie sind lebenswichtige Zwischenstücke — isoliert genommen, machen sie Bedeutsamkeiten un-deutlich.

Der Charakter von Brechung wird in Gestaltkonstruktionen faßlicher — was nicht zugleich das Betroffenwerden durch Brechung einschließen muß; das kann in den anderen Versionen ausgeprägter verspürt werden. Faßlicher werden bedeutet: Erfahren von Konstruierbarkeit, Umwendung, Relativierung, Vertauschbarkeit, zugleich Verstärkung von Gegenbewegungen und Abtragen von Qualitätsunterschieden. Hier beginnt sich die Brechung ins Paradoxe zu wenden. Die Gestaltkonstruktion kann Zusammenhänge

Ein Kompositionsschema als Hilfe, verschiedenartige Aufgaben zu lösen: Napoleon, Schande, Satan, Nero, Abendsegen.

Darin zeigen sich Probleme der Gestaltkonstruktion: sowohl Herausbilden des Umgangs mit Wirklichkeit als auch Entfernung oder Entfremdung von Wirklichkeitsentwicklung (Formalisierung i.e.S.; Kunst-Routine statt Charakterisierung von Wirklichkeitsgetriebe). Doch die Entfremdung kann paradoxerweise wieder in Neugewinnen von Wirklichkeit umkippen.

komplizieren und verschärfen, aber auch vereinfachen und „abstrakt" machen; unter Umständen mindert sich das Gewicht von Qualifizierungen in Maßverhältnissen der Wirklichkeit — als näherten sie sich einer Quantifizierung. Andererseits wird durch „Abstrahieren" und Umwandlung in „Gleichheiten" die Entwicklung des Ganzen beweglicher. Das ist jedoch eine Umgestaltung, bei der „Affektives" und "Intellektuelles" genausowenig auseinander zu halten sind wie Form und Inhalt. Was man sich hier zumutet, gerät in eine Schwebezone, aus der in gleicher Weise Umbildungen, Distanz, „Affekt", Spaltung, Gegenwehr hervorgehen können.

Das Prinzip, das diese Wendungen für die Entwicklung der Gestaltbrechung verfügbar macht, ist eine Rotationsbewegung. Sie ermöglicht es, etwas durch anderes zu ersetzen, etwas in weiteres umzusetzen, etwas durch anderes hindurchzuführen. Sie kann die Dinge umkehren und sie dann wieder in ihrer Ausgangsposition zu spiegeln suchen. Daher werden die Transformations-Bedingungen in Kreisen vermittelt, in Bedeutungskreisen, im Umsatz von Realisierungen, im Geschick von Geschichten, in der wechselseitigen Herausbildung der Glieder eines Handlungsleibes, im Einkreisen von Typisierungen. In diesen Rotationen gründet der Zusammenhang von Gestaltkonstruktion.

Unterstützt wird die Rotation durch Funktionalisierung und Spiegelung. In Funktionalisierungen wird die Entwicklung des Ganzen abgewandelt durch Bedeutungsverlagerungen in den Lebensverhältnissen; wodurch „freie" Tätigkeiten gefördert werden. Spiegelung bringt gelebte Brechungen zurück ins Spiel, indem sie ein Wiedererkennen in anderem herausrückt. Unser Wissen um Theater-Spielen- und Geschichten-Erzählen-Können wird von Funktionalisierung und Spiegelung getragen.

Konstruktion bei S. Steinberg

Die dritte Version stellt Zusammenhänge her, in denen die Beziehungen von allem zu allem immer mehr zu zirkulieren beginnen. Dadurch geraten wir in Kompositionen, die Übergänge und Entwicklungen erleichtern — zugleich kann das irgendwie entkräftet und formal wirken; nicht zuletzt geraten wir in Schwebezustände von Wirklichkeit und Fiktion, von Sicherem und Unsicherem, die beunruhigen, verwirren, reizbar machen.

Steinberg arbeitet diese Momente von Konstruktion heraus, indem er alles als funktionalisierbar erweist: Wirksames, Anwesendes, Versinnlichendes wird tätig für anderes und damit als anderes — Notenblätter, Stempel, Objekte, Linien, Geschichte und Geschichten, Natur und Kunst. Steinberg fügt die Konstruktion zu phantastischen Architekturen von Analogien und Abweichungen zusammen; darin macht er Vermittlung sichtbar. Die Weiterbildung von Transformationsprozessen in Konstruktion wird anschaulich in dem „Dazwischen" bei Steinbergs Aufmärschen, in der Rückwirkung dessen, was er als gemacht sehen läßt, im Umkippen von unsagbar Kompliziertem in überraschende Vereinfachung oder in Ausführen und Vorführen aller möglichen „Konsequenzen".

Auch für die dritte Version lassen sich bei Steinberg Prinzipien aufdecken. Zentral ist seine Lektion über die Spielbreite, in der Wirklichkeit und Wirksamkeit rotieren: alles läßt sich umkehren, kann sich seinem Gegenpol annähern, ist zerlegbar und wiederzusammensetzbar, wandelt sich, indem es weiterleben will, geht in neue Konstruktionen über. Das wird unterstützt durch die Prinzipien von Funktionalisierung und Spiegelung.

Steinberg deckt Kreise auf, in denen sich Sprache, Bild und das damit intendierte Total in eine neue Art von Geschichte umfunktionalisieren lassen. Er läßt verspüren, wie die Konstruktion lernt, mit sich selbst umzugehen: sie erfährt sich in Metaphern und Symbolen, operiert mit Mehrsinnigem und Sich-Verdoppelndem; sie verfügt über das, was ist, indem sie Vertretungen entwickelt, sie verwickelt sich in ihren Fiktionen und greift dadurch die Bewegungen und Qualifizierungen der Wirklichkeit auf. „Les vérités fabriquées sont plus vraies que les vérités nues."

Gestaltparadox

Es ist seltsam, daß man meint, sich entschuldigen zu müssen, wenn auf Paradoxien die Rede kommt. Als werde etwas Wichtiges berührt, das im Geheimnis bleiben sollte. Tatsächlich kommt dem Paradoxen auch eine zentrale Position zu: sie macht Grenzen, Wendepunkte und Unbegreiflichkeiten des Herausführens von Wirklichkeit kenntlich. Die vierte Wendung des Entwicklungsganges hat mit dem Aufbrechen von Paradoxien zu tun. Hier treten Vermittlungen der Gestaltbrechung zutage, die sich der üblichen Meinung, es gebe eine einlinige seelische Logik, widersetzen. Paradox als Vermittlung betont das „Zugleich" von Sinn und Gegensinn; sie sieht die Form im Übergang zur Gegenform, sie stellt das Angewiesensein von etwas auf ganz anderes heraus.

Solche Untrennbarkeiten führen zu der Auffassung, es sei seelisch unmöglich, restlos zu vereindeutigen; sie heben Merkmale seelischen Geschehens heraus, die bereits im Kreis von Implikation und Explikation anklangen. Wir finden im seelischen Zusammenhang kaum etwas Bemerkenswertes, was sich „rein" isolieren läßt, was unangewiesen, unwandelbar oder nur mit eindeutigen Folgen versehen wäre. Wirklichkeiten sind zugleich mehr und weniger als logisch zu erwarten wäre; etwas kann zugleich anderes sein, es kippt aus diesem in jenes — es wirkt seltsam und gleicht einem „Witz" oder eben einem Paradox. Daher spielen in der vierten Version das Prinzip der Ironie und das Prinzip einer immer wieder zu entscheidenden Endlosigkeit eine Rolle.

Von Paradoxien aus ist zu verstehen, daß das Ganze mehr ist als die Summe seiner Teile, daß Lieben und Hassen untrennbar verbunden sein können, daß Ersatz „besser" sein kann als das Ersetzte, daß es Gegensatzeinheiten gibt, daß was innen außen ist, daß der Weg zum Eigenen über Fremdes geht, daß Brechen und Verrücken vermitteln. Die Formel von der Ruhetendenz oder dem Gleichgewicht als Ziel des Seelischen läßt sich auf den Kopf stellen: „gute" Lösungen sind paradox. Sie sind Lösungen und immer noch belebendes Problem. Verdrängt das Handhaben

STEINBERG stellt Wirksamkeiten von Zusammenhängen heraus: was sich zu einem Gesicht auslegen läßt (Gestaltlogik), was sich als Dimension in lebensfähigen Ordnungen behauptet: Bewegungen und Festlegungen verbinden die Gestalten der Rede, der Kleidung, der Dinge, der Menschen; was alles für alles eintreten kann (Rotation von Konstruktionen), was sich alles im Übergang als abhängig und unabhängig erweist (Gestaltparadox).

von Lösungen ihre Entwicklungsprobleme, schafft man sich anderswo Probleme.

Paradoxien sind anders als Kompromisse; doch steckt in dem, was FREUD Kompromiß nennt, oft ein Paradox. Verkehrthalten versucht Paradoxien zu umgehen, indem Brechungen un-vermittelt, ohne Auseinandersetzung nebeneinandergestellt werden.

SCHELLING modifizierte Winkelmanns Formel von Einfalt und Größe, indem er Stille, Einfalt, Größe, „Rührung" auf Widersprüche bezog. Es ist paradox, daß das „Selbstverständliche" unter höchster Anstrengung, im Zusammentreffen von Gegensätzlichem zustandekommt. Kunst ist überlegen und fragil; die Macht ihres Gelingens ist von Pleiten bedroht. Sie spitzt Produktionen zu, und sie tritt Produktionen als „Gewalt" entgegen (ADORNO). Kunst lebt zwischen Unübersetzbarem und Übersetzungen, zwischen materieller Brutalität und Geometrie. Sie ist geschichtlich, anders als „wir", die wir sie verstehen wollen, und doch nur Kunst, indem sie jetzt bewirkt, daß wir etwas an ihr haben, leiden können, anerkennen.

Im Umgang mit Kunst wird das Fremde nah, das Nahe fremd (FRÄNGER). Wir sind drin und draußen zugleich; wir erleben Züge des Traumes am hellichten Tage: man könnte weinen über Verrücktes, Unfaßliches, „Unwirkliches". Kunst bringt uns den Gedanken näher, wir lebten praktikable Konstruktionen aus „Unmöglichkeiten" — etwas bleibt, indem es sich verändert, etwas bindet, indem es bricht.

In jeder lebensfähigen Gestalt bilden sich Geheimnisse, die entschiedenem Handeln entstammen. Es ist nicht zu umgehen, die Paradoxien anzuerkennen, und es ist ebenso unumgänglich, entschieden zu handeln. Jede Übergangsstruktur birgt die Gefahr zu verfehlen, was wir am besten „gekonnt" hätten; dazu gehört auch, daß ein anderer besser überblicken kann, was aus uns geworden ist oder was hätte werden können — aber er kann uns die Entscheidung nicht abnehmen. An diese Paradoxien führt uns Kunst heran. In ihren Werken macht sie spürbar, daß Gestaltung und Umgestaltung von Wirklichkeit zugleich unendlich sind und doch nur in entschiedenem Sinn praktiziert werden können.

Paradoxie bei S. Steinberg

Steinbergs Beitrag zu einer Morphologie des Paradoxen liegt sowohl in der Beschreibung paradoxer Prozesse als auch im Aufweis der Prinzipien von paradoxen Erzeugungsgeschichten. Er stellt in einem dar, was sich gegenseitig verbirgt: das Wirkende wie eine sinnliche Wirkung, die Versinnlichung wie einen Handlungsprozeß, das Werdende wie ein Sein, das Gegebene wie einen Übergang. Er zeigt die Fiktion in Realisierung, Welt in Geschichtlichkeiten, Natur in Kunst, Kunst als Natur; er bringt Mögliches als Wirkliches, Notwendiges als veränderlich zum Vorschein, er läßt Extreme ineinander umkippen.

Damit machen Steinbergs Lektionen auf Prinzipien aufmerksam, die dem Paradoxen seine Gestalt geben. In der Berührung der Extreme, von Endlichkeit und Unendlichkeit wird die Unvermeidbarkeit von entschiedenen Gestalten transparent, die dennoch endlos

fortzusetzen sind. Diese entschiedene Endlosigkeit läßt sich nicht ausschalten, sondern nur aushalten — darauf zielt Steinbergs Training.

In der Ironie, die aus der Übergangsstruktur erwächst, weil alles zu anderem gezwungen ist und alles andere zu etwas gebracht werden kann, enthüllt sich ein weiteres Prinzip. Der Übergang ist unaufhebbar; dennoch existiert der Übergang nur, weil da zugleich Struktur ist. Die Unaufhebbarkeit der Übergangs-Struktur ist die paradoxe Begründung dafür, daß wir Gestalten entstehen und vergehen sehen.

Entwicklungsgang und Bildungsprinzip

Brechungen führen Wirklichkeit heraus, indem sie Widerstehendes, Modifizierendes, Sich-Gliederndes, Widersprüchliches, Übertragbares zum Sprechen bringen. Verschiedene Versionen vermitteln verschiedene „Sorten" von Zusammenhang; ihre Folge entspricht einer Entwicklung. In der Entwicklung bildet sich der Sinn aus, zu dem das Funktionieren von Gestaltbrechung beiträgt, indem es Wirklichkeiten lebt und ins Werk setzt — die vier Versionen ergänzen sich zu einem Entwicklungsgang.

Dieser Gang der Entwicklung ordnet Transfigurationen in der Zeit. Er nimmt die Illusion, wir verfügten über das, was geschieht, ganz wie wir „denken" oder „wollen"; er befreit aber auch von dem Gedanken, alles folge nur dem Zwang allgemeiner äußerer Ursachen. Entwicklung bringt Zusammenhang im „Doppelten und Dreifachen" heraus: die Metamorphosen ordnen sich in einem Spektrum — wie wenn ein Ganzes sich in sich bewegt, zerlegt, ergänzt. Was jeweils in den Gestaltbrechungen der Wirklichkeit „drin" ist, sucht zu zirkulieren, auch im Gegensätzlichen, Häßlichen, Unvertrauten.

Entwicklung im ganzen ist daher nicht gleichzusetzen mit Harmonie, Vollkommenheit; das ist allenfalls eine paradoxe Vollkommenheit. Wir haben hier eine Art System, aber ein System, das der Zufall des Werdens mitbegründet; wir finden eine Ordnung, aber eine geschichtlich sich ergebende Ordnung. Wir müssen mit Zirkulation rechnen, aber mit einer „bedingten" Zirkulation: durch geschichtlich Gegebenes, durch Hin und Her, durch Verkehrbarkeit, durch Umkehrbarkeit.

Auf ein Schema von Entwicklung machte bereits das Verrücken aufmerksam — die Versionen markieren seine Drehpunkte und Wendungen. Die Entwicklung bringt es mit sich, daß wir eine Vielfalt von Wirklichkeiten als Lebensmöglichkeiten erfahren; daß sich dabei „Sinn" einstellt, deutet auf die Bildung eines vereinheitlichenden Prinzips hin. Das heißt nicht, damit sei alles durch dieses Prinzip verursacht oder es gebe einige feste Prinzipien, die der „Zweck" für alles seien. Entwicklung bedeutet — über die Folge der Versionen hinaus —: Leben in Gestaltung—Umgestaltung ergibt „Sinn", weil damit Wirklichkeiten ins Werk gesetzt werden. Damit kommt etwas zum Zuge, das sich zunächst nur der Beschreibung erschließt: etwas, das Eindruck macht, das eine Physiognomie hat, in dem uns Bedeutsames begegnet.

Hier „öffnet" sich dann auch die Systematik von Sache und Methode: es gibt kein Rezept für eine In-

No. 607: („Der hl. N. N.")
Gleich Zwillinge!

No. 2263: („Schmerz")
Mir ist ja s o schlecht!

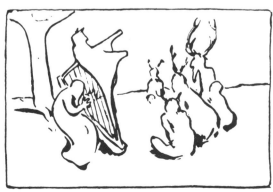

No. 645: („Heldenlieder")
Germanischer Gesangverein „Die Ehekrüppel"

duktionskette, die absolut sicher zum „Wesen" eines Charakters oder eines Werkes führt. Und wie beim Traum zum Aufdecken seines Sinns eine konkrete Sache gehört („Einfall"), so kann auch nur etwas Konkretes in „diesem" Werk zu einem Vorentwurf des Ganzen führen.

Die Folge der Versionen — als Entwicklungsgang — erinnert unmittelbar an die Wendungen einer Spirale. Zugleich hebt die Spiraltendenz heraus, daß in den Brechungen ein Gefüge zutage tritt, das mehr und anders als die einzelnen Versionen ist. Insofern macht die Spiraltendenz sichtbar, daß Gestaltbrechung auch bedeutet: ein Ganzes wird durch verschiedene Wendungen gebrochen.

Im Entwicklungsgang können die Wirksamkeiten (Zusammenhänge) ei ander bestärken: in „Historien" bricht die Struktur von Welt auf, im Kampf zeigen sich Konstruktionszüge unserer „Werke"; Kleidung vermittelt ein neues Gesicht von „lebendig" und „un-lebendig".

Karikaturen decken auf, was Bilder dabei an Verrücken aushalten müssen; das einfachste Mittel ist, einen anderen Namen zu geben. Von ihm aus wird deutlich, daß Kunst zu tun hat mit Passendem, Widerstrebendem, mit Bedeutungen und Irritierungen.

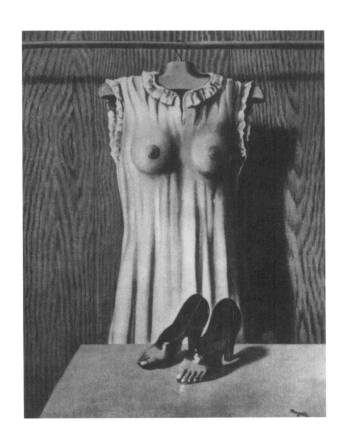

K. Junker: Kunst-Haus

(a) Hausbeschreibung:

— Wirkt regelmäßig, quadratisch, klassisch — wie häusliches Modell für Weserrenaissance oder wie Pompeji im Norden. Als sei Renaissanceprinzip durch Verrücken verdeutlicht worden: ins Moderne, „Bäuerliche" verschoben (karikiert), wie ein Vorgriff auf das, was dem Impressionismus folgt.

— Innen: zunächst ambivalenter Eindruck: einerseits „Stil", Durchgehendes, Geordnetes, Eingeteiltes, Architektonisches; andererseits wie Vogelbauer, Grätiges, wie Kleiderrechen (als fehle eine Art „Wucht", eine feste Gebärde).

— Normales Hausmuster (mit Tisch, Bett, Sofa, Kinderzimmer) als ein Anhaltspunkt. Ein anderer Anhaltspunkt: Sammlung von Kunst-Modellen (Art Schulmeisterlein Wuz — aber gekonnt, im Prinzip gesehen).

— Gnadenstuhl=Motive? In vielen Variationen. Auch ein seltsamer „Thron" (wie aus Kleiderbügeln). Art „Stelen": Bügel- und Beulen-Ornamente, wie auf Schilden oder Kanonen (Tragegriffe). (Möchte man mit Gauguins Schnitzkünsten vergleichen).

(b) Entwicklungsgang und Bildungsprinzip:

— Mehr und mehr verstärkt sich der Eindruck, in den Geometrisierungen, im „Griffig-Machen", in Zusammen-Bauen stecke ein „Witz", als werde etwas transportabel in den Festlegungen des Hauses.

— Das Haus legt sich aus in seltsamen Übergängen zwischen einem Bannen von Unruhe und Kunst als Zuspitzung von Formung. Gang, Wendungen der Treppe, Spirale erscheinen als belebendes Prinzip: von Schwerem, „Unterholz" zum Sich-Lichtenden, zum Ausblick (Turm in der Mitte).

— Vermittelnd wirkt dabei die Bewegung zwischen fest und verändert, zwischen Eingriff und Organisation des Eingriffs. Konstruktionserfahrungen werden belebt: Übertragungen, Angleichungen, Spiegelungen, Formalisierungen verbinden verspürte Ansprüche und Können. Ein Entwicklungsgang wird sichtbar.

— Der zunächst ambivalente Eindruck wandelt sich nun in ein Erfahren von Paradoxem: Umkippen „totaler" Kunst, sich zuspitzendes Werk, Banales und Phantastisches. Wenn das mehr ist als Knollenschnitzerei, als Grottenbasteln, als Heimcollagen, muß sich darin ein Gefüge zeigen:

— Der Entwicklungsgang bringt eine Seite des Gefüges zum Vorschein — die andere klärt sich, indem ein Prinzip heraustritt, das nach einem vermittelnden Zwischenbild (für beide Seiten) fragen läßt. In Junkers Werk wird die Logik des gestaltenden Ornaments „total" zu entfalten gesucht: zwischen Streckenunterteilung und „Architektur", zwischen Tätigkeitsvariation und Bild. (Demgegenüber kommen die Ersatz-Beglaubigungen oder der „Ernst" von Täuschungen nicht in Betracht, die bei der Grottenbildnerei eingesetzt werden.)

— Es ergibt sich ein Gefüge, das eigentümlichen Entwicklungen Spielraum gibt: ein Hausschema wird verrückt in Ausbreitungen von verkleinernden Handwerklichkeiten, während die Künste der Behandlung von „Einzubauendem" Bedeutsamkeiten herausrükken, die ein bloß funktionales Hausschema nach allen Seiten öffnen. Das Problem dieses Gefüges ist sein Filigrancharakter — die komplette Überkreuzung ebnet Schwerpunkte des Steige-Prinzips (Spirale vom Schweren zum Lichten) ein.

— Die Begegnung mit einem Haus als „Gesamtkunstwerk" läßt Prozesse des Herausbildens von Wirklichkeit — und Widerstände dagegen — erfahren. Die Besucher müssen fertig werden mit einem Gebilde im Übergang: mit einem banalen Wohnding, das in kunstvolle Verhältnisse gerückt wird. Sie bringen, was sich entwickelt, in die Gewalt unerwarteter Wirksamkeiten; sie zwingen, Konsequenzen auszuhalten und das Schwanken zwischen Natur und Kunst, Banalität und Mehr zu ertragen. Durch die Konstellation solcher Verhältnisse wird der Aufbau unserer Erfahrungen thematisiert: was vor sich geht, wie wir einschätzen, ob wir Prinzipien von Wirklichkeit in den Griff kriegen.

Entwicklung als Vermittlung

Was wir durch Einsicht in die Folge der Versionen gewonnen haben, zeigt sich am Problem der Vermittlung. Wie etwas weitergeht und wodurch es weitergeht, ist eine Frage der Vermittlung. Vermittlung stellt uns vor Augen, daß es gar nicht selbstverständlich ist, wie etwas aus anderem hervorgeht; zumal, wenn es um widersprüchliche Tendenzen geht. Die Anhaltspunkte von Bildern haben etwas mit Bewegungen zu tun: wie geht das? Ein Bildganzes wirkt in Einzelzügen und über Einzelschritte hinweg: wodurch wird das vermittelt? Aneignungen und Umbil-

Entwicklung als Vermittlung: wir verstehen durch Zerlegung, Umbildung, Erweiterung, auf Umwegen, durch Verrücken und Verkehren. Indem wir lernen, Rhythmen, Analogien, Gefüge, Konsequenzen, Metamorphosen herauszusehen.

dungen „verstehen sich" — aber wie?

Die Gestaltbrechung, in ihren verschiedenen Versionen, ist ein Ansatz, Vermittlungen nachzugehen. Dabei läßt sich aufgreifen, was wir bereits unausdrücklich mit Vermittlung zusammenbringen: daß sich etwas ergänzt, gestaltet, einschließt, daß sich etwas auslegt und zum Ausdruck kommt. In den verschiedenen Versionen findet das seinen Namen — Gestaltlogik, Transformation, Konstruktion, Paradox. Aber wir müssen noch einen Schritt weitergehen, wenn wir Vermittlung rekonstruieren wollen.

Welches Prinzip wirkt in Ergänzung, wieso ist Auslegung eine Verbindung, worauf kann sich die Entwicklung von Aneignung oder Umbildung stützen? Ganz allgemein antwortet darauf das Prinzip der Brechung — doch wie funktioniert das im einzelnen und wann funktioniert das im einzelnen nicht? Da kommen wir weiter, wenn wir die einzelnen Versionen als Probleme sehen. Die Hypothese ist, daß die Probleme der verschiedenen Versionen auf dem „Umweg" über die anderen Versionen verständlich gemacht und auch vermittelt werden können.

Die Beschreibung des Umgangs mit Kunst hilft, Vermittlung zu charakterisieren. Hier werden „Inhalte" durch die Geschichte des Sich-Verstehens weitergebracht. Vermittlung zeigt sich als Gemeinsamkeit im Werden; wobei diese Gemeinsamkeit auch ein Problem oder eine Störung oder ein Gegeneinander sein kann. Das kann je nach Version anders ausgeprägt sein: als Indem einer gegenseitigen Bestimmung — je nach Kontext gewinnen Striche, Farben, Dinge anderen Sinn — oder in der Polarisierung von Lebensverhältnissen oder als Dazwischen von „Abstraktionen", Formeln und Kreisen.

Vermittlung gleicht einem Verständigungsprozeß, mit Antwort-Geben, Widersprechen, Verarbeiten, Nachgeben, Umgestalten, Modifizieren, Wiederholen. Die Verständigung erfolgt durch die Zergliederung, Erweiterung, Abwandlung, Ergänzung, die die Versionen einander bieten oder abfordern. Das heißt, die Vermittlung liegt in der gegenseitigen Unterstützung der Versionen von Gestaltbrechung. Störungen bei der Auslegung (Gestaltlogik) können daher umgebildet werden, indem sie in Lebensumstände transformiert oder formalisiert oder als Paradox erfahren werden.

Wegen ihrer Stellung zwischen dem Ansatzpunkt und dem Wendepunkt des Entwicklungsganges — zwischen Geschichten und Paradoxien — eignet sich die Transformation besonders dazu, Vermittlung zu analysieren: Kunstwerke bringen Wirklichkeit heraus als Halt und Auflösung; sie können das als Ergänzung zusammenbringen oder als Spannung oder als unbegreif-

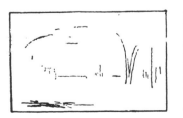

Venedig bei Gaslicht —
Aufbruch zum Ball.

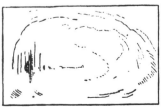

Venedig bei Taglicht —
Rückkehr vom Ball

lich. Damit das darstellbar wird, brauchen sie „Zwischenstücke" zwischen fest und beweglich — was Festhaltendes modifiziert, in Reihen bringt, was auf zu sehr oder zu wenig zugeht, was sich in verschiedenen Kontext fügt.

Das kann ein „fruchtbarer Augenblick" sein, der Umkippen ahnen läßt, eine „unendliche Melodie", die sich in verschiedenem wiederherstellt, ein Sich-Wandeln des „Faktischen" in Schwebendes, Mehrsinniges, Ungeahntes, in Formalisierungen, ein Zerstören von Komplexentwicklungen durch geheime Muster darin — Paradoxien, Tragikomisches, Unsagbares und Konkretes. Das ist aber stets eine Vermittlung von Transformation durch die anderen Versionen (Gestaltlogik, Konstruktion, Paradox); Vermittlung ist nicht eine eigene Fähigkeit, sondern ein Stichwort für das Funktionieren dieses Entwicklungsganges.

Entwicklungsprobleme

Jeder Charakter hat seine Logik: Regeln, die bestimmen, welche Übergänge leichter oder schwerer fallen, wie sich ein Gefüge entfaltet, was diese Entfaltung stört, in welcher Form etwas behandelt wird, wenn sich Probleme ergeben. Die Begutachtung von Personen fragt dementsprechend nach Prinzipien, die sich durchhalten, nach der Technik, mit Zufällen fertig zu werden, nach Auswirkungen des Bildungsprinzips auf die Lösung der Aufgaben, die sich im Leben stellen, wie auf die Versionen der Gestaltbrechung. Logik faßt zusammen, was sich abstützt, was sich einschränkt, was sich bei Störungen durchsetzt — in der Richtung hat jeder Charakter seine Logik.

Es steht jedoch auf einem anderen Blatt, welche Chancen und Begrenzungen beim Umgang mit Wirklichkeit sich dabei ergeben. Ob die Wirklichkeit, in der sich die Handlungen eines Menschen zentrieren, auch in ihrem Reichtum entfaltet wird; ob sie sich umbilden kann, ob ihre Probleme für Entwicklungen fruchtbar werden. Welche Eingrenzungen bringt diese Wirklichkeit mit sich, welche Gegenbewegungen sind auszuhalten, welche Neubildungen kommen zustande — was hat das mit der Lösung des Versalitätsproblems zu tun?

Die Psychologie gewinnt einen Anhalt, diese Fragen zu beantworten, indem sie nach dem Verkehrt-Halten oder nach „neurotischen Tendenzen" fragt. Denn die Logik von Übergängen zeichnet sich besonders deutlich ab, wenn man auf Einschränkungen, Nicht-Können, Störungen und die Kniffe achtet, diese Begrenzungen zu verdecken. Analog läßt sich auch der Charakter von Literatur oder Bildern kennzeichnen. Einmal, indem auf Übergänge geachtet wird, die möglich sind und ein Prinzip erkennen lassen; zum anderen, indem Vermiedenes und Ersatzformen herausgerückt werden — Kleindramatik, Kreiseln, Verschiebung aufs Totale.

An Kunstwerken wird deutlich, daß wir mit einer Logik zu rechnen haben, die „diesem" Werk eigentümlich ist, und mit einer Logik, die das Versalitätsproblem und den Reichtum von Wirklichkeit berücksichtigt. Auch FREUD rückte Formen des Verkehrt-Haltens dadurch heraus, daß er auf ein Maß von „Zir-

Beweglich-Machen, Zirkulation, Verkehrung ermöglichen es, Entwicklung als „Motiv", Problem und Ordnung aufzudecken und zu erproben. Dabei kann der „Witz" des Verrückens und Gestaltens herausgestellt werden: durch den „Witz" des Weiterentwickelns.

Kunstwerke entwickeln die Bewegungsmöglichkeiten der Wirklichkeit — unter der (Selbst-) Gesetzgebung fest-stellender Gebilde. Das kann Umbrüche einleiten, die stören und „behandeln".

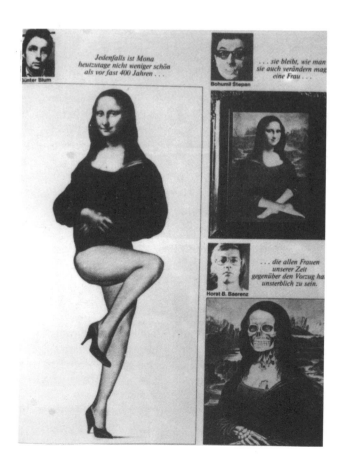

kulation", Beweglichkeit, Freiheit, Angemessenheit achtete. Die Entwicklungslogik von Kunstwerken nimmt das „So ist es" und das „So könnte es sein" in eins zusammen. Paradox bezieht uns der Umgang mit Kunst in Entwicklung als Sein und Problem ein .

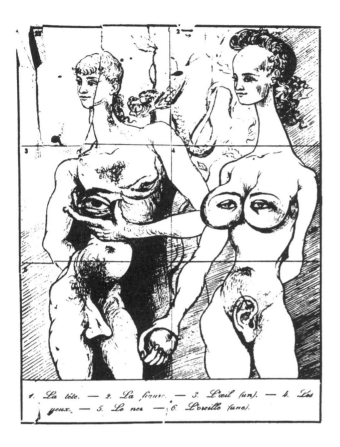

1. La tête. — 2. La figure. — 3. L'œil (un). — 4. Les yeux. — 5. Le nez. — 6. L'oreille (une).

Es legt sich nahe, die Entwicklungsprobleme eines Kunstwerks von den Gegenbewegungen des Anders-Möglichen her anzugehen. So gehen wir beim Umgang mit Kunst im Alltag auch meist vor, wenn wir Bilder oder Literatur mit dem austauschen, was wir an Wirklichkeit, Problemen, Gestaltungs- und Behandlungsmöglichkeiten kennen. Was wird hier weitergebracht, was wird uns anders klargemacht, was wußten wir schon besser — wo kippt etwas in ganz anderes um, wo hält etwas gut zusammen? Wir beginnen zu beachten, ob etwas „richtig" zum Ausdruck kommt, ob sich etwas durchhalten kann, ob sich etwas in verschiedener Richtung brechen läßt. Das sind Ansatzpunkte, Entwicklungsprobleme einer Werk-Logik zu verfolgen, die uns an das Versalitätsproblem heranführt.

Variation: Magritte/Steinberg/Vostell

Die Versionen der Gestaltbrechung begründen Variation, als methodische und sachliche Bewegung. Das Experimentieren mit Veränderung von Umständen ist seit Aristoteles ein psychologisches Instrument, Brechungen sichtbar zu machen; seiner kann man sich auch bei kunstpsychologischen Untersuchungen bedienen.

Nach dem Muster der aktualgenetischen Forschungen SANDERs wurden 250 Vpn. zwanzig Bilder von Steinberg, Vostell und Magritte kurzzeitig dargebo-

ten, so daß die Beobachter zu anderen Produktionsprozessen als üblich veranlaßt wurden. Die Angaben der Beobachter über das, was beim Umgang mit den Bildern passierte, wurden den Einzelbildern zugeordnet, zu Verlaufsformen zusammengestellt und nach Kategorien aufgeschlüsselt, die bei der Gestaltbrechung eine Rolle spielen. Die Variation der Selbstverständlichkeiten „normaler" Situationen durch kurzzeitige Darbietung von Bildern wurde ferner durch 75 Interviews ergänzt, in denen der Umgang mit Bildern übergewöhnlich gedehnt war.

Da keine spezielle Aufgabe gestellt war — es sollte notiert werden, was sich einstellt —, entfalteten sich Bedeutungskreise in verschiedener Richtung; sie blieben meist jedoch auf das anschaulich Dargebotene bezogen. Wenn man sich auf die Einheit der Entwicklungsprozesse bezieht, gewinnt man den Eindruck, hier werde Wirksames, Andrängendes, Anwesendes und Aufgegebenes irgendwie und mehr oder weniger vage in eine Produktionsform zu bringen gesucht. Die Störung üblicher Handlungseinheiten kann über Verwirrungen, Bereicherungen, Schließungstendenzen zu Umgestaltungen führen; dabei wird ein Abfolge-Schema erkennbar, das dem Gang der Gestaltbrechung entspricht.

Für die Vpn. war es ein erstes Ergebnis, daß man sich überhaupt einmal Erlebensprozesse, wie sie sich tatsächlich abspielen (und nicht nur, wie sie benannt werden) vergegenwärtigte. Darüberhinaus wurden Zusammenhänge und Folgen transparenter. Durch Brechungen suchte man das „jetzt" ins Dasein Drängende in eine Verfassung zu bringen, die verschiedenen Anforderungen genügt. In der Entwicklung dieser Handlungsformen traten morphologische Regeln für Zusammenhänge zutage: Gestalten gliederten sich aus in Entsprechungen und Gegenläufen, sie bringen verschiedene Notwendigkeiten, in denen sich Wirklichkeit vollzieht (Bedingungen, Anforderungen), zusammen; sie entfalten sich über Formalisierungen und umgreifen paradoxe Erfahrungen.

An den einzelnen Bildern brechen jeweils Problemkreise auf; ihre Grenzen, Formulierungen und Beweglichkeiten charakterisieren die Eigenart der Bilder. So heben sich bei Magritte (B 3) Frau und Gegenstände von einem Hintergrund ab, spezifiziert durch Sexuelles und zugleich Gemachtes; dazu wird die Komposition eigens beachtet. Das wird einmal in Richtung einer „Stimmungswirkung" gefaßt (ruhig, schön bis starr, befremdend, künstlich, häßlich); zum anderen wird diese Ambivalenz in Metaphern und Symbolen zu fassen gesucht (Natürliches neben Künstlichem, Liebe führt zur Versteinerung) oder auch als Unstimmigkeit festgehalten.

Offensichtlich bringt das Bild etwas in Bewegung, ohne eine einfache Ordnung der sinnlichen Erfahrung an die Hand zu geben. Das kann dazu führen, daß man sich auf einen weiteren Umgang mit dem Bild einlassen will und dann ausdrücklich auf Sinnentwicklungen, Probleme, Selbsterfahrungen achtet. So wird verspürt, daß „zu eindeutig" Sexuelles bedrohlich werden kann. Das kann aber auch ein Umgehen von Auseinandersetzung durch Bewertung einleiten — zu konservativ, steif, ideal; gefällt mir — oder in Ironisieren und Journalismen übergehen (FKK-Strand; bürgerliches Schönheitsideal).

Statt auf Einzelbilder kann sich die Analyse auch auf die Entwicklung des Umgangs mit den 20 Bildern bei den einzelnen Vpn. richten. Auch dann zeigen sich die Wendungen der Gestaltbrechung und zugleich charakteristische Entwicklungs-Gestalten. So findet sich bei M 94 eine Vereinheitlichungstendenz, die unter Anspannung und in Hin- und Her-Bewegungen versucht, die Bilderfolge auf einen Nenner zu bringen. Und zwar nicht in einer abstrakten Deutung, sondern in einer Formel, die mit dem sinnlich Verspürten zu tun hat: man kriegt etwas mit von Schein und Sein, von den Unsagbarkeiten und dem Unbegreiflichen von Wirklichkeit. An diese Formel arbeitet sich das Geschehen heran, indem sich einstellende Qualitäten ausprobiert und ausgekostet werden. Sie werden dann mit vagen „Konzepten", wie es in der Wirklichkeit des Seelischen zugeht, zusammengebracht. An den zuletzt dargebotenen Bildern werden die Konzepte auf ihre Konsequenzen hin überprüft.

Ein Vergleich solcher Verlaufsgestalten bestätigt die Einsicht in verschiedene Entwicklungsschritte, die Wirklichkeiten aufbrechen. Je nachdem, wie weit sich der einzelne Produktionsprozeß auf den Entwicklungsgang einläßt, lassen sich verschiedene Typen kennzeichnen: die Folge der Versionen verhilft dazu, den Umgang mit Kunst konstruktiv auszumessen; an ihnen finden wir einen Maßstab.

Nicht besonders weit vorangetrieben ist der Typus von Entwicklung, der im Bann fester Gestaltlogik bleibt, etwa bei Fällen von Staunens-Vermeidung oder Normal-Verhalten (M 18; M 22); die Auseinandersetzung wird abgebrochen. Ähnlich ist es beim Aufzählen, das alles Unnormale wegläßt oder verkennt (M 28); das geht über in Formen von Stimmenthaltung, Reduzierung, in Ausfälle, Versagen (M 26). Drängen sich dennoch Probleme auf, kann es zum Rückzug auf „witzelnde" Vereinheitlichungen kommen — mit unverkennbaren Lücken (M 25). Hier haben wir mit Prozessen zu tun, die die übliche Sinnbildung allenfalls noch einen Schritt weiter drehen, beim Verspüren von Problemen aber Halt machen und mit Routinetechniken durchzukommen suchen. Paradoxerweise kann aber auch das Gelernt-Haben von Entwicklungsfolgen wieder zu solchen Ausgangspositionen führen.

Etwas weiter in der Folge der Versionen geht es bei anderen Fällen. So kann eine anfängliche Zurückhaltung vorsichtig auf Probleme und Spannungen zugehen und das auch auf eine Formel bringen; dann wieder zurück in die Ausgangsposition (M 16). Oder Vereinheitlichungen — erst nach „Form", dann nach „Inhalt" — bilden sich um, indem Zwischenstücke und gemeinsame Konstruktionszüge beachtet und in Umsatz gebracht werden (M 21). Den Vereinheitlichungen zu Anfang stehen die Formen nahe, die zunächst als Lösungen erscheinen; sie lösen sich aber in genaueren Qualifizierungen auf, in eigentümlichen Erfahrungen von Gegebenem und Gemachtem. Das kann in einem Sich-Bewegen zwischen Zurückhaltung und Ausführlichkeit enden (M 24).

Bei einer anderen Gruppe schreitet die Entwicklung weiter, über ein Verfolgen von Qualitäten hinaus, zum Umgang mit Konstruktion. Eine vierte Gruppe gelangt zu dem Drehpunkt, der Paradoxien von Wirklichkeit in Erfahrung bringt, aber auch wiederum in feste Ausgangspositionen umbrechen kann. Eine Erfahrung von Paradoxem kann sich herausarbeiten, wenn man eine Spannung zwischen Vereinheitlichungstendenzen und Kontrasten verspürt und sich dann mit dieser Lage auseinanderzusetzen sucht (M 17).

Die Spannung Kontrast—Vereinheitlichung setzt sich in einem anderen Fall in das Erleben einer geheimen Harmonie um: das dreht sich, läßt Mischungen und Umkehrungen, Entstehen von Problemen und Lösungen, Schein und Sein erfahren (M 19). Eine ähnliche Entwicklung findet in „das ist Magritte" eine Formel für die verspürten Paradoxien von Realem und Irrealem (M 20). Daß der Weg auch über Rückzugstendenzen führen kann, wird bei M 27 sichtbar: erste Vereinheitlichungen lösen sich in verschieden qualifizierten Richtungen der Weiterentwicklung auf — angesichts der damit entstehenden Probleme legt es sich zunächst nahe aufzugeben. Doch dann läßt sich der Produktionsprozeß auf das Widerstrebende und Paradoxe ein, nimmt es hin.

Die einzelnen Verläufe können wir in Gruppen ordnen, weil sie einen Entwicklungsgang mehr oder weniger weit vorantreiben; sie werden überschaubar von dem Entwicklungsgesetz der Versionen aus, die die Produktionen zusammenhalten. Das bietet einen Maßstab für den Umgang mit Kunst an. Man kann fragen, wie weit können wieviel Prozent bei wem reisen? Bei Magritte — und unter spezifischen experimentellen Umständen — rückt etwas mehr als die Hälfte nur einen Schritt weiter. Ungefähr ein Drittel geht bis zu der Wendung des Entwicklungsgangs, die durch Einlassen auf Gestalt-Konstruktion gekennzeichnet ist. Fast ein Viertel nähert sich dem Drehpunkt der Entwicklung im Paradoxen.

Magritte-Bilder

Benennung	Bedeutung	Weiterverarbeitung	Bemerkung
Bild 3			
Nackte Frau vor Hintergrund 23	Metaphern Symbol. 17	Bewertung 20	Konfrontation führt zu Aus- weichen auf Gegenständliches;
Frauenakt 8	Abstraktes	(zu steif; langweilig; ideal; zu konservativ;	Erspüren von Unstimmigem geht über in Bewertung;
Sexuelles 14	(Göttin der Liebe; Liebe führt zur Versteinerung;	kitschig; störend; ausdruckslos;	
(Scham, Busen, dicke Schenkel)	Natürliches neben Künstlichem; bürgerliches Schönheitsideal;	gefällt mir)	Sexuelles als Bedrohung, wenn es zu eindeutig ist;
Gegenstände 34	FKK-Strand)	Umgang mit dem Bild 10	Rückgriff auf „schulische" Bild- beschreibung, da Sinnfrage zu
(Rose; Vorhang; Meer)	Stimmung / Wirkung 34	(Sinnsuche; Probleme des Annehmens)	Stellungnahme führen müßte.
Augen (blicklos) 3	(unnatürlich; theatralisch; starr;	Fragen 2	
Kunstklischee 8	künstlich; anonym; häßlich; abstoßend;	Eigene Befindlichkeit 2	
Bildaufbau 7	steril; bedrohlich; befremdend;	(sexuelle Erregung)	
	harmonisch; ruhig; sanft; erotisch; körperhaft; schlicht; anmutig; schön)	Assoziationen 4 (Freud; Porno; alte Bilder) Passendes in Figur und Hintergrund 2	
	Ironisierung (Journalistisches) 5		
	typisch Weibliches 6		
	Unstimmiges 19 (fehlende Schamhaare und Augen; störende Vorhänge; strenges Gesicht — nackter Körper)		

Eine andere Richtung, die Befunde des Experi- ments auszuwerten, gliedert Tendenzen und Behand- lungsweisen bei den verschiedenen Versionen heraus. Unter dem Stichwort bemerkt—unbemerkt lassen sich Wirksamkeiten bei Auslegungsprozessen der Ge- staltlogik erfassen. Die Frage nach Veränderungsum- ständen führt an Transformationen heran. Das Er- forschen von Übergängen zwischen Sache und Erle- ben bringt besonders Konstruktionsmomente und das Erforschen des Umgangs mit Konstruktion die Be- wegung auf Paradoxien hin zum Vorschein. Damit werden wiederum Markierungen aufgedeckt, die den Umgang mit Kunst und Behandlung verbinden.

Einen Eindruck, wie das Untersuchungsmaterial bearbeitet wurde, kann eine Übersicht vermitteln, die sich auf Befunde zu einem Bild von Magritte be- zieht.

Entwicklung als Methode und Maß

EISENSTEIN leitet seinen Aufsatz über Dialektik der Filmform mit einem Goethe-Zitat ein: „Wir sehen in der Natur nie etwas als Einzelheit, sondern wir se- hen alles in Verbindung mit etwas anderem, das vor ihm, neben ihm, hinter ihm, unter ihm und über ihm ist" (5. 6. 1826). Das faßt Wirklichkeit als Transfigu- ration; daher brauchen wir Kennzeichen wie „in- dem", „dazwischen", „darüberhinaus", Bestimmun- gen wie Drehung und Wendung, Verwandlung, Ge-

stalt-Brechung. Darin steckt eine Logik von Ganzem und Unganzem, von „Mehrwertigem", Doppeltem und Dreifachem — eine Spirale, die weitergeht, indem sie sich verändert.

In seinen Filmen suchte Eisenstein eine Methode zu entwickeln, die dieser Erfahrung angemessen ist. Er fand sie in der „Montage": sie bringt eine Ent- wicklung durch Brechungen in zugleich Ähnlichem und Verschiedenem zum Vorschein. Das gleiche kön- nen wir mit einer psychologischen Methode errei- chen, die der Entwicklungslogik folgt: Eine metho- dische Spirale wird zum Prototyp, der die Befunde unserer Untersuchungen zusammenhält. Wir können sie verfolgen, indem wir den Gang der Versionen von Gestaltbrechung abschreiten. Es ist gleich, welche Version zunächst den Umgang mit einem Kunstwerk anleitet: die Beschreibung dessen, was „drauf" ist, ohne wegzulassen, was dabei an Störungen und Rüh- rungen aufkommt (Implikation—Explikation), das Gewinnen einer Richtung, mit dem Werk zurandezu- kommen (Transformation), das „konstruktive" Bewe- gen des Ganzen, das Eingehen auf Paradoxien. Die an- deren Versionen entwickeln jeden Ansatz weiter.

Wenn wir verfolgen, wie die Version, die sich zu- nächst aufdrängte, in andere Wendungen übergeht, gewinnen wir zugleich auch Hinweise auf ein Bil- dungsprinzip. Es wirkt wie die zentripetale Tendenz einer Spirale — als Problem, Sinn, Thema — zentrifu- galen Bewegungen entgegen. Indem wir eine Methode praktizieren, die sich an den Entwicklungsgang und

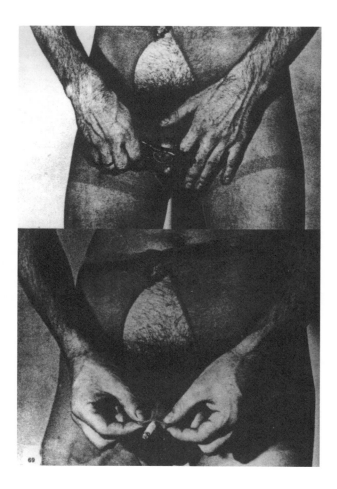

The Candy-and-Flowers Campaign

The I'm-Drinking-Myself-to-Death-and-Nobody-Can-Stop-Me Method

Veränderung von Auslegungen (Aktionen) sind oft ein erster Schritt des Entwicklungsgangs von Werken; die Spiegelung von Lebenstechniken in „Kritzel" stellt schon deutlicher Konstruktionszüge heraus. Einordnungen und Ergänzungen der Betrachter zeigen, daß ihnen zunächst einmal die Sinn-Auslegung als erster Schritt wichtig ist. Wem dieser erste Schritt fehlt, kann mit hochentwickelten Konstruktionen nicht viel anfangen.

sein Einschwenken auf Leitlinien hält, decken wir die Spiraltendenz der Sache in einem entsprechenden Vorgehen auf.

Das Seelische versteht sich, indem es sich bricht, auslegt, verrücken kann und an Unverrückbarkeiten der Wirklichkeit gerät. Die Wissenschaft „versteht" das Seelische dementsprechend im Erfahren von Grenzwerten, Resten, Ergänzungen, Störungen, Umbrüchen. Die Spirale ihres Vorgehens wird deutlich am Zustandekommen eines „Gedankengangs", der sich Wirklichkeiten aneignet: über leibliche Analogien, sinnlich anwesende Gestalten, ästhetische Abstimmung von Zuständen, „zwischengedankliche Beziehungen" arbeitet sich eine Wirklichkeit in Entwicklung heraus. Sie zu leben, ist ein Ziel von Kunst und Seelischem.

Daher kann die Entwicklung der Spirale von Wirklichkeiten auch zu einem Maßstab für ein Ins-Werk-Setzen werden. Kunstwerke — wie Charaktere — lassen sich einschätzen, indem wir nach ihren Wendungen, Bildungsprinzipien, Gefügen fragen, das heißt, nach der Wirklichkeits-Gestalt, die sie zuwege bringen. Welche Version wird im Entwicklungsgang erreicht? Werden Regeln erfahrbar gemacht, nach denen ein Werk wirkliche Zusammenhänge herausrückt? Wie deutlich kommt ein Gefüge heraus, das Versionen und Bildungsprinzip verbindet?

Das Maß, das sich aus der Spiraltendenz ergibt, macht die Logik eines Werkes oder eines Charakters zugänglich. Wie gesagt kam FREUD an Sinn und Stil von Verkehrungen heran, indem er sich auf ein Gespür für seelische Maße verließ. Dadurch konnte er Lücken, Störungen, Symptome in ihrer Funktion verständlich machen und die darin verborgene Gestalt aufdecken. Was als Zirkulation oder Spirale vertraut ist, läßt in Abwandlungen, Einschränkungen, Ausprägungen spezifische Konstellationsprobleme und Übergangstypen mit eigentümlicher Logik erkennen. Daß sie irgendwie einem Maß des Funktionierens zu entsprechen suchen, ist ein Ansatz, Stile zu analysieren.

zu Spirale

Kunst kann „Spirale" ausdrücklich zum Thema nehmen; an den Gestaltungsproblemen, die sich dabei beobachten lassen, können auch Züge der fundamentalen Spiraltendenz anschaulich werden. So ergibt sich aus der Beobachtung der Arbeit von B. Stirnberg an einer Spiral-Plastik ein Bild für Gestalt in Bewegung.

Es ging um die Gestaltung von Brunnen; eine Spirale legt sich auf das Bewegungsprinzip des Kreisens von Wasser fest — gegenüber den Bewegungsmöglichkeiten des Hochspritzens, des (linearen) Fließens und Überfließens oder des Einfriedens von Wasser. Die Variationen der Spirale, die Stirnberg entwickelte, deckten Chancen und Begrenzungen dieses Prinzips auf, seine Binnengliederung und seine funktionalen Verhältnisse.

Der Künstler entwickelt ein Prinzip, indem er seine Probleme und Möglichkeiten nach allen Seiten, bis ins Extreme aufbricht, und zwar durch ganz verschiedene Gegenstände „hindurch". Als ein Pol stellte sich

für die Spirale die Säule heraus — mit Zwischenräumen und Verrückungen von „Kern und Schale"; ein anderer Pol charakterisiert sich durch das Schwingungsprinzip der Spirale — was sie an Bewegungen, Ausschwingen, an Stauchen und Herausziehen aushält. Hier wird besonders das Rotieren, Hereinholen und Kippen-Können wichtig; dort das Schalenhafte und der sich windende Zwischenraum.

Die Schwingungsspirale bewegt sich zwischen Kugelung und Zentrierung—Dezentrierung. Stirnberg führt Modelle aus, bei denen ausufernde Bewegung und Zentrierung immer wieder zusammenfinden. Das Ausufern betont den Schwingungscharakter der Spirale, sein Wasserfluß wirkt wie „Wildwasser". Demgegenüber läßt die Säulengestalt das Wasser gleichmäßig von Stufe zu Stufe strömen oder von oben nach unten abfallen.

Die Spirale wird als Sache in Entwicklung erfahren, indem herausgerückt wird, was sie an Bewegungen aushält und welcher Gliederungen ihr In-Sich-Bewegt-Werden bedarf, wenn es nicht erstarren soll. Dabei können Gliedzüge, spielerisch-bewegt, in den Vordergrund gebracht werden oder ein Ganzes — etwa eine menschliche Figur — kann nach Art des Spiralprinzips „kanalisiert" werden. Die „Entwicklungsarbeit" des Bildhauers bringt Entwicklungen von Wirklichkeit zum Vorschein, indem sie sich auf Probleme und Regeln der Sache selbst einläßt.

Rekonstruktionsansatz: Film und Sexualität

Der methodische Austausch dient dazu, Beweise zu führen. Wir zerlegen Produktionen auf ihre Bedingungen und suchen ihr Zusammenwirken so zu rekonstruieren, daß verschiedenartige Zustände einer Sache hergestellt werden können. Der Austausch verschiedener Produktionen auf gemeinsame Bezugspunkte hin, der Austausch verschiedener Entwicklungszustände einer Produktion mit bestimmten Wirkungsfolgen, der Austausch durch Umkonstruktion, der Konstellationsprobleme zu anderen Lösungen und Einschränkungen bringt — das soll dazu beitragen, die Entwicklung einer Sache zu verstehen, indem wir sie zu entwickeln lernen.

Austausch beweist, indem Vorgänge und Werke durch Zergliederung den funktionalen Verhältnissen eines Ganzen eingefügt werden können. Die Spirale unseres Vorgehens deckt auf, was sich in Entwicklungen durchzusetzen sucht, was sie stört, was sie zusammenhält, was sie umgestalten kann. Der Austausch sucht die Versalität der Wirklichkeit in den Griff zu nehmen, ihre Verrückbarkeiten und ihre Unverrückbarkeiten, ihre Spiraltendenzen und ihre Modifikationen.

Dementsprechend ergeben sich spezifische Fragestellungen und Bearbeitungsformen, wenn man sich mit Themen wie Film oder Lektüre beschäftigt. Wie kommt es, daß wir „im Film" oder „am Lesen" bleiben? Film und Lektüre beleben Austauschprozesse in verschiedenen Richtungen — was hält Film und Lektüre zusammen? Daß sie sich nicht einfach in anderem, das in ihnen wirkt, auflösen, ist die Voraussetzung für die Entwicklung ihrer Kunst.

Wann bleiben wir „im Film", wann „an der Lektüre" — damit fragen wir nach den Lebensregeln von Produktionen, die wir leicht als selbstverständlich hinnehmen. Aber Nicht-mehr-Lesen und Aufgeben einer Filmverfassung weisen darauf hin, so selbstverständlich sei das nicht. Die Probleme werden besonders deutlich, wenn wir danach fragen, wie Film und Sexualität zusammenpassen und wann das auseinanderfällt, oder wenn wir fragen, unter welchen Umständen sich Lesen und Leben vertragen. Durch diesen Austausch erfahren wir nicht allein etwas über ein spezielles Problem; wir gewinnen vielmehr einen Zugang zu Entwicklungsprinzipien von Film und Lektüre, die Voraussetzung für Film und Literatur als Kunst sind.

Die Frage nach den Regeln, die uns wie selbstverständlich „im" Film bleiben lassen, ist eine psychologische Frage. Sie forscht nach dem Zusammenpassen oder Auseinanderfallen von Wirksamkeiten im Rahmen einer Film-Verfassung — speziell: wieso halten Film und Sexualität zusammen? Ein Austausch mit anderen Produktionsformen zeigt, daß es sich auch hier um Transfigurationen handelt, mit allen Kennzeichen von Metamorphose und Gestaltbrechung. Die sinnlichen Erfahrungen beim Ansehen von Filmen werden organisiert durch eine Komplexentwicklung; sie macht spürbar, daß das Verhältnis von Grundzügen der Wirklichkeit und die Entwicklung dieses Verhältnisses für unseren eigenen Lebenssinn bedeutsam ist.

„Sexualität" benennt ein Muster für Komplexentwicklungen. Das Filmerleben nutzt die Tendenz von Sexualität, sich bestimmten Formen von Praxis zu nähern und darin Umgestaltung und Erfüllung zu finden. Geht das jedoch direkt in Sexualpraxis über, wird die Filmverfassung zerstört. Film und Sexualität gehen nur solange zusammen, wie Annäherung (an

Sexualpraxis) in Auslegungen (von Sexualität) übergehen kann. Das kann einmal eine Auslegung von Wirklichkeit analog zu sexuellen Mustern sein; das kann aber auch Sexuelles durchlässig machen: es ist Ausdruck, Symbol für andere Wirklichkeiten. Das Kippen von Annäherung und Auslegung markiert Wendepunkte und Übergangsqualitäten in der Entwicklungsgeschichte von Film-Sexualität.

Das Konstellationsproblem von Annäherung und Auslegung trägt das Zusammenspiel von Film und Sexualität und ruft eine eigentümliche Dramatik hervor. Auf sie bezieht sich die Zuspitzung der Kunst: wir erfahren diese Dramatik und gewinnen damit einen Zugang zur Erfahrung, daß Wirklichkeit in Produktionen „als etwas" herausgebracht wird. Indem die Spannung von Annäherung und Auslegung expandiert, ohne zu Bruch zu gehen, erfahren wir Realität in Bewegung. Das ist ein Prinzip der Filme Bunuels: den Übergang von Annäherung und Auslegung ständig in Zirkulation zu halten und das in paradoxen Gestalten zuzuspitzen. Film-Kunst entwickelt sich hier unter der Bedingung, daß wir uns auf die bewegliche Einheit von Film und Sexualität einlassen.

Die Bewegung zwischen Annäherung und Auslegung erklärt das Paradox, daß Sexualität, die sich nach allen Seiten ausbreitet oder übergenau, mikroskopisch, über-realistisch wird, andere Seiten der Wirklichkeit und die Eigenart ganz anderer Dinge zu erschließen beginnt (Undergroundfilme). In dieser Spirale verdeutlichen sich sowohl Züge von Sexualität als auch Züge von Wirklichkeit überhaupt, die bei den groben Entschiedenheiten glatter Sexualpraxis verdeckt bleiben: Groteskes, Monströses, Unsagbares, Schleimiges, sich in Vernichtung oder in ganz anderes Umsetzendes. Angreifen und Zerstören entfalten sich dabei als unvermeidliche Tendenz der Wendungen von Gestaltbrechung. Demgegenüber wird bei den 8 mm - Pornos die Einheit Film und Sexualität aufgegeben, weil Ausbreiten und Vertiefen von Auslegung eingeschränkt werden.

Der Austausch von Entwicklungsformen zeigt, daß Sexualität im Film „als" Übergang versinnlicht und vergegenständlicht wird, mit ihren Entfaltungsmöglichkeiten, ihren Ausdrucks- und Konstellationsproblemen, ihren Umkehrbarkeiten und ihren Bedeutungskreisen. Sexualität kann nicht als „feste", entschiedene Einheit behandelt werden; sie ist kein „Stück" von Realität, sie setzt „das" Realitätsprinzip in Zweifel. Indem die Einheit von Film und Sexualität erhalten wird, kann die Kunstform durch ihre Expansion, ihr Durchlässigmachen, ihre Konstruktionserfahrung das „Sein" von Sexualität als Bewegung aufdecken — als Paradox, als Übergang, als geschichtlich zu Entwickelndes. Von da aus wird transparent, daß der Beliebigkeit zwar Grenzen gesetzt sind, daß Gestalten von Film und Sexualität aber auch Chancen haben, an Wirklichkeit in einer neuen Form heranzukommen.

Ergänzt wird die spezifische Form einer „Sexualisierung" im Film — zwischen Annäherung und Auslegung — durch zwei weitere Polaritäten: Absicherung und Veränderung, Vereindeutigung und Erweiterung. Die Ergänzungen machen darauf aufmerksam, daß die Wirkungseinheit „Film und Sexualität" mit anderen Wirkungseinheiten zusammenlebt. Hier gestaltet sich die Selbstzensur des seelischen Haushalts weiter, indem sie durch Veränderungstendenzen belastet wird, die der Einheit Film-Sexualität entstammen. Das ist ein Drehpunkt, an dem wiederum Kunst ansetzen kann. Das gleiche gilt von Vereindeutigung und Erweiterung: sie schaffen einen Ausgangspunkt für Kunst, indem sie Liebe als „eines" und Liebe in vielerlei Gestalt zur Schwebe bringen. Im Zusammenpassen von Film und Sexualität, in ihren Modifikationen und im Auseinanderfallen ihrer Einheit wird Entwicklung als Wirksamkeit erkennbar, die umbildet, auflöst, vermittelt und die auch in einer eigenen Gestalt faßbar wird. Im Rahmen solcher Entwicklungsprozesse — als Weitergestaltung und Umgestaltung — vollzieht sich der Austausch der „Sachen" und der Austausch unserer Methode.

Bewegungen zwischen „eindeutiger" Annäherung an Sexuelles und Auslegungen von Sexualität kristallisieren sich um kunstvoll aufgebrochene Bedeutungen von „Reiten" oder von „Außenseiter". Dadurch dreht sich das ganze jeweils in Richtung Herausforderung, „Aggression", „Leistung", Welt-Anschauung.

94

Darin und Darüberhinaus

In den Definitionen von Kunst begegnen uns immer wieder bestimmte Stichworte: Sinnliches, Nichtbegriffliches, Gefühl, Phantasie, Symbol, Form, Machen, Können, Subjektivität. Dagegen wendet sich unsere Auffassung: das sind vordergründige Kennzeichen — traditionell eingeschachtelt, Erlebnisse und Meinungen mischend, ohne Bezug auf Funktionieren. Demgegenüber kommt es darauf an herauszufinden, was beim Umgang mit Kunst „darin" und „dazwischen" wirkt. Für eine solche Meta-Psychologie lassen sich Aussagen über Kunst nur aus dem System von Transfigurationen ableiten, das Wirklichkeit herausbildet — aus dem Total einer „Seelenindustrie".

Kunst „vertritt" diese Transfiguration in besonderer Weise; sie bringt darüberhinaus die Mechanismen des ganzen zum Vorschein. Kunst ist begründet in einer Wirklichkeit, die durch Brechung, Dazwischen, Verrücken, Psychästhetik, Gestaltung und Umgestaltung gekennzeichnet ist, und sie ist zugleich ein Königsweg, die Eigenart von Transfigurationen zu erfassen. Am Leitfaden von Kunst ist es möglich, eine Kategorialanalyse einzuleiten, die die Stichworte der üblichen Definitionen aufbricht. Die Frage ist, ob Kunst damit nur Repräsentant für etwas anderes ist oder ob Kunst doch noch etwas „Besonderes" in dieser Übergangsstruktur darstellt.

Zunächst einmal müssen wir feststellen, daß die ungebrochenen Hinweise auf Sinnliches, Gefühl, Symbol, Gestalt — wenn sie stimmten — nicht allein auf Kunst, sondern auch auf Psychästhetik zuträfen. Das gleiche gilt auch für schön–häßlich, Zweckfreiheit, Spiel, Harmonie, Reichtum, Fülle — damit charakterisierten wir mehr die Kunst des Seelischen, die psychästhetische Wirklichkeit. Über Kunst, als besondere Lebensform, sagt das nicht viel. Wir stehen vor dem Paradox, daß Kunst allgemeine Grundzüge von Transfigurationen charakterisiert, aber nicht einfach damit zusammenfällt. Kunst wirkt „darin", und doch gibt es Kunst, die nicht darin, sondern „darüberhinaus" ist.

Unser Problem ist jetzt: wie wird die Kunst der Transfiguration in etwas anderem weitergebildet, wie kommt Kunst — in doppeltem Sinne — zum Leben, wodurch hebt sich etwas als „Kunst" besonders ab? Das läßt sich nicht durch Meinungsforschung klären, die Aussagen über Kunsterleben oder Feststellungen von Künstlern sammelt. Da Kunst nicht von der Kultivierungsmechanik zu trennen ist, die Wirklichkeit herauszubringen und zu gestalten sucht, können Meinungen allenfalls etwas über deren Wirkungseinheiten aussagen; bestimmte Aufgaben und Funktionen unserer Lebensformen werden hier mit „Kunst" zusammengebracht (Entspannung, Erfreuliches, Ideales).

Die Analyse der Konstruktion von Kunst charakterisiert und wertet zugleich. Das zeigt sich schon an den psychästhetischen Prinzipien. Sie stellen an Werke die Frage: werden Untrennbarkeiten spürbar, werden Zirkulationen eingeleitet, entwickeln sich Verwandlungssymbole? Hinter diese Seelen-Kunst können Kunstwerke nicht zurückfallen. Daher ist es nicht verwunderlich, daß die traditionelle Ästhetik, ohne es zu bemerken, psychästhetische Kennzeichen als Kriterien von Kunst nahm — lebendige Gestalt, Freiheit in der Erscheinung, Zweckmäßigkeit ohne Zweck, Einheit in der Vielheit. Das sind Versuche, die Chancen seelischer Entwicklung in ein Denkgerüst zu übersetzen; Ästhetik charakterisiert hier, welches „Können" in sinnlichen Ordnungen wirkt oder wie „gekonnte" Formen von Ausdrucksbildung aussehen.

Auch die Wissenschaft hat mit derartigen „ästhetischen" Entwicklungen zu tun. Passende Begriffe ergeben sich nicht durch die Mechanik einer sog. Induktion, sondern aus Gestaltungsprozessen (Auslese, Verrücken, Durchformen, Einfügen). Blick für Ansätze, Abstimmung im ganzen, „Retten" scheinbar sinnloser Qualitäten, Gespür für die Spielbreite des Gesagten, Herausforderung von Ergänzung und Gegenwirkung, Zirkulation, Umkehrung, Extremisierung, Unterscheidung von Wichtigem und Unwichtigem, Gliederung — das sind psychästhetische Tätigkeiten von Wissenschaft. Es trifft die Sache nicht, wenn der wissenschaftlichen Arbeit „an sich" auch eine ästhetische „Seite" zuerkannt wird. Dadurch überdeckt man nämlich, welche Rolle den Sinnen zukommt, den Analogien, den Sinnbildungen im Umgang mit Sprache, dem „Kramen" des Materials, dem Suchen nach „eleganten" Methoden und nach geeigneten Geschichten, dem Mitteilen- und Wirken-Müssen, der Sättigung wie der Erneuerung.

Kunst geht darüber hinaus. Um das genauer in den Griff zu kriegen, sollten wir vom Versalitätsproblem ausgehen und danach fragen, wieweit läßt sich auseinandernehmen, ausprobieren, hochspitzen, ineinanderbringen, was da an Spannungen und Chancen, an Ungeheurem und Unverrückbarem in Bewegung zu bringen ist. Damit hat Kunst zu tun: wieweit läßt sich das Problem treiben, welche Paradoxien sind noch zu „schaffen", was können wir noch zusammenhalten und ins Werk setzen, zu welcher Wucht, Dichte läßt sich Wirklichkeit bringen, was bringt uns die Grenzen von Verwandlung in den Blick, was nimmt den Übergang in Augenschein?

Beschreibung: Kunstmarkt Köln 1975

„Kunsthändler aller Länder" — beeindruckend, auf einem Haufen zu sehen, was sich sonst über Länder verteilt; daß es um Handel, Kaufen und Verkaufen geht, auch bei Kunst, wird eindringlich „visualisiert". Ebenso: es gibt Sachen, die „gehen" gut, bei anderen möchte man etwas in „Gang" bringen — Reklame, Aufmachung, „Sich-Verkaufen" erwachsen aus Kunst, können aber auch selbständig werden. Viele Möglichkeiten, Kunst zu gruppieren: mal einer ganz groß, mal eine Richtung, mal ein Querschnitt durch eine Epoche, mal etwas von allem.

Überwältigende Vielfalt — das Labyrinthische der Messe-Stände und Gänge ist ein Zeichen dafür; ein

Kunst-Häuschen neben dem anderen, Herumirren zwischen „Kapellchen", das ganze eine Art Kunstlandschaft. Man sollte den Ausstellungsplan, den Überblick über die Stände der Aussteller, einmal mit ihrem dominanten Angebot illustrieren. Wie das wohl aussähe, wenn sich das alles in kartographische „Symbole" für Richtungen übersetzen ließe. Und dann noch die Verteilung des „Interesses" der Besucher.

Das Überangebot fordert notwendig zu Wertungen auf: was man haben möchte, für „gekonnt" oder für nachempfunden/durchschnittlich/verschönernd hält. Wo kommt etwas raus? Was hat Wucht? Wo wird etwas anders gesehen, wo „berührt" etwas? Man findet Wünsche verständlich, jemand solle einem „undemokratisch" bei der Auslese helfen. Oder man hält sich an „Prinzipien": 90 % sind Mist; am schönsten sind die beweglichen Dinger, wo man etwas machen kann und sieht, wie etwas abläuft — zum Beispiel ein T. V. im Goldfischglas, oder „Seeluft", ein Meeresbild mit Tonband, Ventilator und getrocknetem Fisch.

„Die Dalis fand ich mickrig; hätte mehr erwartet". Einmal war Tür 1 : 1 abgemalt, das war schön; oder Bilder wie in der Sammlung Ludwig, die sehen aus wie Fotos, sind aber keine. Peinlich: Plakate von Staeck, einfallslos — genauso wie die einfachen Streifenbildchen für 6.000,— DM. Überlege, was Kunst ist — in Wohnung hängen? in Museum? Hätte gern im Zimmer so „op art" oder was Schönes: eine Landschaft, eine Frau oder einen Magritte. Wichtig ist, daß man das lange angucken kann; daß das nicht sofort vorbei ist, wie die Streifen-Bilder.

Offensichtlich müssen wir uns immer wieder neu an das heranarbeiten, was unter den „Kunst-Angeboten" für uns Kunst werden kann. Wenn man nicht auf Richtungen festgelegt ist, gerät man in Bewegung und ins Arbeiten: Anhalten, Auslesen, Einlassen, Eingehen, Feststellen, Verfolgen, Abwägen, Zumessen — das sind Prozesse, die Zeit brauchen und deren Qualifizierungen nicht zu umgehen sind. Hier finden sich analoge Organisationsprobleme wie bei Arbeitsleistungen unter Perfektions-Ansprüchen, bei Ausdrucksdrängen und Ausdrucksnöten. Die Frage nach Anhaltspunkten beim Umgang mit Kunst stellt sich auf einem Kunstmarkt besonders deutlich.

Beschreibungen bieten sich als „erste Hilfe"; daraus erwachsen Einordnungen: sind das Variationen eines von anderswoher bereits Bekannten? Verspieltheiten? Konstruktionen? Hat das etwas von Welt? Über-Wirkliches? Sind das Bedeutsamkeiten, in denen etwas zusammengebracht ist? Unsicherheiten? Steigerungen? Hat das ein Gesicht? Irgendwie zergliedert sich hier das sogenannte „Schöne": da spielt „mehr" mit — als Herausforderung, als Gestaltung von „Dazwischen", als Faßlichmachen von Ahnungen, als Ins-Bild-Rücken von Analogien und Beziehungen; ein „Mehr" auch an wie-von-selbst, statt „Gewolltem", Verkrampftem, Weithergeholtem, Abgemühe.

Doppelspirale

Kunstwerke und Umgang mit Kunst bewegen sich in einer Spirale nach zwei Richtungen zugleich. Sie vertiefen die Untrennbarkeiten, Fortsetzungen, Formulierungen und Verwandlungen der Psychästhetik,

und sie spitzen zugleich zu, was das Herausbilden von Wirklichkeit konstituiert. Kunst macht die fundamentalen Verhältnisse und die Vielfalt der Lebensmöglichkeiten von Transfiguration kenntlich; und zwar in einer Gestalt, die wir leben und ansehen können, die wir als Aufgabe wie als Können erfahren. Kunst „experimentiert" mit den Grenzen der Transfiguration, sie stellt sie fest, indem sie sie zu überschreiten sucht.

Die Doppelspirale belebt Psychästhetik und strapaziert sie zugleich; ihrerseits trägt die Wiederbelebung von Psychästhetik dazu bei, den „Gang" der Gestaltbrechung anzukurbeln. Das Erfahren von „Faktischem" kennzeichnet einen Drehpunkt in diesem Prozeß. Untersuchungen des Umgangs mit Fotos und der Erlebensverläufe von Filmen Bergmanns, Bunuels, Muehls, Polanskis zeigen, daß das Faktische nicht „einfach", „an sich", ohne weiteres da ist. „Faktisches" kann aufbrechen, wenn die üblichen Klassifikationen nicht mehr funktionieren, wenn Verspürtes und Verarbeitetes auseinandertreten, wenn man sich auf eine Wirklichkeit einläßt, die sich gar nicht sofort deuten läßt oder wenn man über das hinaus gerät, was man für wirklich-möglich hielt.

Langweilendes, Seltsames, Fremdes, Ekliges werden unter Umständen Zwischenpositionen, etwas zuzulassen, das „so und nicht anders ist", das rätselhaft, paradox, unaussagbar und unbeeinflußbar erscheint. Ausgerechnet das „Faktische" ist ein Drehpunkt; untrennbar sind hier Kontakt und Gegenüberstellung, Hinnehmen und Eingriff, Zurückhaltung und Aktivität verbunden. Im Faktischen wird Wirklichkeit provoziert — ein isoliert gestelltes Foto von „faktisch Gegebenem" schafft Rätsel; um es „life" zu verstehen, müssen wir es (wieder) in Bewegung, auf Vorher und Nachher bringen. Das „Faktische" tritt uns nur entgegen, indem wir ihm durch unsere Formulierung entgegenrücken; dazu müssen wir Tätigkeiten einklammern, versuchsweise modellieren, Ungeschlossenes akzeptieren und uns zugleich für etwas engagieren. Die Untersuchungen bestätigten PAWEKs These, das Faktische sei einerseits widersprüchlich und unerschöpflich, andererseits zeige sich hier das „Wesen" der Dinge; hier begründet sich, welche Bedeutung den Beschreibungen von Kunst und Wissenschaft zukommt.

Sobald wir das „Was" des Faktischen verspüren, ist es schon das für uns und von uns „als" faktisch Erarbeitete. Chancen des „Faktischen" liegen in seinem Appell: aushalten, was ist und wirkt, sich abgeben mit Betroffenwerden, sich auseinandersetzen mit Unaussagbarem und Unerschöpflichem. Die „unerschöpfliche" Faktizität läßt sich so lange in Bewegung halten, als wir nicht zu banalen und gemeinen Konsequenzen kommen müssen; andererseits können Lebens-Verhältnisse neu erfahren werden und unseren Erfahrungen Gestalt geben. Hier wendet sich die Spirale zugleich zur Psychästhetik wie zur Kunst; sie ist eine Spirale von Wiederherstellen und Etwas-Anstellen mit Psychästhetik.

Die Bewegungen und Übergänge „im" Faktischen ließen sich steigern oder mindern, je nachdem ob in unseren Untersuchungen ein Weiterführen-Müssen nahegelegt war oder nicht. Zugleich brach da eine Wirklichkeit auf mit Stimmenthaltung und eine Wirklichkeit entschiedener Gestalten. Ihre „Freiheit" und ihr „Zwang" legen sich gegenseitig aus; das spitzt sich im Kunstwerk eigentümlich zu im Gestalten von Wahrheit, die Wirkungen in der (materiellen) Wirklichkeit hervorruft — das ist mit „Gestaltung", „Brahman", „Morphe" gemeint (THIEME).

Variation: Absichten und Wirkungen Steinbergs

Absichten eines Künstlers können mit den Wirkungen seiner Werke in Einklang stehen; sie können natürlich auch davon abweichen. Absicht und Wirkung einander gegenüberzustellen, ist eine Variation, die „Eigenschaften" von Kunst in Bewegung zeigt. Sie macht Folgen und Modifikationen überschaubar und rückt unter Umständen nicht angemessene Auffassungen zurecht. Die Analyse von Absicht und Wirkung ist ein Zugang, Produktionsprozesse besser zu verstehen; dazu variieren wir Aussagen von S. Steinberg über das, was er „will", durch Beschreibungen und Interviews zu seinen Bildern.

In diesem Falle bestätigen die Befunde der Analyse die Vermutungen des Künstlers über die Eigenart seiner Arbeiten. Wenn man analysiert, was tatsächlich beim Umgang mit Steinberg vor sich geht, erkennt man Abwandlungen und Einübungen, die seine Absichten auslegen. Umgekehrt bestärkt uns der von Steinberg formulierte „Sinn" seiner Kunst darin, unsere „seltsamen" Erfahrungen zur Kenntnis zu nehmen und sie als Aussagen über Wirklichkeit zu akzeptieren. Die Absichten des Künstlers und das Zulassen auch zunächst verwirrender Erfahrung unterstützen sich gegenseitig; in Variation und Ergänzung fördern sie unser Vertrauen, daß die Zuspitzung von Kunst Wirklichkeit herausführt. Wirklichkeit wird transparent, indem die Kunst Steinbergs uns in eine gestörte und doch geformte, in eine rotierende und zugleich geordnete Welt hineinstellt.

Steinberg erläutert seine Absichten: eine Zeichnung kann zeigen, wie ein Mann von einer Technik zu einer anderen, von einer Bedeutung zu einer anderen übergeht. Eine andere Zeichnung stellt dar, wie ein Lebewesen, eine Katze, in Zahlen hineinrückt: das führt zu einer Zirkulation zwischen der „Illusion" einer Realität und einer „Abstraktion" — die abstrakte Zahl wird Realität, die Katze abstrakt, das Ganze wird plausibel und praktikabel. Steinberg gibt hier „Lektionen" über Wirklichkeit; er betont dabei vor allem, wie wir in das Getriebe von Übergangsstrukturen geraten — dem dienen seine Zwischenformen, Zirkulationen, Ersetzbarkeiten, seine Umdrehungen und Wendungen.

Die Variation der „Wirkungen" beim Umgang mit Steinbergs Bildern bestätigt zunächst einmal, daß Steinberg Lektionen über Transfigurationen gibt; sie zeigt ferner, wie die psychästhetische Logik von Wirklichkeit belebt wird. Darüberhinaus erweist sich Kunst als Zuspitzung der Spirale des Lebens und Erlebens von Wirklichkeit. Steinbergs Wirkungen beleben die Leitlinien psychästhetischer Logik, indem Einzelinhalte und Gesamtbedeutungen in neue und verwirrende Verhältnisse geraten. Sie machen erfahrbar, daß wir stets mit Umbildungen und Entwicklungen zu rechnen haben, die wiederum nicht zu trennen sind von Auslegungen, Doppelheiten, Zirkulationen, Gesamt-Konstellationen. Wirkungen Steinbergs verdeutlichen, daß Fortsetzungen unvermeidbar sind: was ist, kippt um in Seltsames, in Komisches, in neues Verstehen — auf dem Weg über Verwirrung, Versagen, Schwanken. Relativierbarkeit, Angewiesensein, Konsequenzen, Weiterführung erweisen sich als Grundzüge von Wirklichkeit.

In dieser Bewegung werden jedoch auch Ordnungen versinnlicht — Wiederkehrendes, „gleiches" in verschiedenen Versionen, System und Gestaltbildung. In welche Probleme auch immer Steinberg uns verwickelt, unverkennbar ist die „Macht" seiner Formulierungen; sie ergänzt sich mit unserem Leben in Symbolen. Steinberg zentriert die Vielfalt von Konstruktionen immer wieder im „Leib" von Symbolen, in Bilder, die anderes fassen können, auch wenn sie an anderer Stelle von anderen Bildern einverleibt werden. Wie ein Bild von Magritte umfaßt auch ein Bild von Steinberg, etwa „China landscape", eine ganze Konstellation von Problemen, Umkipptendenzen, Weiterentwicklungen, Bestimmungsdruck, Lösungsansätzen — und doch ist es eine „eigene" Realität.

Die Zuspitzung von Kunst kann ein paradoxer Umweg zur Wirklichkeit werden. Sie macht „nervös", sie verrückt „Gegebenheiten", sie exerziert Produktionen bis zum Extrem durch, sie löst feste Einstellungen auf. Das sind Variationen, die zu einem produktiven Verstehen von Wirklichkeit führen. Zunächst Verwirrendes und Störendes wird zu einem Drehpunkt, die bewegliche Ordnung von Wirklichkeit anders zu handhaben. Steinbergs Aussagen variieren diese Erfahrungen nochmals; sie sagen etwas über Züge aus, die das ins Werk setzen. Für Steinberg ist sein Werk ein „Rätsel" in Form von Zeichnungen: ihr Leser muß sich auf das Spiel einlassen, in dem sich Linien in Bedeutungen, Tinte in subtilsten Ausdruck verwandeln — was sich auch umgekehrt sagen läßt, weil ein „Indem" das ganze trägt. Hier wird die Konstruktion von Wirklichkeit zugespitzt und erfahrbar gemacht.

Für Steinberg steckt in Zeichnungen immer noch etwas anderes: wir begeben uns auf eine Reise „dazwischen". Die Sache bezieht uns in ihre Entwicklung ein — wir müssen uns von den Argumentationen und Bewegungen des Zeichnens tragen lassen. Indem wir zeichnend tätig werden, versuchen wir uns selber das Gesehene zu erklären; auch der Leser von Steinberg wird Zeichner — „also existiert Steinberg". So ist der Leser bei der Produktion dieser geschichtlichen Erfindungen immer schon einkalkuliert. In den eigentümlichen Ergänzungen tritt das Getriebe der Entwicklungsstruktur zutage, indem Kunst das Dazwischen durchlässiger macht, indem das Produzieren des Werkes zum Einverleibungsprozeß wird, indem sich eine Realitätsbewegung morpho-logisch klärt.

In der Zuspitzung der Kunst beginnt etwas zu expandieren, dessen Bedeutung dem Künstler selbst unbekannt sein kann. Die Konstruktion unserer Kultur stellt jedoch einen Fundus für den Umgang mit den sich bildenden Bedeutungen zur Verfügung, meint Steinberg. Die Expansion verschärft die Paradoxien der Wirklichkeit und wendet sich damit gegen Vorurteile und feste Klassifikationen („wer Flügel hat, sollte Eier legen"). Daß dabei eine eigene Logik spürbar wird, deutet Steinberg in der Formel an, er zeichne alles, was er kann, anderes nicht; der Leser lache, weil er sehe, daß man etwas sehr Schwieriges auf unkonventionelle Art verstehen kann.

Kunst ist eine Störungsform; daher will Steinberg „irritieren" und unser Auslegen in Bewegung bringen. Das ist etwas anderes als „Aufklärung". Die Störungsform ist noch etwas mehr: eine Zeichnung hat poetischen Charakter, sie bringt uns Meta-Physisches nahe, sie ist verdichtete Wirklichkeit. Das in seiner Arbeit ins Werk zu setzen, ist für Steinberg „Kirche und Büro" zugleich.

Zuspitzung

Bei der Untersuchung von Diskussionen über Filme oder Bilder zeigt sich, daß jede Art Erleben als „Kunst" zu rationalisieren ist. Das entspricht Beobachtungen, wenn „neue" Richtungen der Kunst angeboten werden oder wenn ganz allgemein „logisch" über Kunstdefinitionen verhandelt wird. Irgendwie läßt sich fast alles mit Kunst zusammenbringen; schon daher ist nicht zu hoffen, durch Meinungsumfragen bestimmen zu können, was Kunst ist.

Werke können in Richtung „Kunst" zurechtgerückt werden; das erklärt sich aus den Wirksamkeiten der Transfiguration. Man kann fast alles als Kunst verdächtigen und vertreten: Verrücken, Umgestaltung, Herausstellen, Komponieren, Zusammenschließen sind der Resonanzboden, der hier von „Kunst" sprechen läßt. „Kunst" wird zum Versatzstück für verschiedenartige Formen, Wirklichkeit zu erweitern — Schutz, Absicherung, Idealisierung, Vereinfachung, Veränderung, Umkrempeln des Vertrauten, Wiederfinden von Bewährtem, Ordnung. Eine psychologische Rekonstruktion von Kunst bringt solche Beliebigkeiten in ein System.

Die Entwicklung unserer Untersuchungen legt den Gedanken nahe, auch Kunst sei nur zu umgrenzen, indem sie als Paradox, als Doppeltes und Dreifaches charakterisiert wird. Darauf deutet bereits die Doppelspirale von Herstellen und Anstellen hin, das Wiedergewinnen von Psychästhetik und das Weiterführen in abgehobenen Kunst-Werken. Welche Paradoxien, welche Zweieinheiten und Dreieinigkeiten muß ein Werk in Gang setzen, um Kunst zu werden, das ist die Frage. Zur Antwort könnte gehören, daß wir beim Umgang mit Kunst etwas hinnehmen müssen und zugleich etwas daraus machen, oder daß wir in unruhige und rührende Bewegung kommen und dabei diese Bewegung in etwas oder als etwas „durchleuchten" sehen. Doch auch diese Feststellungen reichen noch nicht aus.

Was sich im Umgang mit Kunst abspielt, wird von unserer Entwicklungsstruktur in ganzer Breite getragen — Kunst macht überhaupt erst einmal sichtbar, wie so eine „Industrie" beschaffen ist. Kunst stellt diese Entwicklungsstruktur notwendig her; sonst kommt nichts in Gang. Sie stellt aber zugleich damit etwas an: ihr Werk spitzt die „Pyramide des Daseins"

Zuspitzen und Umbrechen lassen aus Strichtechniken Material werden, aus Material Formeln, aus Formeln „Gesichter"; durch Präzision wie durch Verwischen und Umfrisieren werden Kategorisierungen durch alle Einzelheiten hindurch spürbar gemacht.

in die Höhe. Das Zuspitzen von Transfiguration wird kenntlich als Anstoß, Herausforderung, Staunen, Überwältigung, Verrückt-Werden, Verströmen. In diesen Qualitäten steigert sich die Erfahrung von Dazwischen, Indem, Übergang, Verkehrung, von Versionen der Gestaltbrechung als Zusammenhang. Damit probiert Kunst aus, was Versalität aushält und wieweit sie es damit bringt.

Im Zuspitzen zur Kunst schwenkt die Spirale des Lebens in dieser Welt aus, und sie drängt zugleich auch immer wieder zusammen. Der „Inhalt" des seelischen Geschehens bildet sich in den Verwandlungen der Wirklichkeit — Kunst spitzt das zu, indem sie ausmißt, was es bedeutet, Wirklichkeiten tatsächlich zu leben, und indem sie an Werken material erfahrbar macht, welches Getriebe sich damit erschließt. Dadurch kommt es zu einer ganz eigentümlichen Position: die Zuspitzung der Kunst ermöglicht es, das Wirklichkeitsgetriebe zu problematisieren und zu verkörpern und zu verhandeln.

Als werde die Konstruktion von Wirklichkeit im Zustandekommen faßbar, so bezieht die Kunst uns ein in den Übergang von Konstruktion und Genese, von Leben und Dahinstellen, von Grundsätzlichem und Zufall, von Wirksamkeiten und Wirklichkeit. Im Umgang mit Kunstwerken werden wir in das Getriebe von Wirklichkeit gestellt, indem wir sowohl Sein als auch Schein, Ansicht und Wirken erfahren, indem wir Wesen und auch Werden sein können, indem wir vom Chaos zur Ordnung, von der Ordnung zum Chaos leben, indem wir als Ding und Nicht-Ding, als „dieses da" wie als „Mehr" und „Darüberhinaus" existieren.

Das Wirklichkeitsgetriebe kommt zustande aus Gegensätzen, in Doppeltem und Dreifachem — das wird verkörpert und in Entwicklung gesehen. Die Zuspitzung der Kunst führt in das Paradoxe dieser Wirklichkeitsgeschichte und kennzeichnet damit Grenzen und Spielbreite von Versalität. Dabei wird aber auch sichtbar, daß der Zugang von Kunst bezogen ist auf „dieses" geschichtliche und sinnliche Werk da und darauf, daß wir „zufällig" Zeit dafür aufbringen wollen.

Die Zuspitzung der Kunst ist eine paradoxe Angelegenheit; denn sie bringt Züge zusammen, die üblicherweise scharf voneinander getrennt werden. Der Umgang mit Kunst zeigt jedoch, was alles zueinander drängt. Daher kann das Getriebe, in das uns Kunst verwickelt, auch merkwürdige Zerlegungen der Spiraltendenz aushalten — als werde Wirklichkeit durch ein Prisma gesehen und als werde das vertraute Gefüge, Wirklichkeit zu behandeln, umgedreht. Daß die Kunst das Leben in dieser Welt zuspitzt, bringt uns ins Schwanken, festigt aber auch durch „ewige" Wiederkehr.

Daher hat die Zuspitzung der Kunst nicht allein den Charakter der Zerbrechlichkeit oder Fragilität (O. BECKER). Der Umgang mit Kunst zeigt Veränderung und Wiederkehr, Wiederfinden, Vertiefen; auch das gilt wieder für den Künstler wie für den, der an Kunstwerken etwas findet.

Paradox ist, daß die Zuspitzung von Kunst Versalität heraustreibt und zugleich wieder in „diesem" Werk bannt. Paradox ist die Wiederkehr von Gestaltbrechung, die durch die „Neubildungen" von Kunstwerken eingeleitet wird — als bestärke Wiederkehr das Neue. Paradox ist, daß Kunst die Übergänge von

Transformation als etwas gegenüberstellt und daß sie sich damit dieser Bewegung ausliefert, aber auch entfremden kann; Kunst ist Zuspitzung von Bewegung und zugleich Experimentieren mit dem Aufgeben von Bewegung. Sie spitzt Brechung zu, um sie herauszurücken; sie stoppt Entwicklungen, damit sich ein Gebilde, das Kunstwerk, bewegen kann. Sie belebt unsere Transfiguration und sieht sie gleichsam mit dem Blick des anderen oder im Bilde des anderen. Sie deckt ein Dazwischen auf und faßt es wieder in einer geschlossenen Gestalt. Kunst nimmt sich die Bewegung von Transfiguration zum Gegenstand; sie rückt die Entwicklung von Wirklichkeit in ein materiales Gebilde. Sie entrückt uns in das Getriebe von Wirklichkeit und bringt uns damit dem Leben zugleich näher und ferner.

Umbrechen

Das Zuspitzen der Spiralbewegung durch Kunst, das sich steigernde Ausschwenken und Einholen, verstärkt ein Umbrechen von Wirklichkeit — und zugleich auch die Gewalt von Entwicklungen, die alles in ihre Kreise einbeziehen. In beiden Richtungen gelangen Verrücken, Übertragung, Explikation an Grenzen des Unverrückbaren und an den Rand von Verkehrbarkeiten „ohne Rückkehr".

Das Wirklichkeitsgetriebe, das Kunst faßlich macht, gewinnt Konturen und Farben durch das Prisma eines Werkes. Indem das Werk die „alte" Welt auf seine Art umbricht, beginnt sich ein „Spektrum" grundlegender Brechungen wie eine umfassende Wirklichkeit abzu-

zeichnen. Indem wir die Grund-Farben und -Bewegungen des Spektrums, die Versionen der Gestaltbrechung, zu spüren bekommen, wird unsere Erfahrung, wie es in der Welt zugeht, aufgearbeitet. Welche Verhältnisse in Entwicklung sind, das wird durch das konkrete Werk in einer Folge prismatischer Drehungen und Wendungen vermittelt.

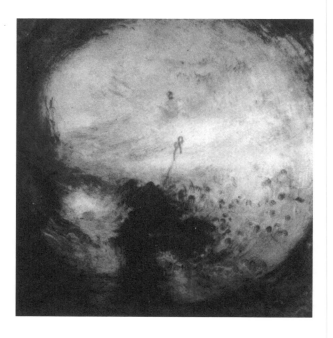

Im Umdrehen wird das Ganze wie ein Teil sichtbar, Bewegung wie ein Verhältnis, Wirksamkeiten als Gestalten; aus Geometrie wird Leben, Unsagbares fügt sich zur Ergänzung. Darin deckt Kunst auf, daß Wirklichkeit Entwicklung ist.

Ein Prisma ist ein Instrument, das die Umbruchprozesse voranbringt; es ist ein „Mittel", das Vorhandenes verrückt. Es legt ein Dazwischen frei, in dem zugleich fundamentale Verhältnisse und Steigerungsmöglichkeiten von Entwicklung zutage treten. Prismen brechen auf in Haupt- und Nebenbild; sie zeigen ein „Bild" zugleich in einem schrägen, anderen Anblick.

Wie ein Prisma bringt die Kunst Züge der Übergangsstruktur und ihre Psychästhetik heraus. Dabei kann sie noch einen anderen Mechnismus einsetzen, der Wirklichkeitsgeschichten aufbrechen hilft: sie dreht Übergangsstruktur um. Dadurch wird Transfiguration ins anschaulich Anwesende gerückt, das Ganze wird wie sonst ein Teil faßlich, Konstruktion als Geschichte, Geschichte in ihrer Konstruktion, Kunst wie Natur, Natur als Kunst. Das Umdrehen löst „feste" Erscheinungen auf und zeigt anderes darin als Mitbestimmendes, als Grenze, als Chance auf. Die Schräge, die wir praktizieren und „vergessen", um einheitlich handeln zu können, wird durch das Umdrehen in ihren Wirksamkeiten herausgerückt.

Das kann verschiedenes veranlassen: Einsicht in Wirklichkeitsgeschichten, Störungen, Ausufern. Besonders bei den Vostell- und Magritte-Bildern zeigte sich, daß Umbrechen Spannungen züchten kann; daß etwas in Bewegung gebracht wird, kann verströmen, ohne wieder in dieses Bild oder Gedicht einzumünden; daß Verhältnisse spürbar werden, kann sich lösen von den Bild-Bedeutungen — sie werden frei beweglich.

Offensichtlich drängt das Umbrechen zu Gegenbewegungen. Sie finden sich in der Entwicklung einer „Sache" oder eines Gebildes, eines „Charakters" oder eines „Problems". Damit wendet sich die Verfassung von Kunst gegen Umbrechen als Aufsplitterung. Das Aufsplittern kann nämlich dazu führen, daß Formalisierung oder Idealisierung in den Dienst anderer Wirkungseinheiten treten und damit die Entwicklung von Kunst umlenken. Die Verfassung Kunst sucht demgegenüber materiale Gestalten auszubilden, in denen sich Umbrechen und Entwicklungskreise auseinandersetzen können. Die Beschreibung der Auseinandersetzung legt wiederum eine Reihe paradoxer Formulierungen nahe.

Das Prisma bricht auf und rückt zugleich Grundzüge und Gemeinsamkeiten heraus; es weicht ab von all dem Konkreten unserer Lebenssituationen und kann ihren Charakter dennoch treffender begreifen lassen; Wirklichkeit zergliedert sich anders, als wir es wissen konnten — dennoch ist es das neu Herausgerückte, was wir der Wirklichkeit irgendwie immer schon „ansahen". Das Umdrehen läßt Zusammen- und Auseinander-Wirken bemerken, aber zugleich verspüren wir so etwas wie Notwendigkeiten, Ordnungen und Vereinheitlichungen darin. Umdrehen bringt uns Bindung und Destruktion, Konstruktion und Umkonstruktion nahe — das Schöpferische des „Stirb und Werde". Prisma und Umdrehen sind im Übergang zwischen Machen und Hinnehmen-Müssen. Sie spielen auf Kreise an, wenn sie in Doppelheiten auf Einheitliches, in Abweichungen auf Entwicklung, auf Spiralbewegung in Ausschwenken und Wiederkehr stoßen.

Die Kunst schafft eine Art Unschärfenzone. Das geht einmal auf die Spielbreite zurück, die durch Übergänge und Auseinandersetzungen notwendig entfaltet wird. Zum anderen hat das mit dem Kenntlich-Machen von Psychästhetik zu tun, Kunst rückt sie als Metasprache des Verstehens der Wirklichkeit heraus: ihre Gestalten bringen das Ineinander von Wirksamkeiten zugespitzter als sonst zur Geltung. Seine besondere Gestalt findet dieser Spielraum in Formen von Ironie, Tragikomik, Parodie oder durch Formen, die an Unsagbares, Unheimliches, Makabres oder an Nonsense angrenzen. Die Unschärfenzone ist eine Zone, in der sich Probleme anders, als zu berechnen ist, lösen; sie wird damit auch zu einer Krisenzone, die feste Gebilde ins Schwanken bringt. Diese Krise zu sichten, ist eine Tendenz des Kunstwerks.

Das erfolgt einmal durch eine Verfassung, die Kunst aufbaut und die durch eine Reihe von Konstruktionszügen gekennzeichnet ist; Züge wie Expansion, Durchlässigkeit, Konstruktionserfahrung sind Mittel von Zuspitzung und Umbrechen. Andererseits drängen diese Konstruktionszüge auf vereinheitlichende Gestalten — der Vereinheitlichung der Versionen von Gestaltbrechung in Entwicklungsgang und Bildungsprinzip entspricht eine Vereinheitlichung durch Werke als Entwicklungsgebilde, in denen Natur und Kunst ineinander übergehen.

Von da aus kann man die Verfassung von Kunst — das Indem ihrer Kennzüge — als ein Zwischenstück ansehen, das Zuspitzung und Umbrechen mit Entwicklungsgebilden und ihrer materialen Symbolik verbindet. Mit diesen Konstruktionszügen werden wir uns daher zunächst beschäftigen.

zu Umbrechen

a) Umdrehen:

— *Sinnliches ⋚ Sinn*
— *Wirksamkeiten ⋚ Ansicht*
— *Material ⋚ „Abstraktion"*
— *Strukturierung ⋚ Begebenheit und Formulierung*
— *Anschauung (theoria) ⋚ Methode*
— *Formen ⋚ Normen*
— *Ganzes ⋚ Teil*
— *Faktisches ⋚ Maß*
— *Unendliches ⋚ endlich*
— *„Subjektives" ⋚ „Objektives"*
— *Schräge (Dazwischen; Meta) ⋚ (als etwas) Sichtbares*
— *Verrücken ⋚ Doppelbild*
— *Erlebensfluß ⋚ Konstruktion*
— *Individuelles ⋚ System*
— *Übergang ⋚ Gebilde*
— *Transfigurationen ⋚ Material*
— *Paradoxes ⋚ entschiedene Gestalt*
— *Kunst ⋚ Natur*

b) Prismatik:

- *Anhaltspunkte* ⋛ *Übergang*
- *Betroffenheit* ⋛ *Abstand*
- *Unprägnantes* ⋛ *Geometrie, Zufall* ⋛ *Ordnung*
- *„Einheit"* ⋛ *Austausch*
- *Gegebenes* ⋛ *Ergänzungstendenz*
- *Realisierung* ⋛ *Auslegung*
- *Etwas* ⋛ *anderes*
- *„Vergessenes"* ⋛ *Herausrückendes*
- *Festes* ⋛ *Zustandekommen*
- *Wirklichkeit* ⋛ *Spiel von Wirksamkeit (Wirkungseinheit)*
- *„Motive"* ⋛ *Zusammenwirken (Ausdrucksbildungen)*
- *Ereignisse* ⋛ *„Überschüssiges", „Reales"* ⋛ *Surreales*
- *Konstruktionen* ⋛ *Geschichten*
- *Qualifizierungen* ⋛ *Recheneinheiten („Größen")*
- *Lebenswelt* ⋛ *Ausdruckswelt*
- *Erfahrens-Prozesse* ⋛ *Darstellung*
- *Verkehrung* ⋛ *Ironie, Tragikomik*

Konstruktionserfahrung

In Zuspitzungen und Umbrechen macht Kunst die Mechanik der Metamorphosen und das Entwicklungsgesetz der Gestaltbrechung bemerkbar; dadurch werden Eingriff und Behandeln erleichtert. Diese Vermittlung von Kunst stützt sich auf eine Reihe von Kennzeichen oder Ansatzpunkten. Sie umzirkeln die Spielregeln von Entwicklungsformen, die Chancen und Grenzen von kunstvollen Vermittlungen. Kennzeichen besagt: indem diese Züge realisiert werden, ist Kunst wirksam — wenn das zusammenwirkt, können sich Kunstwerke bilden. Die Kennzeichen von Kunst — als Kunst trotz „Kunst und Leben" — heben eigentümliche Verfassungen aus dem Spielfeld von Wirkungseinheiten heraus. Alle Kennzeichen wirken darin zusammen; einzeln können sie auch in anderen Zusammenhängen auftreten. Zentriert sind die Spielregeln in Werken, mit denen wir umgehen können; sie haben mit der Entwicklung unserer Wirklichkeit zu tun.

Kunst spitzt Transfiguration zu, indem sie Konstruktionserfahrung, Durchlässigkeit, Expansion, Realitätsbewegung, Entwicklung von Störungsformen, Inkarnation als Ansatzpunkte ausbildet. Diese „Eigenschaften" des Kunst-Werks vermitteln eine Ansicht von Wirklichkeit, die den Übergang widersprüchlicher Wirksamkeiten ineinander erlebbar macht und Gestalten paradoxer Verwandlung als Sinngebilde herausrückt.

Verwandlungen vollziehen sich in Übergängen und Brechungen. Aber das ist noch nicht Erfahrbar-Machen dieser Konstruktion; daher sind Abwandlungen, Reihen, Steigerungen, Kreise auch nicht so einfach herauszustellen. Kunst kennzeichnet sich demgegenüber als Erfahrbar-Machen von Wirklichkeits-Konstruktion. Sie läßt Morphologie und Entwicklung dieser Konstruktion bemerken: sie bewegt sich und sie kann „angehalten" werden, sie hat mit „Problemen" und „Lösungen" zu tun, sie erweist sich im Zulassen und Nicht-Zulassen. Kunstwerke eröffnen

Entsprechungen, Variationen, Übergänge, Umbrüche, Paradoxien von Natur und Kunst werden als Konstruktion eigens erfahrbar. Dadurch treten neue Einheiten, unvertraute Kategorien und Prozesse in den Vordergrund; Beziehungen und Verhältnisse übergreifen sonst getrennte Einzelheiten.

solche Erfahrungen, auch wenn nicht bei jedem Umgang mit Kunstwerken ihre Chancen wahrgenommen werden. Es kommt nicht auf das „Erleben" einzelner Betrachter oder Leser an, sondern auf die Chancen für Entwicklungen, die sich beim Umgang mit Kunstwerken ergeben, wenn man sich auf sie einläßt.

Wirkungseinheiten werden erfahrbar als Entfaltung von Bedeutungen, Gegenstände ausgelegt durch Behandlung; Kunst rückt „Gestelltes" heraus, und dabei spüren wir, wie die Schräge von Wirklichkeiten als wesentlich in den Blick kommt. Zugleich bewegt sich Wirklichkeit, und Übergänge werden transparent: vom Klang zu Sinnverhältnissen, von Lebenswelten zu „zufälligen" Strichen, die Charakteristisches aufzeigen; Fremdes wird zu eigen, Fiktives entdeckt Wirklichkeiten, Wahrheit erscheint als „geworden".

Durch Konstruktionserfahrung wird Wirklichkeit zugänglich: als herausgestaltet in paradoxen und daher aufgebrochenen Produktionen — gegeben und gemacht, Natur und Kunst, genommen und gelassen. Wir leben Wirklichkeiten und stellen das in einem Gegenstand dar; wir verspüren in diesem konkreten Werk da etwas von den fundamentalen Verhältnissen, in denen sich Wirklichkeiten entwickeln. Kunst ist Sache und Methode in einem. Ihre Konstruktionserfahrung gleicht der Entwicklung einer vermittelnden Zwischenwelt durch die Wissenschaft (Gegenstandsbildung). Aber indem Kunst die Arbeiten der Wirklichkeit in ein (neues) Ding faßt, werden die Untrennbarkeiten von Wirklichkeit und Wirksamkeit, von Werk und Produktion unmittelbar verspürt, ebenso die Zirkulation von Gestaltung und Umgestaltung, von vertraut und unvertraut. Betroffensein, Selbsterfahrung, Überwältigung oder „Freiheitsbewußtsein" sind Folgen solcher Wahrnehmungen.

Kunst schafft damit Voraussetzungen, die bewegliche Konstruktion von Transfigurationen als etwas in etwas zu bemerken; Ordnung allein reiche nicht aus, um Kunst zu kennzeichnen. Konstruktionserfahrung drängt die Produktionsprozesse zu neuen Abstimmungen, Betonungen und Gefügen. Kunst wird durch solche Erfahrungen von Wirklichkeit „bemerkenswert" und wirksam.

Durchlässigkeit

Das Prinzip der Gestaltbrechung deckt auf, daß sich seelische Wirksamkeiten gegenseitig ergänzen, erweitern, entfalten. Diese Regel gilt auch für die Kennzeichen seelischer Verfassungen — ein einzelner Zug allein, etwa die Konstruktionserfahrung, kann Kunst daher auch nicht definieren. Am Beispiel von Konstruktionserfahrung sieht das so aus: die Konstruktionserfahrung gewinnt „destruktive" Züge, indem sie den Glauben an eine „natürliche", selbstverständliche, „feste" Realität ins Schwanken bringt. Dennoch verlieren wir nicht das Gespür für Zusammenhänge. Daß Konstruktion auch etwas phantastisch Verbindendes ist, bestärkt das Moment der Durchlässigkeit.

Kunst macht durchlässig, wie sich in Verwandlungen Sinn ergibt, und ergänzt damit jede Konstruktionserfahrung. Durchlässigkeit bedeutet: alles, was sichtbar wird, dient Verwandlungen und gewinnt in der Verwandlung in andere Wirklichkeiten Sinn; was sichtbar wird, ist aber auch immer schon etwas, auf das anderes zugeht. Der Satz „denn was innen, das ist außen" spricht die Durchlässigkeit aus; sie macht Verwandlung sichtbar — als vereinheitlichendes Prinzip von Transfigurationen. In der Durchlässigkeit, die Kunst entdeckt, werden die Doppelheiten und Entwicklungen der Transfiguration zugespitzt. Sie werden sichtbar nicht allein als notwendige Ergänzung und Folge, sondern als Indem, Dazwischen, Verrücken, als Entwicklung in sich bei allem, was zum Ausdruck kommt und Sinnzusammenhänge ausbildet.

Wir verstehen, indem etwas in anderem ausgelegt wird; dadurch wird etwas verrückt und real faßbar. Die „Verdichtung" der Psychästhetik läßt Entwicklung in verschiedene Richtungen laufen — Kunstwerke machen das durchlässig als Schicksal von Versalität in „äußeren" Schicksalen, als „Übersinnliches" in Sinnlichem, als Wirksamkeit in Wirklichkeiten. Einerseits wird dem sinnlich Gegebenen ein eigenes Recht zugebilligt, nach dem es antritt — andererseits wird das durchlässig für die Bewegung anderer Gestalten. Transfiguration zeigt sich darin, daß das hier und jetzt strukturierte Universum eines Werkes „sein" Gesetz gegen die Auflösung von Konstruktionserfahrung behauptet und doch anderes durch-gestalten und durch-leuchten läßt.

In vielfältigen „Sorten" tritt uns Durchlässigkeit entgegen: als Bau-Werk, als „Weltbewegung" in Dingen, Menschen, Landschaft, Wetter — als Umkehrbarkeit und Ineinander von repräsentativen Konstruktionen —; als Durchscheinend-Machen äußerer Bekleidung.

Es genügt nicht, an einer Stelle des Kunstwerks zu sagen, was das ganze soll — das Sollen oder Wollen muß in anderem seinen Durchlaß finden. „Mimesis" meint, daß Gegebenheiten durchlässig werden für Strukturen umfassender Wirksamkeiten. Die gegenständlich abgehobenen Gestalten werden durch andere Gestalten mitbestimmt; ihres Ausdrucks bedürfen aber auch wiederum die anderen Gestalten, um existieren zu können. Kunst stellt das im Symbol — als Symbol — heraus. Indem Wirklichkeit durchlässig wird, wird es möglich, Wirklichkeiten so zu erfahren, als seien sie von einem anderen her gesehen, befragt, bezweifelt, bestärkt. Daher läßt sich die unbemerkte Gestalt der Geschichten, die wir machen und erzählen, oder die Gestalt der Welt, wie wir sie uns zurechtlegen, im Durchlässig-Werden aufbrechen.

An diesem Punkt ergänzen sich Konstruktionserfahrung und Durchlässigkeit. Sie bieten Chancen, Konstellationen anders zu behandeln; sie stellen fundamentale Verhältnisse heraus; sie beziehen sich auf Entwicklung in sich; sie arbeiten der Gesamtverfassung von Kunst, ihrem Zuspitzen und Umdrehen, in die Hand. Andererseits können sich die beiden Konstruktionszüge auseinandersetzen ιm Gegenlauf von Ganzheit und Gliedzügen eines Kunstwerks oder im Gegeneinander von spezieller Ansicht und allgemeinen Gestaltungsgesetzen. Auch dadurch können geschichtlich fest gewordene Typen des Umgangs mit Wirklichkeit im Umgang mit Kunst wieder in Bewegung kommen.

Kunst macht Dinge, Menschen, Tätigkeiten, Welten füreinander durchlässig. Dadurch bleiben Gestaltung und Umgestaltung in Gang; in Entfaltung und

Umkehrung, in Steigerung und Umbildung vertieft sich unser Leben in dieser Wirklichkeit. Besonders die Gefüge von Kunstwerken, als Zwischenschritte und Vermittlungen zwischen Ganzem und Gliedzügen, können sich auf das Durchlässigwerden stützen. Aber stets ist es ein sinnlich so und nicht anders gestalteter „Durchblick", auf den wir uns einlassen müssen, um in Entwicklung zu geraten. Wieder deutet sich an, daß Kunst nur in „Übersetzung" gemeine Behandlung werden kann.

Durchlässigkeit zentriert sich in der Produktion einer spezifischen Welt des Kunstwerkes — als sei das Natur und als wüßten wir etwas über ihre Prinzipien. Dem sehen wir eine eigentümliche Kontinuität an; sie wird paradoxerweise getragen von den verschiedenen Qualitäten der Gestaltbrechung, die einander — wie in einem didaktischen Prozeß — Sinn und Belebung abgewinnen. Das ganze läßt sich auch einem Kreis vergleichen, in dem eine beglaubigte Erfahrung von etwas und Typisierungen von Wirklichkeit sich gegenseitig voranbewegen.

Expansion

Konstruktionserfahrung und Durchlässigkeit werden herausgefordert und unterstützt durch einen weiteren Anhaltspunkt der Vermittlung von Kunst: Expansion. In Expansionsprozessen werden Spannungsfelder und Strukturierungsprozesse von Wirklichkeit in die Breite und Tiefe ausgestaltet, über das vertraute Maß alltäglicher Geschichten hinaus. Extremisierung, Verstärkung, Überdehnung, Übersteigerung — ins Maximale wie ins Minimale — drängen zu neuen Konstruktionen.

Expansion erprobt Konsequenzen, Notwendigkeiten, Möglichkeiten und Begrenzungen von Wirklichkeiten und Wirksamkeiten. Kunst trainiert Wirkungsfolgen ein in Modifikationen, Erweiterungen, Abweichungen und leitet dadurch an, Verdichtungen und Entfaltungen, „Verdickungen" und „Verdünnungen", Beweglichkeiten und Unbeweglichkeiten des Geschehens stärker zu beachten. In solchen Expansionen bilden sich quasi-experimentelle Lebensformen aus, in denen sich Seelisches entwickelt, in denen es zu sich kommt und in denen seelisches Sich-Verstehen vertieft und bereichert wird.

Die psychologische Analyse von Kunst ist ein Zugang, an das Treiben heranzukommen, das durch das Versalitätsproblem motiviert und seinen Brechungen gemäß inszeniert wird. Traum und Träumerei erscheinen als Fragmente, in denen die Expansionsbewegungen der Kunst vorformuliert oder auch unausdrücklich nachgeahmt werden. Sie explizieren Betroffenheiten und Geheimnisse durch Verrücken, Komprimieren, Ausspannen, Rotieren, Ausweiten; dadurch entwickeln sich Erfahrungen von befremdlichen Kompositionen eins mit dem Wahrnehmen bisher übersehener Wirksamkeiten. Die „Drehtür" von Entschiedenheit und Geheimnis beginnt sich zu bewegen. Paradoxerweise beleben sich zugleich extreme Übersteigerungen und das Versalitätsproblem im ganzen — das ist ein besonders „gefühlsträchtiges" und bedeutungsreiches Widerfahrnis, das uns mitnimmt und nicht losläßt („Erleben").

Die Expansion der Kunst gleicht dem und ist doch anders. Auch Kunstwerke können Umsatz, Rotation, Auslegung – und damit „Verdrängtes" – beleben. Bei Kunstwerken sind jedoch die Expansionsprozesse durchlässig: Ausprobieren, Dehnen, Stauchen, Extremisieren werden wahrnehmbar. Daher unterscheidet sich die künstlerische Gestaltung von den Träumen und Traumübersetzungen: Vertiefung und Erweiterung vollziehen sich in einem in sich gestalteten Durchgang durch die Welt eines Kunstwerkes.

Expansion wird sichtbar in der Steigerung von Ordnungsmustern wie in der explosiven Dynamik, die „Expression" und „Konstruktion" verbindet. Sie zeigt sich in Reihenbildungen, die Wirklichkeit gleichsam in ihren Brechungen abrollen lassen und an die Nähe und Ferne von Extremen heranführen.

Die Welt des Kunstwerks, eine transparent gemachte Natur, tastet wie eine bewegliche Gestalt unsere Lebenswirklichkeiten ab; und sie tastet dabei das für wirklich und wahr Gehaltene an. Der Umgang mit Kunstwerken vollzieht sich in der Gestalt eines Spiels mit den Versionen der Gestaltbrechung, das darauf zielt, die Spannweite von Wirklichkeit zu erfahren. Darin sind das andere und die anderen notwendig einbezogen; auch sie haben mit der Spannung zwischen lebensfähigen Gestalten auf Zeit und der unendlichen Aufgabe des Versalitätsproblems zu tun. In den universalen Geschichten der Verwandlung von Welt und in Welt treffen sich Expansion und Durchlässigkeit.

In Zerdehnen, Stauchen, Verweilen, in Umkehr und Schweifen lebt sich die Expansion aus. Sie belebt dadurch neue Formen, Wirklichkeit auszuhalten und zu gestalten. Dadurch ruft sie aber auch immer wieder Gegenbewegungen auf, die sich der Zerdehnung und Übersteigerung widersetzen: eine Gestalten zusammenhaltende Realitätsbewegung wirkt der Spannungserweiterung entgegen. Was die Expansion zur Sprache bringt, diskutiert und herausstellt, kann die Realitäten unseres Handelns auflösen.

Daher kommt es notwendig zu Auseinandersetzungen zwischen Expansion und Realitätsbewegung oder auch zu Kompromißformen, die eine Scheinspannung aufbauen, um den Leiden der Spannungserweiterung zu entgehen. Durch Betriebsamkeit, Kreiseln, So-Tun-als-ob, „Progressivität" kann man versuchen, sich der Arbeit zu entziehen, die mit dem Erproben von Konsequenzen, Extremen, Neuentwürfen verbunden ist.

Den Strukturierungsprozessen von Werken kommen Eigenschaften zu, wie Entfaltung eines Prinzips, Entfaltung von Entsprechungen und Verzweigungen, Gegenlauf von Ganzheit und Gliedzügen. Die Strukturierungsmomente spitzen sich paradoxerweise zu, indem sie befrachtet werden: durch Zerdehnung und Verrücken ihrer Gestaltungen und Umgestaltungen, ihrer Chancen und Begrenzungen. Hier treten Beziehungen zwischen Kunst und Karikatur zutage.

Kunst entgrenzt und begrenzt, indem sie auf die immanenten Probleme von Wirklichkeitskonstruktionen eingeht; sie bewegt uns, weil sie im „Ausspannen" von Ordnungen neue, andere, verborgene Ordnungen ahnen läßt. Dazu überfrachtet sie Erfahrungen mit Zufall, Beliebigkeit, Zwang, Notwendigkeit, mit Drin-Sein und Herausfallen, mit Abgrenzung und Zulassen-Können (CHVATIK, SONTAG). Daher spielen Umbrechen, Umkippen, „Wahnsinn", Ironie, Tragikomik so wichtige Rollen in den Dramen der Kunst – angestachelt im Verspüren von Unfaßlichem, Unbegreiflichem, Endlosem.

Realitätsbewegung

Bewegung in Spannungsfeldern und Expansion von Konstruktionsmöglichkeiten halten Kunst in Gang. Das grenzt sie ab von allen möglichen „Entlarvungen", die die Vielfalt von Wirklichkeit auf „Macht", „Sexualität", „Neid" reduzieren. Auf diesem Hintergrund wird das Wiederaufleben-Können von Kunstwerken in verschiedenen Situationen und Zeiten ein Beurteilungskriterium ihrer Leistung. Denn damit liefern sie sich der Gestaltung und Umgestaltung aus und lassen sich befragen: was halten sie aus, welche Erfahrungen hier und jetzt sind in „ihr" Spannungssystem transponierbar, welchen „Wechsel-Kurs" und welche Rotationsmöglichkeiten bieten sie für unsere Probleme an, welchen Brechungen wenden sie sich zu — das sind Fragen nach „Angewandter Kunst".

Damit wird auch wieder der Gegenzug zur Expansion angesprochen, die Realitätsbewegung. Es ist paradox: Kunst kann ihre Expansion nur leben, indem sie die Bewegung der Wirklichkeit im ganzen und damit auch das sich nicht als Kunst Abhebende aufgreift; so wie auch der Traum nur existieren kann, weil es den Tag und seine Probleme gibt (Indem). Voraussetzung für das Leben von Kunstwerken ist ihr Weiterleben in anderem, ihr Umsatz mit Nicht-Kunst, ihr Gleichnischarakter für etwas.

Der Zusammenhang von Kunst mit der Bewegung umfassender Wirkungseinheiten wird bei psychologischen Untersuchungen besonders deutlich, wenn man „Kunstgefühl" oder „Kunsterleben" erforscht: es gibt kein reines, isolierbares oder autonomes Kunstgefühl. Was als Kunst angesehen wird, entwickelt sich im Zusammenhang mit der Entfaltung übergreifender Wirkungseinheiten. Deren System, seine Probleme, Übergänge und Entschiedenheiten motivieren „Kunsterleben": ganz unterschiedliche Wirkungseinheiten können durch „Kunsterleben" abgesichert, neutralisiert, entlastet, bewegt und verfestigt werden. Wiederum kann man sich nicht an Meinungen über „Erleben" halten, sondern nur an eine Konstruktionsanalyse, die herausstellt, womit Erlebensqualitäten zusammenhängen.

Die Beobachtungen zeigen, daß Kunst Realität bewegen muß, wenn sie zur Geltung kommen will. Kunst entwickelt sich, indem sie sich mit Realitäten auseinandersetzt und indem sie Auseinandersetzungen mit der Realität aushält, indem sie Realisierungen ergänzt und wiederaufgreifbar macht. Kunst ist auch deshalb Realitätsbewegung, weil sie Zugangsmöglichkeiten und Veränderungen von Wirklichkeit um Werk-Gestalten als „Realitäten" formiert. Die zeitlich ausgedehnten Prozesse des Kunst-Gewinnens qualifizieren sich in diesem Sinne als Festhalten, als Wegschieben, als Probieren, als Beweglichwerden, als Wiederherstellung, als Umbrechen von Wirklichkeit. Realitätsbewegung besagt, daß Kunst unsere Wirklichkeiten in Bewegung setzt und daß sie in die Strukturierung und Entwicklung von Wirklichkeit einbezogen wird.

Die Gestaltungen der Kunst treten selbst als Realitäten auf, die sich und anderes bewegen. Gerade diese Produktion einer Realität aus Natur und Kunst wirkt den Extremisierungstendenzen der Expansion entgegen; das Verlagern, Vergrößern, Verkleinern geht nicht ins Endlose, sondern begrenzt sich dem Werk gemäß, das seine Geschichte leben will. Damit treten eigene Konstruktionsprobleme auf, die mit der Bewegung von Wirklichkeit durch die Kunst und mit der Bewegung einer Kunst-Wirklichkeit zu tun haben.

In der Bewegung einer gestalteten Realität setzt Kunst Transfigurationen ins Leben, die Anstoß erregen und Anstoß geben. Wie uns ein unübersetzter Traum als fremde und andere Literatur gegenüberstehen kann, der erst in Bewegung und Entfaltung das

Kunstwerke bilden Realität durch ihre Bewegung heraus — sie machen in ihrer eigenen Realität spürbar, was uns als Wirklichkeit und Wirksamkeit bewegt. Durch das Rot und Weiß des Kinderbildes wird Leben in Farben bewegt; der Kampf zergliedert sich in Eindringen, Niederwerfen, Sich-Wehren, in Hell-Dunkel-Grau. Von da aus sehen wir Landschaften ihre Entfaltungsmöglichkeiten an; wir verwickeln uns aber auch in die „Folgen" von Realitätsbewegungen.

Eigene und Weiterführende entdecken läßt, so kann auch ein Kunstwerk erst im Umgang zu einer Erfahrung von Gestaltung und Umgestaltung werden. Dann kann sich unter Umständen die Erfahrung ausbreiten, daß Veränderung nicht bedrohlich sein muß, sondern Möglichkeiten des anderen anzubieten hat. An Betroffenheit, Staunen, Fasziniertsein, Überwältigtwerden, Gebanntsein wird Realitätsbewegung greifbar. Sie wird aufgerufen durch die Macht des Gestalteten, der Fiktion und Vision, durch das „Mehr" und das Gekonnte, das So-und-nicht-anders. Indem sich Realität bewegt in Auslegung, Auseinandersetzung, im Vertraut- und Fremd-Werden, in Nachgeschmack, in Anklingen und Ausspinnen, kann Kunst wirksam werden.

Durch die Realitätsbewegung ist Kunst von vornherein „gesellschaftlich" und „kulturell" wirksam, ohne daß damit eine gesellschaftliche Rede über Kunst an die Stelle von Kunst tritt. Infolge ihrer Realitätsbewegung belebt Kunst seelische Entwicklungsprozesse auch da, wo man seine Betroffenheit nicht einem „Kunsterleben" zuschreibt; Kunst kann wirksam werden, ohne daß wir bewußt auf einen Kunstanspruch rekurrieren. Kunstvolle Realitätsbewegung kann in einem „Umsehen" von Wirklichkeiten zum Ausdruck kommen, indem wir irgendwelche Dinge und Vorgänge zu einem „Kunstobjekt" erheben — weil wir „solche" Konstruktionsbewegungen eintrainiert haben. Daran kann man sich allerdings auch wieder klarmachen, daß Realitätsbewegung nur ein Kennzeichen von Kunst ist; zur Kunst gehört mehr als dieses eine Kennzeichen, das auch in anderen Wirkungseinheiten zum Zuge kommen kann.

Als bewegende Realität tritt uns ein sinnlich faßbares „Individuum" in der spezifischen Gestalt des Kunstwerks entgegen. Die Realitätsbewegung durch ein solches Individuum birgt immer einen Keim von Empörung gegen „die" Wirklichkeit und ihre kollektiven Strukturen, wenn man Wirklichkeit nicht von vornherein unter dem Gesichtspunkt von Gestaltung und Umgestaltung sieht. Das kann die Kunst in einen Konflikt mit den Ansprüchen von Religionen bringen, die keine fremden Götter dulden wollen: „und das Elende von der Welt, und das Verachtete hat Gott erwählt, und das da nichts ist, daß er zunichte mache, was etwas ist: Auf daß sich vor ihm kein Fleisch rühme" (Paulus, Korinther 1.1). In diesem Sinne erweist sich Kunst als eine Störungsform.

Störungsform

Wenn wir die Geschichte von Realitätsbewegungen beobachten, zeigt sich, wie seelische Tendenzen sich gemäß den Angeboten „hoher Kunst" versinnlichen, beleben und verfestigen können. Kunst wird alltäglich, sie stirbt, indem sie sich durchsetzt — daß sie Kitsch werden kann, ist ein paradoxes Zeichen ihres Sieges: Jugendstil im Werbespot, auf der Verpackung für Zahnpasta oder Margarine, im „progressiven" Text. Literatur, die einst störte, wird unter Umständen Klischee für Aktivitäten, die auf Kunst verzichten wollen. Erst in neuen Verfremdungen und Störungen — wie der Camp-Bewegung, die das Artistische als Gegenzug mobilisieren will, oder in De-collagen, die die Werbeflächen zugunsten einer anderen Ordnung zerstören — gerät dann wieder Realität in Bewegung, bestätigt sich etwas wie „bewegende" Schönheit.

Kunst hat mit Störung zu tun; zugleich wird Störung aber hier auch geformt. Der Anhaltspunkt Störungsform faßt das zusammen. Auf Störungsform weist hin, daß wir uns auf komplette Formen und zugleich auf Dehnung, Extremisierung, Störung beziehen, wenn es sich um Kunst handelt — daß Kunst im Schönen das Häßliche, im Häßlichen das Schöne zu bewegen beginnt — daß Strukturierung und Verfehlen zusammengehen — daß Kunst Geschehen belebt in einem permanenten Übergang, in stets fragmentarischen und dennoch notwendigen Zweieinheiten. Die Störung des Alltäglichen macht einsichtig, wieso Kunst nicht in Direkt-Handeln, in Handhabung und Handgreiflichkeiten aufgehen kann; sie läuft nicht einfach in der Drehtür des Handelns und seiner Geheimnisse, sondern dreht an diesem Mechanismus.

Störungsform ist eine paradoxe Kennzeichnung: die gewordenen Lebensformen funktionieren nicht mehr selbstverständlich und störungsfrei, wenn sich Kunst auszubreiten beginnt. Zugleich erwächst aus der Störung notwendig Form — Kunst entwirft gleich-

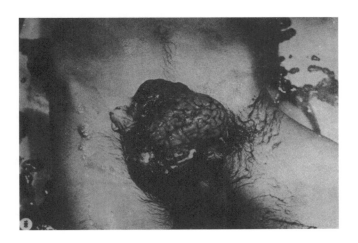

Von der Provokation zur Störungsform — in mehrfachem Sinne — spannt sich ein Bogen, der durch Entwicklungsmöglichkeiten gegliedert wird: bei REMBRANDT wird Häßliches „beschaubar", indem wir die Logik seiner Entwicklung verfolgen — wie aus „Materie" der Darstellung alles werden kann. Selbst die moderne Karikatur eines Marktes läßt davon noch etwas verspüren.

sam Vorgestalten, in die Seelisches nachwachsen kann. Die Beziehung zwischen Störung und Form ist nicht einlinig — Störung kann Stören des Alltags sein oder Störendes aufgreifen, Form kann Alltägliches weitergestalten oder destruieren.

Da Wirklichkeit in Entwicklung bleibt, können Formenbildungen der Kunst zu Störungen werden, verändert, „verbessert", wieder in anderen Formen aufgehoben, in anderem Kontext neu belebt. Was zunächst seltsam und befremdlich wirkt, kann zum Muster werden, Gegebenheiten und Ansprüche zu beurteilen. Störungsformen führen zu neuen Sinngestalten, die wir haben können und die uns haben; sie produzieren neue Beschaffenheiten und Zugänge, neue Arten der Sinnlichkeit, neue Markierungen, Verfügbarkeiten und Symbole.

Der Konstruktionszug der Störungsform läßt danach fragen, welche Auseinandersetzungen Kunst jeweils belebt und welche Probleme sie jeweils angeht. Die Weiterführung von Psychästhetik durch die Kunst umschließt notwendig eine Destruktion des bereits Gestalteten und kommt zugleich nicht umhin, eine andere Gestaltung zu formulieren. Die Entwicklung von Gestalten, die sich als Störungsform erweisen, löst die Not seelischer Ausdrucksbildung und bringt die „Individualität" der spezifischen Gestalt eines Werkes ins Spiel.

Kunstwerke können Störungen aktualisieren von Unbeachtetem, Unbehaglichem, auf Veränderung Drängendem aus oder anhand von Unvereinbarkeiten, von Rätselhaftem, von Paradoxem. Der Versuch, damit umzugehen, motiviert die Formen der Kunst: sie machen spürbar, daß in Störung und Umstrukturierung Sinnrichtungen sichtbar und Gestaltungsprozesse freigesetzt werden. Das wird gleichsam transportabel, indem sich Symbole abzuheben beginnen, die die Paradoxien des Seelischen nicht zudecken, sondern in Formulierungen gestalten.

Verglichen mit den „flüssigen" Prozeduren des alltäglichen Geschehens, hat Kunst sowohl mehr als auch weniger Umsatzmöglichkeiten. Selbst bei Gesamtkunstwerken bleibt der Umsatz des seelischen Geschehens zurück hinter der Vielfalt sinnlicher Qualitäten und unmittelbar verändernder Tätigkeiten. Andererseits bildet die Kunst neue Qualitäten stärker aus: Transparenz der auch den Alltag bestimmenden Versionen der Gestaltbrechung, Bereicherung und Vermehrung der Qualifizierungs- und Kombinationsmöglichkeiten des seelischen Geschehens, Vertiefung von Lebenswirklichkeiten. Kunst ist Leben und zugleich mehr und weniger als Leben: Kunst kann Leben aufgreifen und in ihr Spiel einbeziehen, verändert es dabei aber auch.

Die Störungsformen der Kunst stellen eine paradoxe Zweieinheit aus Mängelhaftigkeit und Produktivität dar, in der die Bewegungen von Kunst und Leben immer wieder ineinander und auseinander drängen. Die Kunst kann sich nicht von der Motivation durch das Versalitätsproblem lösen und weist infolgedessen immer Gemeinsamkeiten mit den Grundproblemen seelischen Lebens, auch in den einfachen Alltagsformen, auf. Sie können durch Kunst nicht perfekt und vollkommen gelöst werden, im Gegenteil, Kunst muß sich hier als mängelhaft gegenüber dem Lebensfluß erfahren. Zugleich lebt Kunst jedoch

von dieser Abweichung, vom Um- und Neuproduzieren, bei dem etwas „Gemachtes", „Künstliches", „Gestaltetes" als Ding in die Welt gesetzt wird. Es bereichert unser Tun, es deckt Strukturen, Lücken und Probleme auf, es irritiert und organisiert „prinzipiell".

Inkarnation

Störungsformen tragen dazu bei, Zuspitzung zu vermitteln; das ergänzt und begrenzt sich durch einen Prozeß, den man als Inkarnation kennzeichnen kann. Auch dabei tritt uns die Paradoxie der Kunstkonstruktion wieder entgegen. Wenn man sich fragt, wie Ethik und Moral „in" die Kunst gelangen, findet man eine Antwort in der Auffassung BLACKMURs, Literatur und Kunst verliehen unserem Betroffensein — durch Verhaltensmöglichkeiten und Verhaltenskonsequenzen — „theoretische Form": sie sind unmittelbar nah und fern zugleich, Verhalten und Form, „Feuer und Kälte".

Das deutet auf eine paradoxe und bewegliche Inkarnation hin; erst hier hat es Sinn, vom Objekt und Subjekt zu sprechen, und auch nur, um diese Ausgliederung wieder in Bewegung zu bringen. Gestalten und Symbole der Kunst treten uns ausdrücklich als

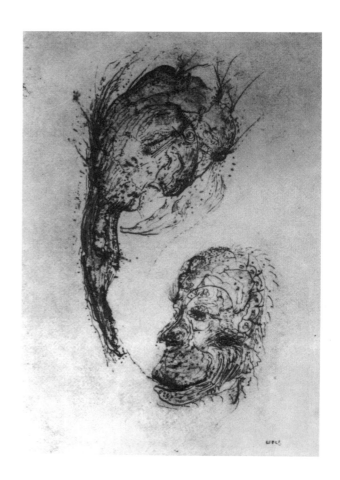

Inkarnation: Sich-Einlassen auf „Ansichten" von Werken, auf ihre Gestaltungsmöglichkeiten, auf etwas, das man leben könnte — sich entwickelnde Gebilde werden getragen durch die Chancen und Begrenzungen von Einverleibungen. Dadurch kommen die Metamorphosen von Seele und Welt zustande. Wie dabei bestimmte Inkarnationen kulturelle „Bekleidungsangebote" durchbrechen können, illustriert DAUMIER.

ein Objekt entgegen, das sich zu einem Subjekt wandeln möchte — während die zunächst zum Subjekt konstellierten Begebenheiten in diesem Objekt aufgehen wollen.

Kunst setzt damit Prozesse des Herausgestaltens und Einbeziehens in Gang, bei denen sich Inkarnationen als Prozeß und im Werden verspüren lassen: das Fleisch-und-Blut-Werden von Gegenständlichem und die Vergegenständlichung von seelischem Leben. Die Gestalten der Kunst realisieren wirklich die Aufgaben und Notwendigkeiten seelischer Konstruktion, während die Transfigurationen dieses konkrete Geschöpf, das Kunstwerk, beglaubigen.

In den Entwicklungsprozessen der Kunst wird diese Aneignung und diese Umwandlung nicht nur als Arbeit erfahren, sondern als Heraustreten aus etwas und als Eingehen in einen neuen Leib. Wobei uns die Gestalt, von der wir ausgingen, die Bewegung auf eine Gestalt hin und auch die Eigenart dieser Gestalt als Lebensmöglichkeit und wie ein Gegenüber sichtbar werden. Die Inkarnation begründet, wieso VALERY von einem Pendel sprechen kann, der das Gedicht aus seiner Asche immer wieder erstehen läßt.

Die Entwicklungsstruktur im ganzen spitzt sich in dieser Inkarnation zu. Sie wird abhängig von diesem so beschaffenen Leib eines konkreten Kunstwerks. Er faßt die Wirkungsfolgen der Strukturierungsprozesse; und er setzt auch die Grenzen für das, was wir an Störungen gestalten und aushalten können — weil die Gestalten der Inkarnation das Maß unserer Lebensmöglichkeiten repräsentieren. Verstehen, Zusammenhänge, Umfang, die Formen der Erweiterung und Einbeziehung von Inkarnationen sind begrenzt. Die Chancen und Begrenzungen der materialen Symbolik von Kunst gründen in solchen Leiblichkeiten; an ihnen zeigt sich auch für die Kunst so etwas wie eine Charakter-Schranke, die das Experimentieren mit Versalität enden läßt (s.u.).

Die Bewegung der Inkarnation ermöglicht es der Kunst, Leben „nachzumachen" und über „Ähnlichmachen" zu einer Wirkung zu kommen (E. FISCHER, TINDALL). Der Künstler hat tatsächlich Züge des Schöpfers, wenn er durch seine Darstellung eine Übergangsstruktur Fleisch werden läßt. An diesem Vorgang der Inkarnation werden wir durch seine Kunst beteiligt — wir erfahren etwas, das Natur und Kunst, Gegebenes und Gemachtes, Sein und Werden umgreift: die Einverleibung der Wirklichkeitsgeschichte.

Die Kunst produziert sinnliche, irdische, „gegenständliche" Inkarnationen. Ihren Gestalten kommen die gleichen Eigenschaften zu, die sich an seelischen „Lebewesen" ablesen lassen: in der Inkarnation bildet sich eine Sinngestalt aus, ihre Produktionsprozesse entwickeln sich „in sich", sie entwickeln ein Gefüge von Funktionen, wie ein lebendiger Leib, und sie bewegen sich in einem Kreis von Gestaltungen und Umgestaltungen.

Für die Psychologie muß Kunst notwendig zu einem Konstruktionsproblem werden, wenn sie über Äußerlichkeiten und Meinungen hinausgehen will. Die Kennzeichen von Kunst sagen etwas darüber aus, wie Kunst als Konstruktion seelisch lebensfähig und wirksam wird; und nur die Kunst erfüllt diese Kriterien.

Entwicklung in sich

Wie bei den anderen Prozessen (Produktion, Gestaltbrechung) findet sich auch hier wieder eine zusammenfassende Gegenbewegung. Was sich in Psychästhetik und Kunstverfassung als Strukturierungsmechanismen zeigt, gewinnt in einer „Entwicklung in sich" Gestalt.

Gestaltbrechung, Zuspitzung und Umbrechen sind Stichworte für Entwicklungsprozesse; sie sagen etwas über Bewegungsmöglichkeiten und Konsequenzen der Übergangsstruktur. Verwandlung vollzieht sich unter solchen Voraussetzungen als Motiv von Wirklichkeitsgestaltung; sie vollzieht sich in den „Dingen", die ihr Leben in den umschriebenen Begrenzungen und Chancen von Entwicklung rotieren lassen.

Kunstwerke stellen ihre „Dinge" so dar, daß Verwandlung im Zusammenhang dieser Versalität und als notwendiger Zusammenhang „frei" sich gestaltender Versalität transparent wird. Dazu gehört: daß das Hervorgehen ihrer Zwischenschritte zwischen Pol und Gegenpol in sich verständlich wird — daß die gegebenen Wirklichkeiten von Versalität aufgegriffen werden — daß Entfaltung und Gegenlauf, Steigerung und Paradoxie zum Ausdruck kommen können — daß an einem realen Gebilde die Grenzen und Überschreiten bedingende Versalität „als solche" verspürt wird — daß Versalität als ein in sich funktionierendes Total in Gestalt eines „Dinges" erfahren wird, das der Verwandlung (in diesem Transfigurationsfeld) Sinn gibt.

Das ist Entwicklung in sich als Bildungsprinzip von Kunstwerken. Sie läßt Lebensprobleme und -möglichkeiten aufbrechen im Rahmen „dieser" Übergangsstruktur, und zwar als in sich Zusammenhängendes und in sich Gebrochenes; das vollzieht sich anhand der Konstellation eines konkreten „Dinges". Verwandlung wird hier beschaubar, indem sich zugleich ein „Ding" und das Gefüge von Entwicklungsprinzipien zu einem Sinn von Wirklichkeit herausbildet. Im Glanz einer begrenzten Inkarnation stellt Kunst so immer wieder die Sicherheit des Überschreiten-Könnens her (Versalität).

Verwandlung zeigt sich in Kunstwerken als Gestalt, die Gegensatzeinheiten als notwendigen Zusammenhang — in sich — verständlich macht. Verwandlung entdeckt sich als Konstruktion „jenseits" der Trennungen von Veränderung und Unveränderlichkeit, von Räumlichem und Zeitlichem: als in sich bewegtes Total. Kunstwerke stellen heraus, daß Verwandlung möglich ist, indem Zuspitzung und Umdrehen durch Entwicklung in sich organisiert werden, indem ein Gebilde ins Werk gesetzt wird und indem materiale Symbolik Gestaltung—Umgestaltung hervorruft und zusammenhält.

Ein erster Ansatzpunkt, Entwicklung in sich zu verstehen, waren die Versionen der Gestaltbrechung. Sie entwickeln sich in Spiralen, die ihren Wendepunkt finden, indem die Paradoxien von Gestaltung und Umgestaltung zur Geltung kommen. Die Gestalt des Entwicklungsganges macht transparent, daß die Entfaltung der vier Versionen ein Spektrum umschreibt, das Wirklichkeit herausstellt und auf ein Prinzip in dieser Bewegung aufmerksam macht. Werke, die das

M. LAFOND: Adam und Eva — von der Cholera befallen, am Ausgang des Paradieses, ohne Chinin.
M. BLANCHARD: Dame bringt einen Narren und zwei Jagdhunde zur Welt (anders ist diese Situation nicht zu erklären).
M. FARAILL: Der Friede — verrenkt durch den Krieg.

Entwicklung in sich wird zum Anhaltspunkt für die Überfrachtungen der Karikatur: die Gebilde, die sich herausstellen, kreisen sich anders ein als gute Absichten es haben wollen.

zum Ausdruck bringen, sind Umgestaltung und Kreis, System und Geschichte; ihre Entwicklung ist zugleich Gestalt in sich.

Kunstwerke ziehen uns in das Getriebe hinein, das dieses Sich-Entwickeln-Können betreibt. Durch ihre Zuspitzungen und Umbrechungen rückt Kunst in den Blick, daß die Entwicklung von Wirklichkeit in sich nicht aufzuhalten ist; ihre Gestaltung und Umgestaltung „unterhält" den Sinn von Wirklichkeit. In einem endlichen Kunstwerk wird die nicht abzuschließende Entwicklung fundamentaler Verhältnisse faßbar, wenn sie als „in sich" Wirkendes und „in sich" Zurückwirkendes charakterisiert werden kann, als Sich-Änderndes und in anderem Wiederkehrendes.

Entwicklung in sich faßt Übergangsstruktur als etwas, das im Werden immanenten Zusammenhang gewinnt: indem Wirklichkeiten und Wirksamkeiten in Werken, die funktionieren, „ausgenutzt" und „erfüllt" werden. Gegenüber dem Konzept einer „organischen" Einheit wird dabei herausgestellt, daß der Sinn dieser beweglichen Ordnung untrennbar verbunden ist den Erfüllungen einer Psychästhetik. Das bedeutet: Entwicklung in sich lebt von dem Gewinn des Reichtums der Wirklichkeit, vom Zufall des Geschichtlichen, von den Übergängen des Symbolischen, von den Paradoxien der Kunst, von „mehr" und „anders" der Gestaltbildung, von der Verwandlung in Materiales und nicht zuletzt aus der bizarren Konstruktion eines zugleich umfassenden und unfer-

tigen Totals. Das Gebilde des Kunstwerks macht vor, wie diese Züge sich ineinander entwickeln — indem der Sinn von Wirklichkeit immer wieder neu verfaßt wird.

SOLGER brachte Schönheit mit der Anschauung der Idee, mit der Wahrnehmung von Gegensätzen als Modifikationen eines Selbstbewußtseins und mit dem Durchgang in die Welt der Wirklichkeit als Offenbarung des Göttlichen zusammen. Die Anschauung allein führt uns (nur) zum Wahren, die Wahrnehmung der Modifikationen und der Dialektik des Ganzen führt (nur) das auf etwas Zugehende heran, das Gute; die Erfahrung der Einheit der Gegensätze als Abgrund des Lebens führt zur Religion.

Schönheit existiert nur in der Dreieinigkeit dieser Züge: als Leben und Anschauung, als Ganzes, das sich in seinen Modifikationen offenbart, als Durchgang durch Bewußtsein, Wirklichkeit, Göttlichkeit. SOLGER zergliedert hier die Entwicklung als Einigung des Wirkens universaler Prinzipien „in sich"; er stellt eine Dreieinigkeit dar, die Kreise in einen Kreis bringt. Kunst ist nicht eine mysteriöse Eigenschaft, die zu etwas hinzukommt — sie ist die lebendige Entwicklung des spannungsvollen Getriebes von Wirklichkeit, und sie läßt diese Entwicklung zu sich kommen.

Das Schöne hat für SOLGER mit dem Übergang zwischen Irdischem und Göttlichem zu tun; es ist nicht etwas Vollendetes, sondern etwas Wirkendes — Komisches und Tragisches sind stets notwendige Bestandteile des „Schönen", nicht Sonderformen. Was SOLGER „schön" nennt, ist aus Bestandteilen zusammengesetzt, die sich in sich selbst aufheben. Das läßt sich nur retten, „wo der volle Widerspruch der Bestandteile selbst als eine Beziehung erscheint, wo die Beziehung eine vollkommene wird, so daß sie Anschauung ist, und eine völlige Einheit der Gegen-

sätze stattfindet, die zugleich als Akt der Beziehung erkannt wird. Wenn wir in den widersprechenden Bestandteilen den Akt des Überganges selbst erkennen, wenn diese Tätigkeit darin das wirklich Gegenwärtige ist, so müssen auch die Bestandteile in dieser Tätigkeit gegenwärtig sein, obgleich sie sich aufheben, weil wir die Tätigkeit, wodurch sie sich aufheben, allein als das Gegenwärtige und Wirkliche wahrnehmen" (II, 108). „Eine solche Tätigkeit ist die Kunst".

Der Mittelpunkt der Kunst ist für SOLGER die künstlerische Ironie: in dieser Verfassung erkennen wir, daß Wirklichkeit nicht sein würde, wenn sie nicht Offenbarung der Idee wäre, „daß aber eben darum mit dieser Wirklichkeit auch die Idee etwas Nichtiges wird und untergeht." (II, 242). Die Kunst bekräftigt „dieses Verhältnisses innere Wahrheit, damit das Rätsel darin von selbst vergeht". Wo Harmonie und Widerspruch ganz eins sind, da wohnt die Kunst (I; 2, 92). Die Kunst erfaßt den Übergang aus der Idee in die Wirklichkeit gerade an dem Punkt, wo sich eins ins andere verwandelt. Der Augenblick des Übergangs ist der wahre Sitz der Kunst. Durch die Nichtigkeit der Idee als irdischer Erscheinung erkennen wir sie als wirklich; Wesen und Zeitlichkeit durchdringen einander.

Die Zuspitzung der Kunst und die Ansatzpunkte ihrer Vermittlung ermöglichen es, Wirklichkeit als Gestalt und Wandlung, als Paradox und Entschiedenheit zu durchleben. In einer Entwicklung in sich erfahren wir zugleich Leben und Erstaunen über das Leben. Indem eine solche Erfahrung produziert wird, kommt Kunst zur Sprache — Kunst, die Seelisches als Gestaltung und Umgestaltung aufdeckt und — zugespitzt in einem Wirklichkeit herausbildenden Werk — mit neuem Leben und neuer Einsicht erfüllt.

zu Entwicklung in sich: Goya „Der Frosch"

In der Folge von drei Fassungen arbeitet Goya eine seltsame Spirale heraus. Zunächst wird ein Mann in langem Gewand als nackter Frosch zurückgespiegelt, beide haben „Kreuzigungshände"; das wirkt, als habe sich ein aufgerichtetes Wesen in nackt und bekleidet verzweigt. Die zweite Fassung stellt einen Frosch und ein (weibliches) Wesen mit Keuschheitsgürtel heraus: in seltsamen Verrückungen, Verwischungen, Verschiebungen — als entfalte sich in den Bewegungen eine Keimform von In-Sich-Beschlossenem und Abweichungen.

Schließlich eine Fassung, in der eine Froschfrau (mit Keuschheitsgürtel) von einem Mannungeheuer umgriffen wird; eine Hand ist erhoben, die andere scheint durch den Mann hindurchzugehen und aus ihm wie ein drittes Bein herauszuragen. Was in der ersten Fassung Gegenüberstellung war, ist jetzt ein Gewinde geworden. Wie eine Spirale entfaltet das Gebilde: Übergänge, Austauschbewegungen, Umfassungen, Einbeziehungen, Ins-Antworten-Geraten und Durchdringen — eine Entwicklung in sich.

Die in Zwei verzweigte Einheit der ersten Fassung hat sich in eine vielbeinige Einheit mit „Signalhänden" gewandelt — in Verzweigung und Umarmung zugleich, in ein Zueinander und Herausrücken auf einmal. Nun geht das Sich-Verschränken von einer dunklen Mitte aus; das ganze ist zugleich da und wird erst hergestellt.

Die Entwicklung in sich bringt eine Logik zum Vorschein, die sich in Ähnlichkeiten und Abweichungen entfaltet; sie ist eine Verrückungslogik, die ein Indem und seine verschiedenartigen Bewegungen zugleich zum Vorschein bringt. Sie ist eine sich windende und drehende Logik, die eine „Materie" zwischen Ent-wachsen und Zustandekommen herausrückt.

(„Der Frosch" legt Vergleiche nahe mit Boschs seltsamen „Kausalitäten" oder mit Magrittes surrealen Wesen, mit dem „Fraufisch" beispielsweise.)

Ansichten des Kunstwerks können von verschiedenen Wendepunkten her aufbrechen: von Geschichten, Realisierungen, von Auslegungen, Gebilden; von Widersprüchen, „Geschmack", Ablehnungen, „In-Ordnung-Sein"; von Ausdrucksqualitäten, ihren Problemen, Vermittlungen. Das eine ruft jeweils anderes auf: der Entwicklungsgang der Gestaltbrechung und die Zwischenwelt von Gebilden wird zum Anhalt einer Entwicklung in sich.

Kunst leitet an, sich auf Ordnungen wie auf Umbildungen einzulassen: Wiederkehr, Steigerung, Konstruktion, Spiegelung, Kreise — Spannungen, Herausforderung, Kippen, Probleme sind Vermittlungen. Dadurch gibt Kunst den Bildern des Verrückens von Wirklichkeit Kontur, Richtung, Halt, Drehpunkte, Gesicht.

Entwicklungsspielraum wird Gebilde

Indem sich die Kunst-Kennzeichen ausbilden, bildet sich eine eigentümliche Verfassung; Wirklichkeit wird darin als Entwicklung in sich transparent und zugleich ausgeführt. Kunst entfaltet Wirklichkeiten im Spielraum von Entwicklung und ermöglicht es, Wirklichkeiten durch Entwickeln-Können zu leben. Konstruktionserfahrung, Durchlässigkeit, Expansion, Realitätsbewegung, Störungsform, Inkarnation entdecken Wirklichkeiten und ihren Sinn: indem sie Entwicklung als Werk, als materiale Natur, als kunstvolles Getriebe in Erfahrung bringen.

In Kunstwerken wird unser Ins-Werk-Setzen kenntlich gemacht: als „Verrückungsapparat", der Wirklichkeiten leben und sprechen läßt, als Spielfeld von Entwickeln-Können, als Produktion von Sinn in Gestaltung und Umgestaltung. Paradox stellt die Kunst uns dieses Getriebe — und seine Wirksamkeiten — zugleich wie einen Gegenstand vor Augen. Das ist möglich, weil Verrücken eine Übergangskategorie darstellt, die Ansicht und Tätigkeit „mit einem Male" ist.

Verrücken schließt notwendig Begrenzungen und Begrenzungsveränderung ein, Bild(begrenzung) und Um-Bildung, Hauptbild und Nebenbild. Verrücken konstituiert sich im Übergang zwischen Festhalten und Lösen: wenn wir Verrücken ins Werk setzen, sind wir im Voranschreiten von Grenzen zu anderen Grenzen („Work in progress").

Der Entwicklungsspielraum wird faßbar zwischen festgehaltenen Bildern und Um-Bilden-Können, zwischen Lösungsversprechungen eines Bildes und einem Gegenbild („Kontrastvorstellung"), zwischen beunruhigenden Reizen und idealer Geometrie, zwischen Sosein und Mehr; er gewinnt eine eigene Physiognomie, indem Gestaltung als Entwicklung eines Werkes, das sich und anderes bewegt, spürbar wird.

In kunstwissenschaftlichen Büchern finden sich bisweilen Hinweise auf Bildgeometrie in den Bilddarstellungen. Es ist jedoch zu wenig, auf irgendwelche Dreiecke oder Parallelen hinzuweisen, selbst wenn sie durch die Einzelfiguren hindurchgehen. Bedeutung gewinnen diese Hinweise nur, wenn sie als Konturen eines „Verrückungsapparates" erkannt werden, der ein lebensfähiges Gebilde, mit eigenem Namen, darstellt.

Das bedeutet: in den Gestaltbrechungen des Kunstwerks wird Entwicklung in sich wie eine „Substanz" — oder in einer „Substanz" — sichtbar. Wir sind davon ausgegangen, daß Kunstwerke nur doppelt und dreifach charakterisiert werden können. Der Entwicklungsspielraum „realer" Gebilde verdeutlicht, was hier alles zusammenwirkt und was wir dem Kunstwerk ansehen können. Im Kunstwerk haben wir die „Maschine" vor uns, „die von selber geht" — so etwas zu rekonstruieren, war auch FREUDs Ziel. Darin werden die Verhältnisse, in denen sich Wirklichkeit entwickelt, transparent.

Entwicklung in sich wird „substantiell" beschaubar gemacht, indem ein Werk hergestellt wird, das den Übergang von Entwicklung gegen alle Trennungen und Unterscheidungen durchsetzt. Es ist „Fleisch und Knochengerüst" in einem, es ist eine „lebendige Maschine", Materie und Symbol, Natur und Kunst.

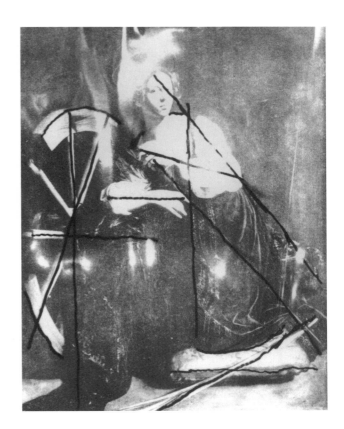

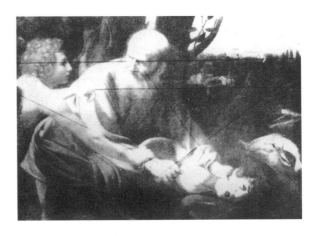

Die Einzeichnungen, die irgendjemand in ein Buch machte, schließen sich nicht zur Physiognomie von Gebilden zusammen; dabei hätte das Isaak-Opfer nahegelegt, eine durchkonstruierte „Eingriffs-Verschiebung" als Charakter dieses Bildes aufzudecken (der das biblische Bild sinnvoll verrückt).

Es ist ein konkretes Lebewesen, das zugleich das Total charakterisiert. In der sich darstellenden Entwicklung werden die Paradoxa unserer Wirklichkeit anerkannt und als „lebensfähig" erwiesen.

Verkehrthalten (Neurose) erscheint demgegenüber wie die Konstruktion einer „Leerlauf-Maschine". Hier werden Werke aufgebaut, die das Schema des Entwicklungsspielraums zu demonstrieren suchen, ohne ihr „materiales" Gebilde einer Entwicklung in sich zu überantworten. Daher sind sie gezwungen, „das" Häßliche zu isolieren, dessen Logik sich bei einer Entwicklung als beschaubar erweisen könnte — wodurch jedes Verkehrthalten ins Schwanken geriete und vor Neuentscheidungen gestellt würde. Das läßt sich wiederum auf das Leben von Kunstwerken übertragen.

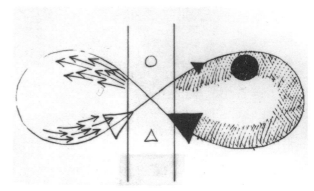

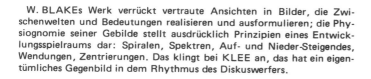

W. BLAKEs Werk verrückt vertraute Ansichten in Bilder, die Zwischenwelten und Bedeutungen realisieren und ausformulieren; die Physiognomie seiner Gebilde stellt ausdrücklich Prinzipien eines Entwicklungsspielraums dar: Spiralen, Spektren, Auf- und Nieder-Steigendes, Wendungen, Zentrierungen. Das klingt bei KLEE an, das hat ein eigentümliches Gegenbild in dem Rhythmus des Diskuswerfers.

Wenn man darauf zu achten beginnt, bringen Gefüge Entwicklungsmöglichkeiten von Kunstwerken wie von selbst mit einem Bildungsprinzip des ganzen zusammen; sie beanspruchen, Wirklichkeit als „bewegliche Ordnung" sichtbar zu machen.

Das große Musterbuch für den Entwicklungsspielraum, der ins Werk gesetzt werden kann, ist die Geschichte der Künste.

Gestalt als Werk der Entwicklung

Gestalt ist Werk — zu dieser Einsicht führt nicht zuletzt die Analyse von Kunst. Sie bringt den „Inhalt" seelischer Geschehnisse mit der Entwicklung in sich zusammen, die ins Werk gesetzt wird. Das Werk ermöglicht uns, Wirklichkeiten in Verwandlung tatsächlich zu leben; das ist etwas anderes als Nachahmung, das ist Entfaltung der Prinzipien und Probleme von Dingen, von Menschen, von Natur und Kultur in „unserem" Leben und Erleben. Indem wir etwas ins Werk setzen, lernen wir, die Charaktere der Wirklichkeit zu entwickeln.

Das Kunstwerk ist ein besonderes Ding: ein Ding, dem wir seine Brechung und Entwicklung ansehen; es belebt die Übergänge der Transfiguration und macht sie zugleich transparent. Im Werk wird ein Leib hergestellt, der wirkt und entdeckt. Das Werk entdeckt das Funktionieren des Wirklichkeitsgetriebes; dabei wird es paradoxerweise gerade in seinem „individuellen" Charakter herausgehoben. Gestalten kommen zur Wirkung — durch das Werk — in einer „Sprache des Leibes" (NIETZSCHE). Daran können wir uns halten, wenn wir die Beliebigkeit von Ausdeutungen einschränken wollen; das begründet Kommunikation und Übertragung. Dieser Leib ist kein statisches Gebilde, sondern eine Entwicklung „in sich".

Das Werk bringt zutage, daß Entwicklung in sich bedeutet, die Versionen der Gestaltbrechung zirkulieren in einem „materialen" Charakter — das sagt genaueres über das Bildungsprinzip aus. Kunst setzt alle Versionen der Gestaltbrechung in Bewegung und bringt in ihrem Werk „wirklich" etwas heraus. Sein Charakter wird in der Entwicklung und gibt ihr zugleich Richtung und Gesicht. Einerseits: ohne Gestaltbrechung, ohne Konstruktion, Formalisierung, Steigerung, Spiegelung funktioniert die Kunst-Verfassung nicht. Andererseits: die Kunst bringt es fertig, daß sie unter die Dinge gerät und sogar die Dinge „wahrer" darstellt. Kunst bringt Wirklichkeit heraus, indem sie sich auf die Bewegung ihrer Wirksamkeiten (in sich) einläßt, sie zur Sprache bringt — und indem sie sie in der Realität eines Kunst-Werkes, als „Charakter-Entwicklung", leibhaftig nachmacht.

Das Kunstwerk macht dieses Gefüge material erfahrbar: als Gebilde. Im Gebilde entdeckt sich das Bezugssystem des Werkes: in ihm wird ein Charakter anschaulich und erlebbar, der Verhältnisse in Entwicklung hält. Was wir unter individuellem Charakter und was wir unter dem charakteristischen Gebilde eines Kunstwerks fassen, kann sich gegenseitig verständlich machen. Auch ein Charakter läßt sich als Entwicklung in sich verstehen. Er kommt zustande in den Versionen von Gestaltbrechung, und er bildet sich dabei zu einer Gestalt - einem lebendigen Kreis (HERDER). Sein Wirken gleicht dem Herstellen und Sich-Entfalten eines Werkes, einem „geheimen" Drehpunkt gemäß. Paradoxerweise ist dieser Drehpunkt nicht von vornherein „fertig" da.

Das Mittel-Stück des Kunstwerks — wie des Charakters — ist ein Dreh- und Wendepunkt. Daher kann die Analyse von Kunstwerken auch nie eine ganz genau und fest zu berechnende Gestalt herausrücken. Das Gebilde bietet Halt an; aber Kunstwerke vergegenwärtigen zugleich, daß ein Getriebe oder System immer im Übergang ist und mit Verrücken, Unruhe, Überschreiten und Werden zu tun hat. Daher behält die Verteilung, die das Gebilde organisiert, immer etwas „Verrücktes" an sich, dadurch erhalten Kunstwerke Entwicklung und Beweglichkeit „in sich". In eigentümlichen Qualitäten kann das erfahren werden: Schwebendes, Schwindelerregendes, Rauschartiges, Andringendes, Traumartiges; das gilt auch bei „klassischen" Werken.

Das Gebilde stellt eine biblische Verkündigung dar: Menschen und himmlische Wesen stehen in einem Verhältnis zueinander, das sich in „gebrochenen" Einheiten (M-Form: Keil) und in Zuspitzungen und Abhebungen (Fünfeck: Spektrum) ausdrückt: das ist ein Werk, in dem sich etwas zwischen hoch und niedrig, weg und hinzu, bleiben und bewegen entwickelt.

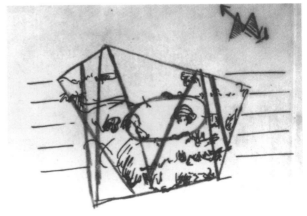

Rekonstruktionsansatz: Werke als Entwicklungsgebilde

Die Untersuchung des Umgangs mit Kunst deckt durch Beschreibung und Variation Metamorphosen der Wirklichkeit auf. Ihre Morpho-logie spiegelt sich im Gebilde des Kunstwerks: wie Bedeutungen oder Probleme auseinandergesetzt werden, zeigt ein Gefüge von Entfaltungen und Einschränkungen. Auch das Gebilde ist eine Übergangsstruktur; wir nehmen Ergänzungen und Entwicklungen wahr, indem wir uns auf anschauliche „Verbindungen" und Verhältnisse beziehen.

Das Gebilde vermittelt Einzelzüge und die Physiognomie des Ganzen. Seine Zwischenstellung macht die Erfahrung dieser Wirklichkeit greifbar. Das Gebilde durchzieht die einzelnen Personen und Dinge, die Farben und Striche, die wir wahrnehmen. Seine Einverleibungen reichen von Bildrand zu Bildrand und ordnen die Bahnen der Bewegungen; sie versinnlichen Transfiguration und Zuspitzung:

Die Gebilde stützen sich auf das, was wir als Rhythmus erleben, als Abwandlung, als Gegeneinander oder als Sich-Schließendes, als Über- und Unterordnung. Als „bestimmte" Dinge werden sie sichtbar in geometrischem oder organischem Material: Kreise, Dreiecke, Spiegelungen, Umkehrung, Treppen, Rechtecke, Spiralen, Sterne, Pfeile, Tropfen, Wellen, Höhlen, Leiber, Gesichter. Diese Muster von Gebilden kommen den Kunstwerken als Grundstrukturen zu, die das ganze Bild zusammenhalten.

In einem Gebilde können sich verschiedene Gefüge überkreuzen; daraus erwachsen komplizierte Transfigurationen, die Verhältnisse und Bewegungen unserer Lebenskategorien zum Ausdruck bringen. Die Überkreuzung schafft Betonung, Spannung, Ergänzung, Kontrast, sie verschachtelt, verdichtet, nimmt ab, erweitert, durchgliedert, steigert. In einem Bild hebt sich oft ein regelmäßiges Gefüge (Parallelen, Grundmuster, Wiederkehrendes) von offenen und „überraschenden" Gefügen sowie von zusammenfassenden Zentralisierungen ab.

Grobe Skizzen dieser Bildgerüste („Kopie") lassen sich zu Untersuchungszwecken experimentell mit Skizzen konfrontieren, die die Einzelheiten des Bildes einem anderen Gerüst einordnen („Fälschung"); den Betrachtern stellt sich dann das Problem, Gesichtspunkte aufzubringen, die Kopie und Fälschung sondern.

Wie die Veränderung des Vorbildes wirkt, hängt davon ab, ob die „Fälschung" ein leichter begreifliches Gerüst hat: in diesem Fall werden die Einzelheiten des Vorbildes als Teile der „richtigen" Ordnung erlebt. Daher können Veränderungen sogar als Verbesserungen gegenüber der Skizzierung des Originals erscheinen. Stört ein Gerüst, werden die gleichen Einzelheiten als „unschön" charakterisiert. So wird die Skizze des allen Vpn. bekannten „Frühstück im Freien" zugunsten eines einfacheren Gebildes als „Fälschung" abgelehnt. Offenbar spielt dabei der befremdlich „schräge" Aufbruch des Waldidylls durch Manet eine Rolle.

Das Experiment trägt auf die Weise dazu bei, die Neuerung eines Bildes in den Blick zu rücken; es zeigt auch, auf welchem Wege sich Manet an Monet

annähern ließe. Darüberhinaus bringt es zum Vorschein, welche Bedeutungen sich hinter Meinungen und Einordnungen verbergen: „konkreter" kann „einfacheres Gerüst", „schöner" kann „vertrauter" heißen! Es legt sich nahe, eine Skala von „leicht" bis „schwer" fälschbar aufzustellen. Am schwersten konnte sich die „Verfälschung" gegen die Rembrandt-Skizze durchsetzen; am leichtesten gegen die „gut bekannten" Umrisse des Manet-Bildes.

Zu Experimenten lassen sich die Bildgerüste auf einfachere Ansichten verrücken (MANET abgefälscht auf Rautenmuster) und mit groben Kopien des Originals vergleichen. Dabei zeigt sich, daß die Vpn. mehr beschreiben als sie ahnen: sie gehen auf Dazwischen, Übergang, Verrücken ein — aber dann versuchen sie oft, diese durch Kunst vermittelte Erfahrung vom Seelischen abzuwehren — zugunsten „normaler", „klarer", im Ausdruck vertrauter Kunstkriterien. Das entspricht durchaus der Situation, in der Behandlung in Gang gesetzt werden soll.

Das Gebilde eines Kunstwerkes rückt die „große Linie" der Sache und ihrer Behandlung heraus. Man kann einiges an einem Bild verändern, durch Zerstörung oder durch Veränderung von Einzelteilen — ein Bild hält einiges aus, solange nicht das Grundgebilde angetastet wird. Fälschen und Restaurieren scheitern oft daran, daß sie das Gebilde nicht (wieder) hinkriegen.

Auch wenn man das Gerüst eines Bildes nur in dürren Worten beschreibt, setzen die Angaben über Entwicklungen in Erstaunen: Bleiben, Bewegen, Gegeneinander, Auseinander, Zusammen erweisen sich als sinnlich erfahrbare Grundverhältnisse; Schließen, Weiterführen, Verdichten, Entfalten bringen Kategorien von Produktion heraus, die Anhalte und Drehpunkte im „einzelnen" brauchen und in Sinnzusammenhang bringen. Diese Ergänzungen der Übergangsstruktur machen darauf aufmerksam, „wohin" ein scheinbar festes oder „formales" Gebilde geht und was durch sein Umbrechen herausgerückt wird. Wenn wir die Logik eines Kunstwerks erfassen wollen, müssen wir uns auf das Gebilde als Zwischenhalt beziehen; es führt uns an Probleme und an die Leistung künstlerischer Lösungen heran.

Rubens „Sturz der Verdammten"

Zunächst berührt das Wellenhafte, Muschelartige; dann das Farblich-Wellige: von gelb rechts zu blau links, mit rot unten. In dem ganzen tritt ein Pfeil heraus, mehrfach gewellt (brechend) — als schlüge er unten in einer dunkleren Welle auf. „Sturz der Verdammten", das ist eine Wirklichkeit von verdammten und geretteten Leibern, die wie eine Welle oder ein Pfeil herabgezogen werden: das Menschliche wird Sturz, der Sturz menschlich.

Der Höllensturz wird „unser" in der Entwicklung von Brechungen: der sich abplattende Pfeil charakterisiert sich in den Versionen der Gestaltbrechung — in der Fülle der Verdammten, mit denen es abwärts geht (Gestaltlogik); im Aufklatschen auf Festem, „durch die Luft", als „Masse" und doch durch die Gestalt des Pfeils „organisiert" (Transformation); im Übergang ins Geometrische, ins Farbenspiel, im Genuß an Fleischlichem, an „Barockem", an Parallelen und Abzweigungen, an den Umschlingungen des Wellenpfeils (Konstruktion); Verschlungenwerden im Einlassen auf Paradoxes: Verschlungenheiten des Gebildes, Flügel und Pfeil und Welle, zugleich Abweichungen und Einordnungen der Körper, das Zusammenpassen in einem, das doch nicht eines ist. Der Pfeil verrückt sich in Menschen, in Aufschlagen, in ein Bild von Wirklichkeit.

Das Gebilde, in dem sich Versionen und Bildungsprinzip treffen: Fleisch, Leiber, farbig sich Wellendes werden in einen verschlingenden und aufschlagenden Pfeil gestürzt — Rahmen und Hintergrund ist ein Recht-Eck mit Lichtgrenzen, Dunstgrenzen, Bodengrenzen. Die taumelnde Vielfalt luzider Körperlichkeiten wird Pfeil, zu Boden gezwungen, von den Licht- und Dunstgrenzen gesondert, in einer Richtung verschlungen. Verrückungen nach verschiedenen Seiten: die Farb-Flächen des Gefüges sind im Übergang zu den Körpern (Abtönungen, Verdichtun-

gen, Verdünnungen); das Gebilde ist ein körperliches, farbiges, bedeutungsgeladenes „Verhältnis" in Entwicklung.

Eine Entwicklung (in sich) ergibt sich durch die Bewegung zwischen den Schnittpunkten des Gefüges: wie in einer Spirale rücken sich „dieses" Gedrehe oder Verschlingen und die Brechungen gegenseitig heraus. Das „Gedrehe" ist voll ausgemalt in den Schlangenwesen im Bodensatz; daraufhin zielt die Pfeilspitze, die sich im Hin und Her wellt — im Pfeil ist das Schlingen und Würgen nicht mehr so phantastisch vergegenständlicht. Demgegenüber ziehen die himmlischen Wesen — fast etwas komisch — an dem, was noch „nach oben" zu retten ist. Was Rubens alles an Einzelwesen „dazwischen" dargestellt hat, ist ein Bilderbuch; faszinierend, wie das in dem Gefüge „Dimensionen" gewinnt, sich auswächst — wie ein Fischkörper, ein Wal — Moby Dick; das raucht und dampft auch noch.

Immer wieder führt die Spirale der Entwicklung von den Versionen zu den Einzelheiten, zu einem „Weltsinn" von Verschlungenwerden und zurück zu Einzelnem im Gebilde. Nicht aus dieser Bewegung loskommen, im Rahmen „dieser" Inkarnation, auch das ist ein Sinn von Entwicklung in sich.

Eine Formel dafür: Einerseits das Verschlungenwerden, als Wiederanklingendes von allen Seiten; andererseits irgendetwas Karikiertes darin, etwas Pointiertes, „Kunstgemachtes", Paradoxes — die aus Farbtuben hergestellten „Ungeheuer", das Berauschende des Malen-Könnens. Das Gefüge hält beides zusammen: einem künftigen Weltgericht wird ein Mal errichtet — ein Denkmal des Stürzen-Könnens. Gebrochen jedoch durch die Macht des Künstlers, der das so darstellen kann — wie einen „Römischen Brunnen", der „strömt und ruht". Dieses In-Bewegung-Kommen ist der Sinn des Herausführens von Wirklichkeit durch das Rubens-Bild. In seiner Brechung können wir Wirklichkeit erfahren und Wirklichkeit werden — diese „Bewegung" von Rubens, das wird man wirklich eine Zeitlang.

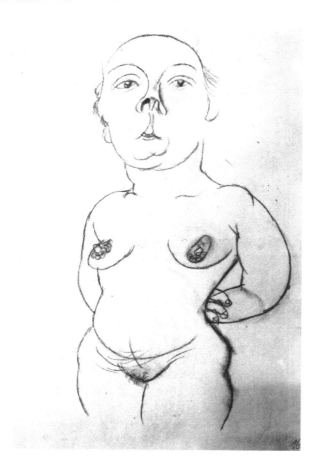

Was Körper, Kleider, Erde überhaupt „sind", gestalten Kunstwerke durch ihr „Material" heraus. Das ist Material und zeigt zugleich das Mehr des Materials für Entwicklungen auf. So erhalten Nacktheit, Sommer, Aufmarsch, Gänge ihre Physiognomie, indem sie weitergebildet werden — indem ihr „Dazwischen" ein materiales Gebilde wird; das mehr ist als Inhalt, Stimmung, Form. VAN GOGH: aus der Logik der Farbe wird die wahre Logik der Natur.

Entwicklungen (in sich) bringen die Mittel der Kunst (Konstruktionserfahrung, Durchlässig-Machen, Realitätsbewegung, Expansion, Störungsform, Inkarnation) in ein Getriebe, das funktioniert. Die materiale Symbolik dieses Getriebes beschreibt und erläutert Wirklichkeit durch Umbildungen. Beim Umgang mit Kunstwerken läßt sich das in weiteren Umgestaltungen ausdrücklich herausstellen. CRANACHs „Jungbrunnen" hat Entwicklungszüge: wie eine Flugbahn, wie die Geburt eines Menschen, wie eine Kreuzigung, wie ineinandergreifende Hände, wie eine Architektur, wie eine Bewegung zwischen Grau und Rosa (W. VOSTELL).

Methodisches Schema
(wie man an Kunstwerke herangehen kann)

Falsch wäre: unverbunden herumzuexperimentieren, sinnlos Ergebnisse zu sammeln, alles auf Zählbares zu reduzieren, Symptome zu rubrizieren, „Eigenschaften" ohne Sinnzusammenhang festzustellen. Demgegenüber ist es wichtig: die „Logik" von Seelischem aufzudecken, das sich Zeigende verstehen zu lernen, Prinzipien aufzudecken, wie Seelisches am Leben bleibt.

— Mechanismen der Metamorphosen als Anhaltspunkte für „ersten Eindruck": Realisierungstendenzen — Widerfahren von Schräge — Verrückungen — Anklingen von Verkehrung

— Lokalisierung eines Anhaltspunktes von einer Version der Gestaltbrechung aus

— Verfolgen der anderen Versionen von dem Anhaltspunkt aus; Vermittlungen: Entwicklungsgang

— Entwicklung in sich: Gebilde; Entwicklung als ganzes (mit Gegenbewegung, Analogien, Wiederkehr, Abwandlung); Brechungen und Entwicklungsqualitäten aufeinander beziehen

— erste Anhaltspunkte jetzt bezogen auf materiales Symbol

— Spirale und Einschätzung von Kunst: welche Versionen werden ausgeführt? Welches Gebilde hält sich und entwickelt sich (materiales Symbol; Verhältnisse)? welche Morphologie — als Formulierbares, als Paradox?

— Umbrechendes, Umerzählbares; Problem der schmalen Grenze des Umkippens (in das ganz andere); Techniken von Aufwendigkeiten (Aufwandersparnis; Aufwandverlagerung).

Materiale Symbolik

Wir sind am Charakter von Kunstwerken interessiert; wir können aber diesen Charakter nicht einfach durch eine Ein-Schuß-Methode benennen. Was Charakter ist, erschließt sich vielmehr nur, indem das Kunstwerk methodisch aufgebrochen wird. Gestaltbrechung, Zuspitzung, Umbrechen und Paradoxien kommen der psychologischen Aufschlüsselung entgegen. Das Gebilde des Kunstwerks vermittelt die verschiedenen Wirksamkeiten; daher findet die Zergliederung seines Charakters darin auch einen angemessenen Zugang.

Rubens' „Sturz der Verdammten" bewegt sich zwischen dem Glanz eines Verschlungenwerdens und dem „Pfeil"-Charakter des Gebildes und den Physiognomien von Verlorenen und zu Rettenden. Die „Nackte" von G. Grosz steht als „dieser Mensch" zwischen dem Gebilde eines Körper=Gesichts und dem Sich-Verändern-Können von Weiblichem. Wie in einer Spiralbewegung fordern und fördern sich diese

— Ver — rück — ung für Sal — zer —

Wirksamkeiten der Charakter-Entwicklung von Kunstwerken. So ein kunstvolles Aufbrechen und Verrücken von Naturen kann man als materiale Symbolik bezeichnen. Damit wird der Charakter des Entwicklungs-Gebildes herausgestellt.

Materiale Symbolik bedeutet, daß wir wirklich Wirbel, Verschlungensein, Versteinerung werden und daß wir diese „Materialien" in anderen Dingen, Menschen, Wirklichkeiten kunstvoll entfalten können. Dadurch kommt es zu einer umfassenden Auslegung von Wirklichkeit, die durch die Gebilde des Kunstwerkes zusammengehalten wird.

Hier zirkulieren Begebenheiten und Kunst von Transfiguration: das Übergreifende, die Entwicklungsstrukturen von Wirklichkeit werden wie „Erlebensqualitäten" material, während Materiales als Gebilde und Kunst entfaltet wird. Der Charakter eines Kunstwerks — als materiales Symbol — gleicht einem Leib, der andere Leiblichkeiten in seiner Entwicklung ins Werk setzt und verständlich macht — in Verrücken, Auslegung, Verwandlung. Eine solche Entwicklung in sich kann zum Prüfstein für unsere Auffassung von Wirklichkeit werden.

Ein Charakter — im Leben wie in der Kunst — entfaltet sich in dieser materialen Symbolik; er bewältigt seine Probleme in der Entwicklung von Versionen des Totals, er sichert sich dadurch und verbirgt sich darin. Die Frage nach dem Material dieses Charakters und nach seiner Entwicklungs-Kunst wird zu einem Weg, Bildungsprinzipien und ihre Schicksale zu erfassen und darzustellen. Wir können viele Äußerungen eines Charakters zunächst nicht in ein Bild bringen. Erst wenn wir nach dem Bewegungsspielraum seines Materials fragen, entdecken wir, wo verlagert, eingeschränkt, umgestaltet, ausdifferenziert wird. Dem dient die Befragung des Charaktergefüges wie die Darstellung des Kunstgebildes.

Ins-Werk-Setzen ermöglicht, Wirklichkeiten zu leben — ihre Probleme, ihre Entwicklungen, ihre Prinzipien halten Kunst und Seelisches jeweils in Bewegung. Die Zuspitzung des Kunstwerks deckt die fundamentale Übergangsstruktur an einem sich drehenden „Ding" auf, das unter Menschen und Dingen — wie diese — lebt. In Zuspitzen und Umdrehen wird die Entwicklung des Herausbringens von Wirklichkeit „gegenständlich": als ein wesentliches Wirken von Gestaltungen und Umgestaltungen (in sich). In diesen kunstvollen und bizarren Transfigurationen bestätigt und erneuert sich immer wieder das Gesetz einer Wirklichkeit im Werden. Entwickeln-Können bringt Sein und Sollen, Sich-Zeigendes und Werden, Natur und Kunst in einem materialen Werk zusammen.

Die Analyse von Kunst deckt auf, wie Verwandlung lebt und wirkt; sie zergliedert Verwandlung, indem der Austausch von Materialem und Konstitution rekonstruiert wird; sie zeigt die Inkarnation von Verwandlung auf. Daher erscheint es angemessen, hier von einer materialen Morphologie zu sprechen.

Paradoxie der Kunst

Die Ansatzpunkte oder Kennzeichen der Vermittlung von Kunst machen auf eine Reihe von Paradoxien aufmerksam. So ist paradox, daß zum „eigentlichen" notwendig „anderes" hinzukommen muß, Gestalt ist immer Zweieinheit und Verwandlung, Brechung verbindet, und Übergang ist „strukturell". Gestaltung und Umgestaltung gleichen einer Spirale, die sich in „Polarität und Steigerung", Schwanken und Rückkehr entwickelt; das Kunstwerk wird unser Gegenstand, indem sich Geschehen entfaltet, als sei es durch sein Prinzip bewegt.

Kunstwerke haben jeweils ihre eigenartige Gestalt, einen Charakter, sie sind aber zugleich auch bestimmt durch den Typus Kunstverfassung. Wir erfahren in der „Morphologie" des individuellen Werkes eine Gestaltung des fundamentalen Versalitätsproblems „im Bilde" und doch „wirklich"; die endliche Gestalt des Kunstwerks lebt von „unendlichen" Gestaltungsproblemen und Kompositionsmöglichkeiten. Kunst drängt darauf anzuerkennen, daß wir Paradoxien nicht entkommen, nicht vor ihnen fliehen können; zugleich führt sie uns vor Augen, jedes Ins-Werk-Setzen sei eine entschiedene Gestalt. Kunst ist Be-

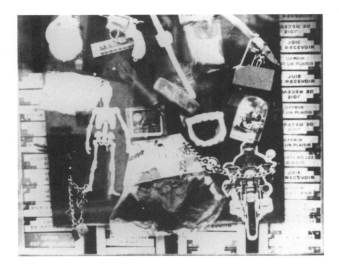

Reklame, Zufalls-Montagen, Verschönerungs-Künste können von Kunstgebilden her organisiert werden, und sie können wiederum die Erfahrung mit Kennzeichen von Kunst beleben. Sie beleben jedoch nicht eine Entwicklung in sich, genausowenig wie eine „naive Malerei", bei der Hinnehmen-, Anders-Gestalten-, Auswählen-Können unerprobt bleiben.

Durch Verrücken aus zunächst gegebenen Wirkungszusammenhängen können sich neue paradoxe „Wesen" bilden; auch sie können die „Wahrheit" von Entwicklung verkörpern. Es gibt verschiedene Sorten von Collagen; sie alle sind auf Entwicklungsprinzipien bezogen: auf Analogien, Symmetrien, Verrückungen, Abwandlungen, Kreise des Sich-Entwickelns, auf Gefüge von Entfaltung und Gegenläufen, auf ihre Ersetzungen und Ergänzungen, nicht zuletzt auf die Paradoxien und die Parodierbarkeit von Entwicklung.

handlung analog und fordert dazu auf, mit dieser Analogie an einem entscheidenden Drehpunkt zu brechen, indem wir gemein Banales bewerkstelligen.

Wenn man zusammenstellt, was in den letzten 200 Jahren über Kunst gesagt wurde, kommt eine ausgezeichnete Sammlung von Paradoxien zusammen. Offensichtlich umschreibt Paradoxie eine eigentümliche Lösungsrichtung für das Versalitätsproblem: In einem Leib, in einer realen Gestalt, werden gegensätzliche Wirklichkeiten zusammengebracht — scheinbar nicht zu Vereinbarendes, der einfachen „Meinung" widersprechende Dinge.

Paradox ist KANTs „Interesse ohne Interessen" oder „Zweck ohne Zweck": das ist Freistellen für den Sinn von Entwicklung in sich; paradox ist HEIDEGGERs Einbeziehen und Öffnen von Erde in Weltentwürfe: das ist Eingehen auf den Reichtum von Gestalten trotz Umgestaltung, das ist Freiheit in der Notwendigkeit von Gestaltbrechung.

Gestalten, die Lösungen herstellen, sind Symbole — etwas und anderes, in Sinnlichem darin und darüberhinaus, mehrsinnig und ambivalent, Verwandlung und Prinzip, „materiale" Wirklichkeit und Bild. Sie sind Probleme, die wirken und funktionieren — sie schaffen sich einen „Leib" im Hin und Her, aus Wirkungen und Gegenwirkungen, als bewegliche Ordnung, als Realisierung von isoliert Unmöglichem. Sie sind Werke — gegenständliche, gewordene und „von

selbst gehende" Produktionen, Gebilde zwischen Wahr-Nehmen und Machen von Wirklichkeit, zwischen Fortsetzung und Experimentieren, zwischen Abstimmung und Abweichung.

Daher haben morphologische Prinzipien paradoxen Charakter. Sie sind Gestaltung durch Umgestaltung, Etwas-Sein durch Wandlung, sie sind „verrückte Kreise" oder Spiralen. Die Kunst spitzt diesen Charakter zu in bewegenden Bildern, die unbeweglich sind, in Wirklichkeitsveränderungen „nur durch Worte", in der Produktion „kunstvoller Naturen".

Was nicht paradox ist, wirkt nicht. Das „häßlich-Moderne" wirkt, indem es Paradoxien spürbar macht, und das ist mehr als „originelle Einfälle"; es wird Kunst jedoch nur, wenn Paradoxes als Gestalt oder Gestalt in ihren Paradoxien zur Geltung kommt. Umgekehrt wirken auch die vertrauten Kunstkriterien — Harmonie, Ideales, Organisches — nur, indem zugleich Paradoxes anklingt.

Die Psychologie „hat" etwas von der Kunst, weil Kunst die Paradoxien seelischer Wirklichkeit herausrückt: Psychästhetik und Kunst als Arbeit, die Wirklichkeit herausbringt, Seelisches als Umfassendes und Unfertiges zugleich, als Gestaltung und Gestaltetwerden. Kunst macht einsichtig, und sie macht auch lebens-möglich, daß Seelisches von „anderen" Wirklichkeiten her ins Werk gesetzt wird — wobei dieses „andere Material" wiederum erst in den umfassenden Transfigurationen des Seelischen seine Entwicklung äußern kann. Paradox ist nicht zuletzt, daß Kunst Wirklichkeiten „frei und notwendig" gestaltet und daß sie es zugleich freistellt, sich ihrem Gesetz anheimzugeben: Kunst ist ein paradoxer Zwang zur Befreiung von Zwang.

Traum und Kunst

— *Traum und Kunst: Kurs und Gegenkurs bestehen lernen. Kunst und Traum als Auflösung von „Verabredungen" und Neuproduzieren von Verabredungen.*

— *Kunst als Lebensvorschlag; man hat paradoxerweise nur dann etwas von dem Anderssein von Kunst und Traum, wenn man es zum „Leben" zu brauchen wagt. Analogien wagen; Umsatz; Gleichnisse: Riskieren von Leben nach dem „Bild" von Kunst (Zulassen, Wirken-Lassen, Umstülpen, „Zirkus").*

— *Das „Nachmachen", zu dem die Kunst auffordert, ist jedoch paradox: zwischen lächerlicher Wiederholung und Lebensänderung durch Ver-rücken. Entsprechendes beim Traum.*

— *Kunst existiert „ganz" nur, wenn sie Leben ändert (anders ins Werk-Setzen). Ohne den Kontext der „Tagesgedanken" ist die Kunst — wie der Traum — nicht zu verstehen: Kunst ist Realitätsbewegung.*

— *Kunst als Rotation und Aufenthalt; Rahmen und Frei-Raum. Beziehung zu Reise, Pilgerfahrt, Werk im Voranschreiten, Traum.*

— *Dabei werden Strukturen wirksam, die durch ihr So-Sein und So-Werden motivieren, ohne heteronomem Zwang unterworfen zu sein (Modellierung von Leben). Chancen, sich aufzugeben, um sich zu finden. Durch die Enge („Angst") von Gefährdung und Neuwerden gehen können; wie im Traum Belastung und Trost erfahren.*

— *Was als Gestalt einer Produktion auftritt, ist immer nur als Zweieinheit und Wirkungseinheit zu verstehen, daher kulissenhaft und wesenhaft zugleich, Werden und Sein, „gewordene Wahrheit" (NIETZSCHE). Daher Beziehung zum Traum — aber nicht (nur) als Wunscherfüllung, sondern als Gestaltbrechung (in der Folge der Traumbilder; in der Folge der Traumdeutung).*

— *Kunst, Traum, Märchen entdecken Austausch als Form und Inhalt zugleich. Verwandlung bildet Sinn durch Austausch in Entwicklung (Umbildung und Maß). Austausch in Entwicklung: das spiegelt Konstruktionsprobleme der Metamorphosen — im Übergang von Materialem und Kunst, von Verhältnissen und Bildungsprinzip, von Norm und Zufall; jede Spiralbewegung gewinnt dadurch ihre geschichtlichen Umschwung- und Ausfall-Positionen.*

Typisierungen

Die Logik von Charakteren leitet uns, wenn wir Bildungsprinzipien, Strategien, Gefüge und die damit verbundenen Probleme, Entwicklungsmöglichkeiten, Zwickmühlen und Konsequenzen verfolgen. Aber selbst bei Typologien, die die Vielfalt individueller Charaktere auf gemeinsame Nenner bringen wollen, werden die Prinzipien dieser Logik nicht eigens herausgearbeitet. Sie klingen allenfalls an, indem Bilder vom Energie-Haushalt, von unvereinbaren Richtungen oder Ersatzbildungen als Hilfskonstruktionen beachtet werden.

Für die Logik des Charakters von Kunstwerken gilt das analog. Dennoch drängen gerade Bilder oder literarische Werke Fragen nach einer Logik von Zusammenhang und Störung auf, weil in der Kunst „Sein" und „Sollen" ineinander übergehen. Ist das eine konsequente Entwicklung in sich? Ist das eine Spiralform? Bildet sich ein Gefüge, das Versionen und Bildungsprinzip vermittelt? Mit den Fragen nach Gestaltbrechung, Gebilden, Zuspitzungsprozessen und Entwicklung in sich sind wir den Fragen nach Prinzipien der Logik schon näher gerückt, die eine Einschätzung von Kunstwerken ermöglichen.

Es geht um die Logik von Entwicklung in sich, das heißt, um Konsequenzen, „Rechnungen", Auseinanderlegen ihrer Gebilde. Wie die Logik wirkt, wird kenntlich durch Aufbrechen und Ausschließen; im Aufbrechen macht sich die Eigenart dieser Entwicklungslogik bemerkbar, Ausschließen betont ihren Anspruch, sich in bestimmten Folgen fortzusetzen. Verzerrungen und Verkehrungen können die Gestalt der Entwicklungslogik herausrücken lassen. Wir erfahren, was Entwicklung ist oder wann wir mit Spiralen zu tun haben, indem wir ihr „Negativ" kennenlernen.

Der Logik von Entwicklung widersprechen: Spaltung, Wiederholungszwang, Bereinigung (ohne Rest); Verkehrt-Halten, Ausschalten von Umkehr und Paradox; Fixierung von Spielräumen, Nicht-Verrücken-Können; Vermeiden von Steigerung, Minderung, von Wiederkehr in anderem, von modifizierenden Fortsetzungen. Demgegenüber bringt Entwicklungslogik den immanenten Zusammenhang von Brechungen zum Ausdruck: Werke, die dieser Logik entsprechen, machen Auslegungen sichtbar, Wendungen, Ergänzungen, Zuspitzungen, Paradoxien, Zwischen-Gebilde, die funktionieren und Wirkungen unterworfen sind.

Der immanente Zusammenhang läßt sich in Typisierungen herausstellen, die den Wendungen des Weges zwischen Psychästhetik und Kunst folgen. Entwicklungslogik bricht auf, indem Werke Typen von Produktion beleben: indem wir ihnen typische Züge von Psychästhetik, von Versionen, von Zuspitzung und Umdrehen, von Gebilden, von Spiraltendenzen „ansehen".

Spielraum — Verkehrung

Karikatur und Verkehrung verhelfen auch hier wiederum dazu aufzudecken, wie Entwicklung als Spielraum und Sinngesetz wirkt. Die Formen des Verkehrthaltens suchen sich durch Preisgaben und durch Akzeptieren von Unverrückbarkeiten vom Aufwand unvermeidlicher Verwandlungen freizukaufen. Sie verfolgen dabei ein seltsames Herzensanliegen: sie wollen sich bestätigen, daß sie alles verwandeln könnten — paradoxerweise geht das jedoch nur in erzwungenen Bahnen, ohne Chancen, das Sich-Einstellende anders weiterzubilden.

Daher läßt sich einerseits beobachten, wie es darum geht, Menschen und Dinge im Sinne der Unverrückbarkeiten zu „verwandeln" (Inszenierungen, Erpressungen, Erkrankungen); andererseits ist die Entwicklung von vornherein auf ein bestimmtes Bild von Wirklichkeit eingeschränkt. Verkehrt-Halten ist ein Versuch, an einer „totalen" Verwandlung festzuhalten und zugleich ein festes Muster durchzusetzen.

Die Verkehrung des Entwicklungsspielraums spaltet Verwandlung in Bild und Gegenbild: in ein Entwicklungsversprechen und in ein Beweismuster. Das Beweismuster bezieht sich auf ein Festbannen von Entwicklung — auf Unverrückbarkeiten, auf die hin Entwicklung eingerichtet werden muß. Das Entwicklungsversprechen bestimmt das Beweismuster mit; aber alle Tätigkeiten werden so angesetzt, daß sie mit dem Gegenbild umgehen können. Dadurch erfolgt das Verrücken im Werk durch die Bewegung zwischen Gegenbild und einem Damit-Umgehen-Können. So „will" mancher eher dumm, traurig, tranig, krank sein, als zu erfahren, daß er durch sein Tun das Entwicklungsversprechen verfehlt. Diese Seite hat A. ADLER karikiert.

Insofern sind Kunstwerke, die Prototypen des Entwickeln-Könnens verkörpern, eine Herausforderung für die Formen des Verkehrt-Haltens. Ihr Erfahrbar-Machen von Entwicklungsspielraum führt notwendig an die Umkippstelle heran, die in dem Gegenbild das geheime „Entwicklungsversprechen" aufdeckt, das damit untrennbar verbunden ist. Es ist eine hauchdünne Grenze, an der die Extreme sich berühren; aber sie ist stärker abgedeckt als alle anderen Begrenzungen. Denn wenn das Umkippen erfahren würde, erschiene der ganze „Kultivierungsprozeß" des Umgangs mit dem Gegenbild hinfällig.

Daher können Karikatur, Ironie, Paradox „treffen": indem sie aufdecken, woraus eine Entwicklung hervorging und wie es weitergehen kann; indem sie darstellen, wozu das Umgehen-Wollen (nur) mit dem Gegenbild führte und wohin das wiederum umkippen kann. Aus dem gleichen Grunde gewinnt auch die Deutung von Ersatzbildungen „Wirkung": sie macht geheime Bilder sichtbar, die Werke bestimmen, ohne in Entwicklung zu geraten. Schließlich wird von daher verständlich, was es für Künstler bedeutet, wenn sie sich mit dem Problem konfrontiert sehen, ob sie „ihre" Sicht und „ihre" Gestaltungschancen unterwegs verloren haben.

Die Frage nach dem Entwicklungsspielraum und seinen Verkehrungen erschließt sowohl die Werke im einzelnen wie die Folge der Werke eines Künstlers. An Cézannes frühen Zeichnungen und Gemälden sind Ausdrucksdränge wie Gewaltsamkeiten spürbar. Seine „Schulung" und „Verbesserung" führte jedoch nicht dazu, sich auf Akademisches oder auf Impressionismen einzustellen; er setzte seine Werke vielmehr in die Spannung zwischen Gewalt, Wucht, Ausdruck der Dinge und Zergliederung, Umdrehen, Prismatik, Konstruktion — mit Karikatur als Zwischenstück („Moderne Olympia").

Goya war ein Hofmaler des Rokoko; indem er sein erlerntes Umgehen mit den scheinbar unverrückbaren Gesellschaftsbildern zu karikieren begann, begann er damit, gekonnte Bilder und Maltechniken aufzubrechen, um „andere" Bilder (Verhexte Welt) auf verrückte Welt-Bilder hinzuentwickeln. Nun malte er in den Banalitäten und im Gemeinen geschichtlicher Ereignisse, in Stierkämpfen, in Wallfahrten, in Porträts meta-physische Wirklichkeiten. Ihre Entwicklung erweiterte den Spielraum seines Könnens und machte ihn zum Übergang zwischen klassischer Malerei und Moderne.

Hierhin gehört auch das Thema „Hauptwerke" und Skizzen, Entwürfe, Fragmente: ob man das Skizzenhafte im Werk erhalten kann (Turner), ob man aus Skizze und Karikatur eine Form-Tugend machen kann (W. Busch) oder ob es zu einer Doppelspur gerät (A. Oberländer: „Kleiner Moritz" neben Witzblattklischee des 19. Jahrhunderts).

An CEZANNEs Bildern zeigt sich, wie „gewaltsame" Ausdrucksdränge immer mehr in einen Spielraum gebracht werden, der Verkehrungssätze auseinandernimmt und in Umgestaltungen aufhebt: das „Massive" entwickelt sich in einem Spektrum von Zerlegen-Können und Zusammen-Halten zu einem Gebilde, dem man die Mühe des Erarbeitens nicht ansieht. Bezogen auf Entwicklungsspielraum erhalten „Erfindung", „Schöpferische Freiheit", „Kompositionsfähigkeit" überhaupt erst einen Sinn.

Verabsolutierung

Kunst ist eine eigene Verfassung, mit eigenen Rechten, mit eigenen Problemen und eigener Logik. Das festzustellen ist nicht das gleiche wie die These, es gebe „reine" Kunst, von allem Fremden losgelöste „absolute" Kunst. Dieser These steht nicht nur die Auffassung entgegen, Wirklichkeit sei eine paradoxe Angelegenheit, sie sei Transfiguration, in der nichts „für sich" und „rein" vorkommt. Auch die Beschreibung des Umgangs mit „großen" Kunstwerken läßt erkennen, daß es sich nicht um eine Loslösung von anderen Wirklichkeiten oder um die Isolierung eines bestimmten Bereiches handelt.

Es kann sich nur darum handeln, Kunst als eigentümliche Verfassung von Wirklichkeit mehr oder weniger ausgeprägt zu verwirklichen. Kunst wäre dann gerade nicht durch Verabsolutierung zu kennzeichnen, sondern durch ihren Reichtum an Entwicklungsprozessen, durch ihre Zuspitzung von Gestaltung überhaupt, durch ihre Vertiefung fundamentaler Verhältnisse, durch die Herstellung von leibhaftigen Werken, die „wie Natur" sind, durch die Entwicklung von Wirklichkeiten in sich. Daher ist es allenfalls sinnvoll, von „wahrer" Kunst zu sprechen.

Nun gibt es einige Charakterisierungen von Kunst „an sich", an denen irgendetwas mit unseren Erfahrungen übereinzustimmen scheint. Die Charakterisierungen hängen zusammen mit der Tradition von „Ästhetik", als philosophischer Disziplin; sie beziehen Kunst auf Gefallen, ohne Interesse am Dasein oder an der Verwendung eines Dings, auf Form, auf Phantasie als „Naturschutzpark", auf eine Art von „Harmonie". Wie stehen diese Formeln zu unserer Auffassung?

Kunst bezieht uns leibhaftig in das Getriebe von Wirklichkeit ein; sie macht seine seltsame Entwicklungs- oder Übergangsstruktur spürbar. Das schließt ein, daß Kunst sich zu Formalisierungen wenden kann, daß sie die Bedeutsamkeiten unserer Transfigurationen umbilden oder ausklammern kann, daß sie in Neukonstruktionen ausweicht oder daß sie das Schwanken von Paradoxien und die Logik des Psychästhetischen zu Verdeckungen ausnutzt. Darin finden sich Grenzbestimmungen von Kunst, ohne daß diese Grenzbestimmungen als das „Reine" und „Absolute" anzusehen sind.

Wenn Kunst den Kreis der Gestaltbrechung in einem Werk entwickelt, gerät sie notwendig zwischen verschiedene Versionen; der Umgang mit ihr löst die „gemeinen" Entschiedenheiten des Bewerkstelligens. Kunst kann etwas „Feiertägliches" werden, weil sie Entwicklungen in sich heraustreten und „genießen" läßt, ohne daß eine nicht zu umgehende Situation uns die Arbeit des Bewerkstelligens aufzwingt. Wir können „in Distanz" auf uns wirken lassen, wie eine Wirklichkeit nach den Regeln der Gestaltbrechung angelegt wird, und wir erleben diese Gegenüberstellung als ausgeglichen, „harmonisch", „in sich ruhend" — selbst wenn es sich um Auseinandersetzungen oder Unangenehmes handelt. Es steht uns frei, den Kreislauf der Versionen zu unterbrechen; daher wirkt Kunst beliebig — aber das kann man nicht den Zuspitzungen einer Kunst „an sich" zurechnen. Gerade hier zeigt sich, wie die traditionellen Bestimmun-

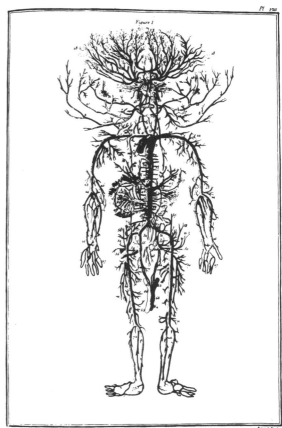

Anatomie

Wie sich Kunst verabsolutieren kann, demonstrieren nicht allein „reine" Kunstwerke, sondern auch Darstellungen, die den Regeln „schöner" Künste unterworfen werden. Surreale Effekte oder Spaß an Ornamentik können sich in kunst-vollen Darstellungen des Nervensystems auf Kosten seiner eigentümlichen Entwicklungsprozesse durchsetzen.

Abb. 16. Ein Erregungskreis

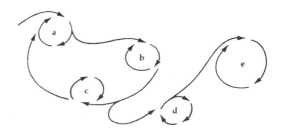

Abb. 17. Schematische Darstellung einer Phasensequenz: a, b, c und d können als Zellgruppierungen aufgefaßt werden, von denen jede wiederum aus mehreren Erregungskreisen besteht

gen ständig miteinander verquicken, was Kunst bei Transfigurationen repräsentiert und was ihre Zuspitzung ist.

Wir haben die Transfiguration und ihre Psychästhetik mit Momenten der Farbenlehre „übersetzt": Brechung, Spektrum, Urphänomen, Entwicklung. Der Farbkreis ist ein Gleichnis der paradoxen Wirklichkeit: sinnlich, fundamental, symbolisch, wirksam nur im Gegeneinander, in Entwicklung, als System im Werden, als Brechung; Übergänge lassen sich ins Extrem steigern — als existiere das für sich. Ähnlich ist es mit der Kunst — und so wie sich die Übergänge des Farbkreises nicht aufhalten lassen, so kippt auch jedes, das sich herausstellt, wieder in den Kreis des Ganzen. Daher kann sich Kunst nicht „absolut", sondern nur als Typus des Ganzen zur Geltung bringen.

Kunst ist Vorbild und Zuspitzung von Produktion; sie macht die „Freiheiten", die Verkehrbarkeiten und die Begrenzungen von Produktion sichtbar. An Kunst erfahren wir Chancen und Grenzen der einzelnen Versionen wie ihres Entwicklungskreises. Kunst läßt uns vertraut werden mit dem Übergang in „Geometrie", mit dem Verrücken von Natur in „abstrakte" Verhältnisse, mit einem „Maß" von Entwicklung, mit Gegenüberstellen „als" etwas, mit dem Herausrücken auf Zeit — aus Bewegungen, Zwängen, Konsequenzen. Kunst spitzt Wirklichkeit auf eine ihr allein verfügbare Weise zu, sie läßt uns Wirklichkeiten und ihr Getriebe werden — aber sie geht nicht aus dem Ganzen heraus.

Andererseits ist das Total ohne Kunst gar nicht zu bestimmen. Der Kunst des Totals und ihrer Verkehrbarkeit entstammt die nicht einzuschränkende Ausbreitung von „Ästhetischem" als Methode und Regel des Umgangs mit Wirklichkeit: die „ästhetische" Bestimmung von Lehrbüchern der Anatomie, von Landkarten, von Tischdekorationen, von Gärten, von Fragmenten, von alten Büchern, von Ordnung, von Schulzimmern — und das Sich-Verkehren all dieser Momente in gegen Kunst gerichteten Zwang, in Verhüllung von Wirklichkeiten, in Sauberkeit, Reinheit, in Unterbrechen von Entwicklungen. Aber auch das beginnt sich wieder in sich zu verrücken zu Umsehen, Umwälzung, Umbrechen, Umwertung. Damit setzt die Entwicklung von Wirklichkeit Kunst ewig neu in ihr Recht an den Dingen.

Wirken, Einwirken, Nachwirken

Wirken, Eingreifen, Verändern, Nachwirken sind nicht eigene „Fähigkejten", sondern Eigenschaften oder Folgen von Produktionsprozessen. Ob Wirkungen zustande kommen oder ob sich etwas verändert, hängt ab von der Mechanik der Metamorphosen und dem Entwicklungsgang der Gestaltbrechung — nicht zuletzt von den Zuspitzungen der Kunst. In Realisierungen, Übergängen, Konstruktionen, Einverleibungen, Umbildungen vollzieht sich immer schon Behandlung.

Daß Lektüre und Umgang mit Kunst „behandeln", zeigt sich, indem sie Verfassungen der Wirklichkeit entwickeln; sie fordern heraus, bilden um, entfalten Formen, sie setzen Bedeutungen in Bewegung, schließen ihre Kreise, sie führen Metamorphosen weiter. Das ist Wirken, Behandeln, Verändern: in Strukturierungsprozessen, Entwicklungen, Umbrüchen. Was sich dabei als „Kunst" herausbildet oder was dabei verkehrt gehalten wird, was wir übertragen oder umgehen — das nennen wir Nachwirkung. Daher lassen sich Wirkungen und Nachwirkungen ablesen an den Ritualen des Umgangs mit Gott und der Welt, an den Spielen der Kinder und der Erwachsenen, an den Techniken des Liebens und Arbeitens, an den Formen des Gesprächs mit der Wirklichkeit und an der Kunst, Wirklichkeiten zu entwickeln.

Die Entwicklung von Wirklichkeiten entfaltet die Dinge und ihre Wirksamkeiten — indem wir uns darauf einlassen, werden wir anders. Wir lernen, in welchen Wendungen sich Gestalten brechen; wir erfahren die Probleme, die spezifische Bedeutungen stellen. Behandlung beginnt nicht am Krankenlager oder bei neurotischen Zusammenbrüchen. Sie ist eine Eigenschaft des Herausbildens von Wirklichkeit. Behandlung erfolgt durch Wirklichkeiten und ihre Wirksamheiten. Sie wird modifiziert durch Unterrichten, Anschaulich-Machen, durch Beeinflussung, durch Spiel, durch die Verfassungen, in denen wir leben und arbeiten.

Mit der Behandlung von „anderswoher" geht immer „Selbstbehandlung" einher; auch hier wirkt das Versalitätsproblem als Motor des Geschehens. Die Kunst erzieht unsere Selbstbehandlung. Sie lehrt, Probleme zu stellen und Techniken des Umgangs mit Wirklichkeit zu erproben. Sie versucht, die Dinge zur Sprache zu bringen und ihre Entwicklung nachzumachen. Kunst trainiert Gefüge der Gestaltbrechung ein, die uns aushalten lassen, was sich einstellt, die aber zugleich auch in Bewegung bringen und umgestalten. Der Umgang mit Kunst macht auf Entwicklungsstrukturen aufmerksam; „Symptome" bleiben ohne diese fundamentalen Strukturen unverständlich, und sie lassen sich ohne deren Wandlung auch nicht lösen.

Die „Techniken" der therapeutischen Behandlung folgen den Techniken der Behandlung überhaupt. In den Modellierungen von Diagnose und Eingriff wirken die Entwicklungsgesetze der Gestaltbrechung und die Gestaltungsmöglichkeiten von Kunst — Zuspitzungen, Umdrehen, Prismatik, Entwicklung in sich. Dadurch werden Festlegungen verrückt, Kipp-punkte freigelegt, Geschichten transparent gemacht auf Konstruktionserfahrungen hin. Von da aus erhalten Hinsehen, Beschreibung, Erfahrung von Krisen, Einübungen, Aushalten und Riskieren ihren Sinn.

Die Analyse von Kunst rückt in den Blick, daß Therapie ein Konzept voraussetzt, das auf Austausch in Entwicklungsstrukturen von Wirklichkeit gründet. Das kann jedoch — von Kunst her betrachtet — nur aus eigenem Erfahren und Handeln-Müssen erwachsen; ohne zu entdecken, wie wir selbst in diese Wirklichkeit verwickelt sind, ohne zu trainieren, wie man Gestaltbrechung und Zuspitzungen handhaben kann, kommt es nicht zu einer bewegenden, wirksamen Einsicht. Das sind Fragen, die dazu führen, eine komplette Ausbildung zu organisieren, bei der die Übergangserfahrung der Selbstanalyse nicht mit Rezepten und das Handhaben von Gestaltbrechung nicht mit Manipulation verwechselt werden.

Wie beim Umgang mit Kunst zeigt sich auch hier wiederum, daß wir die Grundzüge von Wirklichkeit, ihre Störungen und Umbildungen kennen lernen müssen, ehe wir auf spezielle Ausprägungen eingehen können. Das umschließt methodische und sachliche Konsequenzen. Einerseits läßt sich ein Umgang mit „Neurosen" ganz anders gestalten, wenn man sich vorher mit Beeinflussung, Unterrichten, Lektüre, Kunst beschäftigt hat. Zum anderen sind Beschreibung, Gestaltung von Gesprächen und Unterrichten Voraussetzungen für den Umgang mit Träumen oder Gruppenprozessen. Wieviel Zeit für eine Therapie aufzuwenden ist — das hängt davon ab, ob der Psychologe etwas von Entwickeln-Können versteht, ob er Unterrichten, Wissen um „Selbstbehandlung" und Kunst angemessen verwenden kann, und nicht zuletzt, ob ihm die Konstruktionsprobleme und Paradoxien von Produktionen vertraut sind.

Kunst und Behandlung

Kunst ist ein Instrument, ein Mittel, mit dem wir behandelt werden und auch behandeln können. Kunst wird für uns darüberhinaus zum Prototyp, der Seelisches und seelische Behandlung verständlich macht. Kunst arbeitet als Instrument, weil sie an gegenständlichen Werken Entwicklungen bricht und entfaltet. Sie wird zum Prototyp für Behandlung, weil sie die Dreh- und Wendepunkte von Produktionen zu handhaben sucht; sie ist Vorbild für eine Entwicklungs-Therapie oder Wirkungsanalyse.

Kunst steht nicht „neben" dem Seelischen; sie ist untrennbar mit der seelischen Konstruktion verbunden, und sie spitzt sich paradox in dieser Konstruktion als etwas Eigenartiges zu. Kunst ist Leben und „doch" Kunst: analog ist Behandlung ein Zug jeder Produktion und doch nach Art von Kunst eine Zuspitzung der Lebenszirkulation und ihrer Brechungen. Der Umgang mit Kunst ist eine „ausgezeichnete" Behandlungsform; hier treten Prozesse, die sich an zwei Enden packen lassen, deutlicher zutage — Herstellen und Anstellen, Brechung und Umdrehen, Tätigkeit und Dahinstellen von Tätigkeiten, Krise und Herausrücken aus Krisen. Darauf beziehen sich Aussagen über Spiegelung, Ironie, Aufheben von Direktem, Darstellung von etwas.

Die therapeutische Zuspitzung von Behandlung ist einerseits darauf bezogen, daß man sich selbst nicht mehr helfen kann, andererseits darauf, daß spezifische „Heilmittel" umgesetzt werden, die Entwickeln-Können in methodischen Metamorphosen zu handhaben suchen (Leiden-Können, Methodisch-Werden, Ins-Bild-Rücken, Bewerkstelligen).

Entwickeln-Können stellt der Behandlung ihre Aufgaben. Ein Verfehlen von Entwickeln-Können begründet, warum Unterricht in der Schule enttäuscht. Zwischen Ausdrucksdrängen und Ahnungen perfekter Formen öffnet sich oft ein Leerlauf: alles oder nichts — statt Ausdruckstendenzen vor-gestaltlich zu skizzieren, Lösungen nach Art von Collagen erst einmal probeweise zu umgrenzen, Übergangsstellen als „Problem" festzuhalten und ein bewegliches Gefüge von Verhältnissen herauszurücken. Die gleichen Verzweiflungen finden sich beim Zeichenunterricht wie beim Aufsatzschreiben, beim Umgang mit Kunstwerken und in der Mathematik, bei der Lektüre wie beim Umgang mit Verkehrt-Gehaltenem — in jedem Fall wäre eine „Entwicklungshilfe" angebracht.

Die Frage nach Behandlungsmöglichkeiten wandelt sich auf dem Weg über das Problem Kunst in die Frage nach einer Entwicklungsmethode, die gelebt werden kann. Umgekehrt sagt das Behandlungskonzept Entwickeln-Können wiederum einiges über Kunst aus. Was als dilettantisch erscheint oder als Kunst für den Hausgebrauch, hängt mit der Methode der Behandlung zusammen: Gibt es eine Linie des Entwickelns? Gewinnt das Verschmieren eine Logik? Oder finden sich vor allem Unsicherheiten und Un-sachlichkeiten bei der Entwicklung von Farben und Problemen? Bleibt von Entwicklungsarbeit nur der Schweißgeruch?

Die Leute wissen „irgendwie" um ihre Verkehrungen und Geheimnisse. Sie erfahren ihr Verfehlen und ihre Störbarkeiten in seltsamen Krisen. Kunst und Behandlung versuchen, Wirklichkeiten aufzugreifen, an denen sich das vergegenwärtigen läßt. Sie leiten eine Art Sortierung ein, die Brechungen „auffrischen" und in Entwicklungen überführen kann. Das spiegelt sich auch in der Methode dieser Untersuchung: Beschreibungen greifen Wirklichkeit auf — ihre Realisierungen, ihr Dazwischen, ihre Werke; sie werden weiterentwickelt in Variation, Umgestaltung, Zerlegung, schließlich werden ihre Entwicklungsgefüge, ihre Chancen und Begrenzungen rekonstruiert.

Entwicklungstherapie, kunstanaloge Behandlung darf nicht in dem Sinne mißverstanden werden, als gäbe es eine einfache Kausalwirkung beim Ansehen „großer" Kunstwerke. Hier würde übersehen, daß „große" Kunst als abgeklärte und abgestellte Entlastung benutzt werden kann („Museum"). Demgegenüber muß man sich immer wieder vergegenwärtigen, daß es hier darum geht, das „Totalgeschehen" (M. SCHELER) aufzubrechen, in dem sich das Herausbilden unserer Wirklichkeit abspielt.

Kunst repräsentiert die Mechanismen der Metamorphose und der Gestaltbrechung: dadurch werden Indem, Verrücken, Umbrechen, Psychästhetik, Krise, Entwicklung in sich, Verkehrung und Verkehrthalten herausgerückt — als Wirksamkeiten, die „Störungen" im seelischen Haushalt aufbrechen können: als Hinweise auf „anderes", das zum Ausdruck drängt, auf Organisationen, deren Entwicklungsmöglichkeiten unverfügbar wurden und die wieder in den Umsatz des Totals gebracht werden müssen.

Darauf beziehen sich sowohl die Zuspitzungen und Umbrüche der Kunstwerke als auch die Metamorphosen der Behandlung (Leiden-Können, Methodisch-Werden, Ins-Bild-Rücken, Bewerkstelligen), bei denen es um eine Neustrukturierung seelischer Verfassungen geht.

Einen ersten, zweiten und dritten Schritt gehen Kunst und Behandlung gemeinsam; dabei differenziert sich aus, was Kunst Behandlung zu sagen hat und was es heißt, eine Methode zu leben. An einem weiteren Schritt zeigt sich jedoch, daß das Prinzip des Entwickeln-Könnens zu zwei verschiedenen Enden führen kann: an diesem Wendepunkt gewinnen die Kunst wie die Therapie ihre eigentümlichen Charaktere.

Drehpunkte

Wir haben schon an verschiedenen Stellen bemerkt, daß Entwicklungsprozesse doppelt und dreifach bewegt werden. Mit einem Anhaltspunkt kommen wir nicht aus. So dienen bei FREUD Fixierung oder Trauma dazu, im geschichtlichen Werden einen Anhaltspunkt festzulegen — aber das gewinnt seine Bedeutung nur in „Ergänzung" mit Zufall, gegenwärtiger Situation, Versuchung und Versagung. Oder: Veränderungen erfolgen nicht einfach durch Verbote, Anweisungen, „Willensakte" — sie haben mit „Bildern" zu tun, die in bestimmter Richtung befrachtet werden, und mit dem Verrücken dieser Bilder.

Paradoxerweise ist eine Veränderung nur möglich, wenn sie nicht allein auf einen linearen Handlungsschritt bezogen ist: eine Veränderung setzt die Struktur von Transfiguration voraus — ihre Doppelheiten, ihre Übergänge, ihre Brechungen, Sinn und Tätigkeit, Implikation und Explikation. Daher hatte FREUD Erfolg, indem er Tätigkeit und Sinn aufeinander bezog, Struktur und Symptom, Perversion und infantile Disposition; selbst das Operieren mit „Bildern" ist da schon wirksam (Ödipus).

Bezogen auf Behandlung stellen sich drei Punkte als wichtig heraus, die Verändern und Entwickeln-Können bewegen: Kunst wird als Prototyp beweglicher Ordnung einsichtig — eigene Situationen werden als Krise und als verrückbar verständlich — eine entschiedene Gestalt muß bewerkstelligt werden.

Behandlung setzt sich durch die drei Drehpunkte einen Rahmen — dennoch bleibt sie ausreichend beweglich, sich von Fall zu Fall auf das besondere Problem des Entwickeln-Könnens einzulassen. Damit entspricht sie der paradoxen Ergänzung von Werden und System, die in den verschiedenen Grundverhältnissen der Übergangsstruktur zutage tritt. Im Sich-Verrücken der Drehpunkte — Kunsteinsicht, Krise, Entschiedenheit — bildet sich eine Gestalt heraus, auf die sich Behandlung beziehen kann und beziehen muß.

Im Dreieck der Drehpunkte kommen sowohl Maßverhältnisse ins Spiel als auch Unbestimmtheiten. Wenn wir Aussagen über Kunst, über Störung oder Krise und Aussagen über Lebensentwicklungen aufeinander beziehen, die oft unverbunden nebeneinander stehen, wird das deutlich. „Freiheit in der Erscheinung", „Zweckmäßigkeit ohne Zweck" können die Kunsteinsicht vertreten — Bewegung zwischen Moral und Umwertung vertritt die Krise — gewordene Struktur, Geschichtlichkeit, Zufall helfen, das Sich-Entscheiden von Charakter „im Strom der Welt" zu kennzeichnen. Jeder Drehpunkt legt den anderen aus, verlangt ihm etwas ab, findet in ihm ein Maß und entwickelt mit ihm zusammen eine Gestalt. Richtlinien dabei sind: Leiden-Können, Methodisch-Werden, Ins-Bild-Rücken und Bewerkstelligen — Metamorphosen von Behandlung.

Behandlung kann sich die kunstvoll erleichterte Einsicht in Konstruktionserfahrung zunutze machen; sie bricht dadurch die Geschichten auf, mit denen wir unsere Lebensentwicklung absichern. Das führt zu einem Erzählstopp. Indem wir die Bewegung von Kunst nachmachen, üben wir uns in das „zwischen" den Geschichten Wirksame ein, das wir zunächst nicht bemerken. Damit entfalten sich Brechungen, von denen aus Wirklichkeit anders organisiert werden kann.

Es ist nicht zu vermeiden, daß Krisen aufkommen, die zwei in einem erfahren lassen. Sie führen Schwebezustände herauf: Toleranz und Entschiedenheit, Tragik und Komik, Gezwungensein und Rausdrängen. Kunsteinsicht macht diese Züge verständlich und beweglich: in Extremisierungen merken wir, worauf das hinauswill, Realitätsbewegungen nehmen uns in andere Wirklichkeiten mit — in Wirklichkeiten, in denen es anders geht; wir lernen, etwas hinzunehmen, aber auch, daß das wieder auf Entschiedenheiten drängt.

Der dritte Punkt bringt demgegenüber zur Geltung, daß wir bei aller Kunst und nach aller Kunst lernen müssen, das „Banale" und „Gemeine" zu lieben. Von Kunsteinsicht und ihrer Beweglichkeit haben wir etwas, indem wir sie auf ein banales Maß von Bewerkstelligen beziehen. Hier sind paradoxe Übergänge, nicht nur bei einer Therapie, sondern ebenso in den Handlungen des Alltags. Und das vertieft auch noch einmal, was über Kunst zu sagen ist: wie wir mit Kunst umgehen können, hängt an dem „Gemeinen", das wir lieben und bewerkstelligen können.

Kunst und Psychologie suchen den Sinn einer jeden Wirklichkeit „unmittelbar zu Gott" zu finden; sie verstehen und verzeihen. Aber sie drängen damit auch zu einer „gewaltsamen" Ergänzung — so wie die psychologische Behandlung den Reichtum geliebter Gestalten in Bewegung setzt und zugleich zu Entschiedenheit auffordert. Dazu gehören das Hinnehmen der Chancen und Begrenzungen dieser Situation, das Aufgreifen des Zufalls, Bewerkstelligen hier und jetzt — als produzierten wir dadurch erst die Voraussetzungen von Kunst. In diesen Paradoxien verbinden sich das erste und das letzte Kapitel von Kunst—Psychologie—Behandlung.

Entschiedenheit ins Werk zu setzen, das läßt sich nicht vermeiden: jede Behandlung braucht Anhaltspunkte, an denen etwas heraustritt — als entschieden, als festsetzend, gleich, ob es sich um Wiederholung oder um Veränderung handelt. Nur dadurch kommen wir aus der Ver-gangenheit einer Entwicklung zu einem Wendepunkt, an dem wir Geschichte, so wie sie ist, nicht leugnen müssen, zugleich jedoch mit „unserer" Geschichte (nochmals) einen Anfang zu machen suchen.

Dazu kommen die Menschen nicht, die in Unverrückbarkeiten gefangen sind. Sie erleben sich als „Riß", zwischen allen Stühlen sitzend; sie haben die Tendenz zu verschwinden, sie leiden unter Angst, was sie auch tun oder wenn sie etwas anderes tun. Sie meinen, sie machten alles kaputt, sie fühlen sich ständig „beschissen und belogen"; sie umgehen Probleme, indem sie mit einem Knall einfach etwas (anderes) tun, „ohne zu denken". Sie betreiben „Schaukelpolitik", sie verlassen sich auf eine Automatik des Umkippens: das zunächst Weggelassene wird das Wichtigste; sie wollen in Gegensätzen leben und sagen, das lasse sich genießen. Sicher sind das nicht nur Leiden, sondern auch „Kunstgriffe", „geheime" Gestalten durchzusetzen.

Beschreibung: Behandlungstendenzen beim Umgang mit Bildern

Die Protokolle über den Umgang mit Bildern von Magritte, Steinberg, Vostell lassen sich überschaubar machen, indem die Äußerungen der Vpn. beschrieben und Behandlungs-Kennzeichen zugeordnet werden.

(1) Leiden-Können

Unbemerktes beginnt das üblicherweise Bemerkte zu verrücken.

Zulassen von Dazwischen:
— „rissig" werden, Mischungen, mehrere Möglichkeiten auf einmal, etwas steckt darin und bewegt sich
— was ich gesagt habe, stimmt nicht, eigene Probleme tauchen auf
— muß mich sehr überwinden, ist mir zuwider, Beängstigung, In-Druck-Kommen, eklig

Auffallendes / Seltsames:
— alles hält alles fest, wie ein Zwang,
— alles drängt zu etwas, das man nicht will,
— paßt nicht richtig zusammen, lähmend, Greifbares suchen, durch Umdrehen kann Unangenehmes passieren, peinlich, eklig
— „Harmonie" zerbrochen, mag nicht, häßlich, die Verhältnisse stimmen nicht, total verkehrt, Aggressionen, „Löcher"

Ein-stellungen / Bewegungen:
— Verrücken von Geschichten, Erzählungen stoppen, toll: sich von hinten sehen
— bedrohlich — brutal, will was von mir, Weglaufen oder Kämpfen? Wärme — Kälte, Unangenehmes und Tendenz rauszukommen
— Sich Einlassen auf Ausbreitungen, „Freiheiten", Gegenläufe, Unstatthaftes

Geschichten / Verwirrungen:

— Erzählung von „Tätigkeiten im Bild", von Möglichkeiten und Unmöglichkeiten, Abgeschlossenes, Noch-Bewegliches

— was man nicht leiden kann, was man nicht mag

— Tendenz, in Geschichten zu geraten: Bildbeschreibungen brechen das auf; beobachten und selbst beobachtet werden, „ich erzähle keine Geschichte, ich will mich ja ändern" (tut das Gegenteil); „ich hätte vielleicht noch ehrlicher sein können . . .''; Sexualgeschichten bringen anderes zum Ausdruck

Ergänzungstendenzen:

— ist mir viel zu viel, zu zwittrig, zu unsicher, so diffus

— möchte wegnehmen, zurechtrücken; er soll, er soll nicht; es wäre schrecklich, wenn . . .

— Sprache des Leibes als Ergänzung: Austreten-Wollen, nicht mehr sitzen können

Ambitendenzen / Kontrollprobleme:

— das paßt nicht, trist — gemütlich, Ironie, einerseits nahe / andererseits fern

— „erst beim Machen merke ich, daß ich der Sache nicht gewachsen bin"; Kippverhältnisse, amüsiert und erschreckt, scheußlich obwohl technisch einwandfrei, schön aber, geheult und gefreut.

(2) Methodisch-Werden

Versionen Erfahren:

— „Schwimmen" und Versuch rauszukommen, Staunen über Beweglichkeit der ersten Festlegungen und Geschichten

— „ich brauche solche Konstruktionen", Veränderung ins Gegenteil

— „da war so ne Entwicklung drin" (im Gesamtverlauf), „mein Gott, wir kommen vom Hundertsten ins Tausendste"

— unvermeidliche „Spannungen"

Handhaben-Lernen:

— „Ehrlichkeit" und Anders-Sehen, Herausrücken, Umbrechen

— Auf „Nenner" bringen, „Bilder"/Konzepte zeichnen

— scheinbar neutrale Zwischenstücke suchen

— „Vollständigkeitsfimmel" aufgeben; Sachen in der Schwebe lassen

Störungen von Routine:

— grauenvolle Kombinationen, „Du hast recht"

— Krise: „am Boden zerstört", „aber auch anderes möglich"; „da ist was, erzähl ich aber nicht"

— „Zwang" Erfahren, Überschwappen, Versacken

— Spaltung in „Realität" und „Tagträume" Erfahren; Spiegelung, „Ausklinken"

— Angst vor ständigem Rein und Raus

(3) Ins-Bild-Rücken

Umdrehen vertrauter Verhältnisse / Umsatz:

— lange Ansehen bringt „schön" und „häßlich"

in Bewegung; Provokation

— Tendenz umzudrehen, aus einem Dilemma in ein neues Dilemma, Alles-Wollen und Nichts-Tun

Gesehene Tätigkeiten / Metaphern:

— sich vom Bild her Belebendes (du hängst in der Luft); Füreinander-Eintreten von Dingen und Qualitäten: feucht, trocken, satt, kalt, nahe, zu kurz, gepreßt-werden

— verbundene Köpfe: als würden sich die Köpfe drehen und mich anschauen, bedrückend unheimlich, Tendenz zu verschwinden, könnte denen Tücher nicht vom Kopf ziehen; großer Apfel im Zimmer: Spannung, nahe am Platzen, dann bleibt er stehen, möchte ihn weiterwachsen sehen

Wiederherstellen von Psychästhetischem:

— Weiter-Fragen, Weiter-Beschreiben, Veränderung, Entwicklung, Bewegung thematisieren, „Übersetzen"

— Eingehen auf Sinnliches (Tastbares, Anschauliches) und Bewegungen darin; Widersprüche nicht leugnen; „andere" Seite ansprechen

Bild-Wirklichkeiten:

— ins Bild „gesteckt" werden (geh mal rein, halt dich drin auf); Beschreibung von Bildern als Beschreibung von Zuständen, Beschaffenheiten, Übergang Gegenstandskennzeichen-Symbol

— was ist wirklich, was Bild; Bild, wie es wirklich ist; unangenehmes Bild der anderen von einem selbst; Bild gibt Realität wahrer, tiefer

— „Phantasieren" von Bild-Veränderungen

Verkehrung als Heuristik:

— Wissen um Verkehrung (und Verkehrthalten), Unangenehmes = Faszinierendes

— Bilder auf ihre Ansätze zur Verkehrung hin betrachten; Magritte = „Inbegriff von Verkehrtem"

— Alles-ist-egal; Zusammenbrechen-Lassen; Widersprüche ohne sie erklären zu müssen

— Reizvolles am Stupiden (Bewältigung), aber auch Abstoßendes

Betroffenheit:

— Verdeutlichung, Vergegenständlichung durch andere („daß ich so bin"); Merken, daß „Eigenes" anderen zugeschoben wird

— Abweisen, weil man nicht weiß, wie es ausgeht; Verletzlichkeiten

— Hin und Her: daran merken, daß man „lebt", „Angst brauchen"

— Körper als Gesicht entdecken (Magritte)

Leiden-Können

Etwas leiden können, etwas nicht leiden können — darin berühren sich Kunst und Behandlung. „Leiden" hat eine doppelte Sprachwurzel. „Mir ist etwas leid" heißt: unangenehm, böse, eklig, kränkend, beleidigend, häßlich; „leiden" bedeutet aber auch etwas ähnliches wie „Sinn": reisen, gehen, er-fahren, er-tragen. Kunst und Behandlung haben mit Leiden, Erfahren, Ertragen, Leiden-Können und mit ihren Abkömmlingen zu tun. Sie bewegen unseren Umgang mit Leiden-Können und Nicht-Leiden-Können: sie verfolgen, wie er sich entfaltet und umsetzt. Verkehrt-Halten versucht, Leiden einzugrenzen, und schränkt damit zugleich Ertragen, Einlassen und Erfahren ein. Diese Art von Leiden-Können und Nicht-Leiden-Können zerteilt die Wirklichkeit in einen guten und einen häßlichen, abgewehrten Anteil.

Kunst sucht demgegenüber Leiden-Können und Nicht-Leiden-Können in Entwicklung zu halten; sie drängt Leiden nicht aus dem Blick, sondern macht es beschaubar. Kunst veranlaßt Erfahren, Einlassen, Zirkulation von Leiden und Nicht-Leiden-Können. Dadurch gliedert sie Wirklichkeit auf, sie legt aus und setzt auseinander; sie schreitet die Kreise unserer Entwicklungsmöglichkeiten ab. Darin findet die Behandlung seelischer „Leiden" ein Muster. Leiden-Können wird zu einer Richtlinie für Behandlung; „Leidens-Druck" erweist sich als eine vielsinnige Verdichtung der Konstellationsprobleme von Kunst und Behandlung.

Die Entwicklung von Leiden und Leiden-Können hebt sich besonders deutlich von der Verfassung des Verkehrt-Haltens ab. Verkehrt-Halten umgeht die Zirkulation von Wirklichkeit, indem Wirklichkeit verschachtelt wird. Dadurch wird einerseits berücksichtigt, daß das Seelische nicht stehen bleiben kann und „Aufwand" treiben muß — andererseits wird eine seltsame Verquickung von Festhalten- und Vermeiden-Wollen produziert, mit hauchdünnen Grenzen und Verletzbarkeiten. Hinter der Heftigkeit von Leiden-Können und Nicht-Leiden-Können steckt immer ein Problem; es wäre jedoch zu einfach, darin allein schon „Neurotisches" zu sehen.

FREUD fand, daß seine Patienten Beschreibungen auswichen; damit vermieden sie Konsequenzen und Bewegungen, Leiden und Taten. Kunst-Behandlung läßt sich auf Austausch, Vergleich, Konsequenz, Ent-wicklung ein. Hier zirkuliert Seelenliteratur; gelebte und erlebte Literatur wandeln einander. Demgegenüber sucht die Literatur des Verkehrthaltens Leiden, Erfahren, Einlassen, Rotation zu umgehen: sie verschweigt Analogien, sie weigert sich, eine Sache einmal umzubenennen (Namensmagie), sie verzichtet auf komplette Beschreibungen von Wirklichkeit. Statt Entwicklungen zu riskieren, bildet sie „Reaktionen" aus — Haltet den Dieb —; sie wehrt sich dagegen, Einsicht in eigene Symbole zu gewinnen. Pol und Gegenpol werden starr gekoppelt, beispielsweise im Feindbild — mit zugleich schwachen und aufwendigen Abgrenzungen —, Rotation wird vermieden, Literatur und Leben sauber nebeneinander geleitet.

Mit den Einschränkungen von Leiden-Können verschwistern sich notwendig Leugnen und Demonstration des Gegenteils, Zwänge und Ausbrüche scheinbar unmotivierter „Herzensanliegen". Darin kommt zum Ausdruck, daß das Versalitätsproblem insgeheim gestaltet wird durch den Anspruch, ein Werk ohne die Bewegung des Leiden-Könnens zu produzieren. Das bedingt die Verspannungen und Verweigerungen des Verkehrt-Haltens.

Kunst und Behandlung wollen dagegen ihr Werk über Zwischenstationen entwickeln. Sie machen die Begrenzungen überschreitbar, indem sie sich auf psychästhetische Prinzipien einlassen: auf das Spiel von Verwandlungen, auf Zweieinheiten, auf Paradoxes, auf den Umsatz von Leiden und Leiden-Können. Kunst und Behandlung können so etwas in Gang bringen, weil ihre „Worte" und „Zeichen" immer schon mehr sind als „bloße" Worte (FREUD). Sie modellieren von vornherein Verfassungen unserer Wirklichkeit. Daher war es auch so wichtig, zunächst einmal die alle Einzelheiten umfassende Transfiguration zu kennzeichnen. Worte und Zeichen vergegenwärtigen die Verwendungszusammenhänge der Produktion; sie gliedern sich um Schaltstellen, Drehpunkte, Funktionsverhältnisse, Entwicklungen, Chancen und Begrenzungen. Wir werden auf Lücken, Unbegriffenes, Unsagbares, Anderes aufmerksam, wenn uns die Worte ausgehen und Zeichen sich verselbständigen.

„Malen" bedeutet: Wirklichkeit bezeichnen und vermessen. Wie das Darstellen der Literatur schließt auch dieses Vermessen Leiden ein — Leiden unter Verfehlen, Einlassen auf etwas, das man (zunächst) nicht leiden mag, Bewegen von Leiden-Können und Nicht-Leiden-Können. Hier entfalten sich „Verhältnisse" zur Wirklichkeit und Verhältnisse der Wirklichkeit, die wir durchaus als Liebes- und Haß-Verhältnisse bezeichnen können. In Kunst und Behandlung kristallisieren sich solche Verhältnisse aus. Ihre Bewegung von Leiden und Leiden-Können ist Gestaltung und Umgestaltung von Liebe und Haß. Jede Behandlung verwickelt sich notwendig in diese Liebesverhältnisse; die Kunst kann sowohl das Problem wie seine Lösungsrichtung verdeutlichen.

FREUD hat das Ziel seiner Behandlung darin gesehen, das „Ich" aus der Rolle des „dummen August" zu befreien, der glaubt, alles, was in der Manege geschieht, erfolge auf sein Kommando. In der „Übertragung" der Behandlung wird das, wie alles sauber Getrennte, wieder in Umsatz gebracht; dabei erfährt man, daß Leid nicht zu umgehen sei, daß andere gebraucht werden und daß diese Wirklichkeit sich keineswegs durch Nicht-Leiden-Können beseitigen lasse. In der Behandlung lernen wir, mit dem Leiden-Können umzugehen; das wird gehalten durch seltsame Verhältnisse von Liebe und Haß zwischen Therapeuten und „Patienten".

Auch die Kunst hat mit Lieben und Hassen zu tun; sie führt den „Patienten" ebenfalls zum Umgang mit Leiden-Können. Sie setzt Prozesse in Bewegung, die dem Zwang zum Kenntnisnehmen entsprechen, auf den sich die Behandlung stützt. Kunst behandelt Wirklichkeit: unbemerkt Mitwirkendes wird herausgerückt, unverfügbare Geschichten werden modifiziert durch das, was sich einstellt; Erschreckendes, „Unausgesprochenes", Vermiedenes werden thematisiert;

Freund, Feind, Dinge, Vorgänge werden durchlässig „als" Erregung, Versuchung, Einschränkung von beweglichen Ordnungen. Wie die Wissenschaft einen „Gegenstand" bildet, der sein Entwicklungsgesetz entdeckt, so bildet auch die Kunst in ihren Gebilden Entwicklungsgegenstände aus, in denen wir lieben und hassen „lernen".

Kunst hat mit Lieben zu tun — aber sie liebt nicht wieder. Sie bietet an: Verwirklichungen, in denen wir weiterleben, phantastische Baupläne, denen wir folgen können, Bewegungsmöglichkeiten, deren Wendungen uns bereichern, Halt im Verfließen, Ordnung und Entwicklung. Sie macht wahrnehmbar, sie hilft uns von Unverrückbarem abzuweichen, sie setzt Zirkulationen (wieder) frei, sie versinnlicht unser Können — das alles macht Kunst zu unserer Liebe. Aber kein Kunstwerk liebt uns wieder.

Das ist die Begrenzung wie die Chance einer Erziehung oder Behandlung nach dem Modell von Kunst. Kunstwerke verzeihen nicht siebenmal siebzigmal, sie geben nicht Brot und Wein, sie wälzen keinen Stein aus dem Wege, sie helfen uns nicht gegen besseres Wissen; sie lieben nicht, indem sie ihre Freiheit draufzahlen. Sie sind da wie die Wirklichkeit, der es egal ist, ob wir lernen, sie leiden zu können. Sie sind ein Vorbild — was können wir nicht alles aus dieser Wirklichkeit herausführen —, aber sie leiden nicht für uns.

Leiden und Freuden

Wenn wir das Leiden-Können mit den Transfigurationen zusammenbringen, in denen sich unsere Wirklichkeiten herausbilden, haben wir einen Standpunkt, etwas über „Gefühle" zu sagen. Die Tradition setzt Kunst in Beziehung zu Stimmung, Rührung, Furcht und Mitleid, Gedrücktheit, Grausen, Gelöstheit. Das sind jedoch keine Erklärungsletztheiten. Die Analyse von Leiden-Können deckt auf, daß Kunst und Behandlung nicht in einem Bereich des „Gefühls" operieren und auch nicht durch „Lust" und „Unlust" zu verändern sind.

Leiden-Können hängt vielmehr ab von Verfassungen unserer Wirklichkeiten. Ihr Getriebe, ihre Entwicklungsmöglichkeiten, ihr Handlungsleib, ihre Gestaltung von Versalität tragen Leiden-Können und Nicht-Leiden-Können. Transfiguration — als Kunst und Begebenheit — ist das Bezugssystem, das „Gefühle" verständlich macht. Was wir an Übergängen erfahren, welche Beweglichkeiten und Unbeweglichkeiten uns bestimmen, welche Verspannungen, Lähmungen, Verkehrungen sich ausbreiten — das ist Grundlage für Tränen, Freude, Rührung, Betroffenheit.

Wir erfahren das Gelingen oder „Glücken", das Anwesend-Sein, das Werden, das Vorantragen wie die Destruktion, das Unverrückbare, den Widerstand im Herausführen von Wirklichkeit; und das läßt uns leben, Wirklichkeit sein und haben, das läßt uns Verwandlung „genießen' — oder das begrenzt uns, macht Leiden, wirft zurück, zerstört. „Gefühle" können das qualifizieren, aber sie stellen diese Transfigurationen nicht her. Sie sind auch nicht so eine Art „Erkenntnisorgan" für Kunst oder Behandlung; denn das Sich-Verstehen von Seelischem vollzieht sich in den Versionen der Gestaltbrechung.

NOVALIS macht zugleich auf die Gestaltung durch Kunstgebilde, durch Märchen, und auf die Gestaltung von Wirklichkeit aufmerksam, wenn er Verwandlung und Leiden-Können zusammensieht. Die Verwandlung des Bären in einen Prinzen erfolgt in dem Augenblick, da der Bär geliebt wird. Vielleicht geschähe eine ähnliche Verwandlung, wenn der Mensch das Übel in der Welt lieb gewänne.

Methodisch-Werden

Kunst bewegt, verdeutlicht, ordnet — das kann bestärken oder beunruhigen; denn sie fördert damit Antworten, Widerstände, Arbeit. Kunst markiert Anblicke und Ausblicke: Sich-Öffnendes, Versperrtes, Störbarkeiten, Entwicklungsmöglichkeiten. Das stellt immer Konstruktionsprobleme heraus — das ist Kultivierung, das umschließt Lektionen über Wirklichkeit, und das ist Umgestaltung, weil Kunst die uns vertraute Brechung von Wirklichkeit in Bewegung zeigt oder umdreht. Vor allem aber ist das Methode — Kunst hat Methode, Kunst ist Methode; dementsprechend setzt Behandlung ein Methodisch-Werden in Gang.

Was wir als Methode kennzeichnen, bringt die psychästhetischen Prinzipien der Wirklichkeit zum Vorschein. Leben in dieser Wirklichkeit ist nicht zuerst Beseitigung von Lebensnot und dann, wenn Zeit übrig bleibt, Überhöhung durch „sekundäre" ästhetische Zusätze. Die Lebenszirkulation hat vielmehr von vornherein psych-ästhetische Züge — Brechungen, Komponierbarkeit, Verrücken, Verfügbarkeit, „Reichtum", Sinnbildung in Gestaltung—Umgestaltung, Spielräume. Diese „Ästhetik" von Wirklichkeit begründet Methode: als Umweg, Vermittlung, Austausch, Variation, Formalisierung, als Wandlung gemäß der „Kunst" eines Systems (KANT).

Kunst lebt Methode, indem sie diese Züge weiter zuspitzt — sie fördert ein Mehr an Dazwischen heraus, sie stoppt Schematisierungen oder Geschichten und zerlegt sie, sie handhabt Vermittlungen, Übergänge, Umstrukturierungen. Daraus erwächst ihre Chance, den Zwang „geheimer" Ansprüche von Werkgestalten aufzulösen. Darin kann paradoxerweise aber auch ihre Hilfe für Verkehrt-Halten liegen: sie kann die Verlagerungen, das Verschachteln, die Aufwandverschiebung, die Abspaltungen von „Phantasiewelten" unterstützen und das Eingeschränktsein von Zirkulation überspielen helfen.

Die Kunst-Methode kann sich zu einem eigenen Lebensinhalt verselbständigen. Sie nimmt damit ein Recht in Anspruch, das mit jeder geschichtlichen Konstellation aufkommt — einen Sinn zu leben, der mit diesen Produktionen hier in die Wirklichkeit gesetzt wird. Da Methode zudem gekennzeichnet ist durch Züge wie Spiel, Probieren, Austauschbarkeit, Umkehrbarkeit, kann Kunst eine bewegliche Welt ausbilden zwischen Direktaktionen, Verbindlichkeiten, Situationen, Entschiedenheiten.

Es mag verwunderlich klingen — aber Behandlung läßt sich von diesen Momenten einer Kunst-Methode leiten; allerdings wird sich auch hier wiederum ein „Sprung" zeigen. Behandlung geht nach Art der Kunst vor, wenn sie Gegebenheiten hin und her rückt und umbricht, wenn sie Begrenzungen über-schreitet, sich dem „Rand" und den „Fransen" von Gestalten zuwendet; wenn sie herausfordert oder Widerstand leistet und wenn sie eine künstliche Welt in der Übertragung produziert.

„Durcharbeiten" meint im Zusammenhang mit Me-thodisch-Werden: Erproben von Halt, Rechtfertigung, von Zirkulation, Durchlässigkeit, Realitätsbewegung, Umbrechen, Handhaben eines Prismas. Das folgt den Techniken der Kunst, die Zitate und Geschichten aufdecken; das führt Ironie und Spiralbewegung wei-ter, und das gibt sich ab mit Ansprüchen, Symbolen, mit Betroffensein, Trotz, Scheitern. Wenn etwas her-auskommen soll bei Behandlungen, genügt es nicht, Verfahren zu wissen und „Versuchsanordnungen" danach einzurichten. Wie Kunst eine gelebte Methode ist, so muß auch Behandlung gelebte Methode wer-den.

Sich-Einlassen in Entwicklungen zieht das „Leben" von Fragen, Wendungen, von Zerlegung und Wieder-Zusammensetzen nach sich. Eine Behandlung ent-wickelt sich, indem die Sache in methodischen Bre-chungen zur Sprache kommt: Verfolgen von Beob-achtungen, Aufdecken von Gründen, Verspüren von Konsequenzen, Einsicht in Wendungen, Hypothesen über Konsequenzen. Aber das bringt nur dann etwas heraus, wenn darin eine bewegliche Gestalt zum Le-ben gebracht wird.

Wir leben eine Methode, indem wir einem literari-schen Werk folgen oder indem wir ein Kunstwerk ent-wickeln. Auf diese Weise können wir auch einen „Fall" weiterführen: indem wir eine solche Methode werden. Dabei zeigt sich allerdings auch, daß das kein einliniger Prozeß ist. Die Methode der Kunst bildet sich heraus im Hin und Her von Mitgehen und Ge-genüberstellen, von Angewiesensein und Umgestal-tung, von Konstruktion und Geschichte, von Not-wendigkeiten und Chancen. Wirkungen von Kunst-Behandlung kommen in Gang, indem etwas in solche Entwicklungen gerät, indem ein Gegenüber gewonnen und dann wieder in Bewegungen expliziert wird; in-dem sich Produktionen und Brechungen auslegen, indem Konstruktion in Geschichten übergeht und Ge-schichten sich in Konstruktionen erhellen.

Es ist nicht zu übersehen, daß das endlos werden kann. Das wird zu einer zentralen Frage für die Be-handlung: will sie eine Wandlung in einer bestimmten Zeitspanne erreichen? Kann sie sich dabei weiterhin an Kunst orientieren? Ins-Bild-Rücken und Bewerk-stelligen werden verdeutlichen, wo „entschiedene Ge-stalten" Unterschiede und Gemeinsamkeiten kennt-lich machen.

Methodisch-Werden ist ein Modellierungsprozeß, der immer wieder neu auseinandersetzen und zusam-menfassen muß. Diagnose, Eingriff, Rückmeldung, Neueinschätzung, Beobachtung sind in diesem Prozeß nicht voneinander zu trennen. Dadurch wird ein kunstanaloger Produktionsprozeß vorangetrieben, der ein Gegenüber schafft und dieses Gegenüber in Qua-lifizierungen und Tätigkeiten entfaltet; er entwickelt Wirklichkeit und Wirksamkeit „als" etwas und „zu" etwas. Die Modellierungen werden durch die Kon-stellationsprobleme zusammengehalten, in denen sich jeweils unser Verhältnis zur Realität verschärft hat.

Eine Form des Methodisch-Werdens, die mit Hilfe von Konstruktionszügen der Kunst an Psychästhetik heranführt, kann direkt als „Ästhetisierung" bezeich-net werden. HEUBACH charakterisiert sie als Umbil-dung vertrauter Gestaltungsmethoden: durch Expli-kation von Widersprüchen, durch Aufheben von Ein-deutigkeit, durch Formalisierung und Egalisierung von Sinn. Dadurch können sowohl neue Gestalten aufgebrochen als auch Spaltungen in „Leben" und „Als-Ob" herbeigeführt werden. Der Schwebezustand der Ästhetisierung drängt auf Lösungsmuster, die wieder etwas bewerkstelligen können.

Realität kommt in unserer Arbeit zu Wort — das gilt entsprechend für die Methode der Behandlung. Die Metamorphosen des Methodisch-Werdens ändern daher den Sinn von Wirklichkeit, der uns vertraut war. Das läßt sich schon an der Beschreibung beob-achten, die das Problem Leiden-Können in den Griff zu nehmen sucht. Noch deutlicher wird das, indem wir methodisch einen Erzählstopp einleiten, der un-sere beliebten Geschichten infrage stellt. Jetzt kön-nen wir uns darauf einüben, daß die „Gegebenheiten" durchlässiger werden für Überdeterminationen. Dabei lassen sich auch Produktionsprobleme und Störungs-änlässe thematisieren; das ist die Voraussetzung für eine Einsicht in Unverfügbares und in die Konstruk-tion des Verkehrt-Gehaltenen. Methodisch-Werden ist eine Durchgangsstation, von der aus Umerzählungen betrieben werden können.

Die Methode der Kunst bleibt über die ganze Mo-dellierungsstrecke hinweg Prototyp für Behandlung. Aber auch hier gibt es wiederum einen Sprung, der der Behandlung eine andere Qualität verleiht. Für die Behandlung muß etwas Bestimmtes, das unverfügbar war, anders werden. Die Behandlung ist auf ein be-stimmtes Schicksal bezogen — sie hat keine Wahl, wo sie ihre Methode leben kann.

Variation: Literaturunterricht

Unterrichten ist Experimentieren und kann daher auch zu einem psychologischen Experiment weiterge-bildet werden. Dabei läßt sich Unterricht sowohl mit Kunst als auch mit Behandlung zusammenbringen. Es legt sich nahe, Unterricht kunstanalog zu durchglie-dern: indem prototypische „Bilder" umfassende Transfigurationsprozesse zu organisieren beginnen. Da das nicht irgendwo völlig neu anfängt und auch nicht ohne weiteres in Gang kommt, ist mit Wider-ständen, Störungen, Abweichungen zu rechnen. Sie lassen sich nicht immer in den gewohnten Formen des Unterrichtens bewegen. Wenn man damit umzugehen sucht, wird sichtbar, daß Unterrichten „behandelt", daß Unterrichten eine spezifische Behandlungsform ist und daß Unterrichten in psychologische Behand-lung (i.e.S.) übergeht.

Ein Unterrichts-Experiment, das unsere Annahmen überprüfen kann, führte Dr. L. Salber in der zweiten Klasse einer Oberschule durch. Das Konzept für eine Unterrichtsphase von 9 Stunden sah vor, daß ein Pro-totyp die Entwicklung im ganzen organisieren sollte. Er sollte Absichten des Deutschunterrichts verständ-lich machen, die Erfahrungen bei der Lektüre von Bü-chern kristallisieren, auf verschiedene Literaturformen hinweisen, und er sollte herausrücken, welche Bedeutung Gliederung und Methode haben. Die Annahme war, Unterrichten lasse sich durch Prototypen strukturieren, die grundlegende Verhältnisse in Entwicklung kunstanalog repräsentieren. Wenn das stimmt, dürfte das zu Erlernende nicht von allgemeinen Konzepten der Literaturwissenschaft und der Psychologie abweichen — als sage das „Kindern" gar nichts; die Wirkung des Prozesses müßte sich zeigen im Entwickeln-Können einer anderen Haltung zum Umgang mit Literatur — das sollte sich beschreiben lassen.

Die ersten beiden Stunden: die zu verändernde Ausgangslage charakterisiert sich dadurch, daß Literatur mit Rechtschreiben-Lernen und Ausdruck-Schulung zusammengebracht, daß die Privatlektüre, davon getrennt, durch Unterhaltung klassifiziert wird, und daß eine Vorstellung fehlt, wie Literatur mit unserem Leben zusammenhängt. Durch Beschreibung der Begebenheiten der Lektüre stellt sich heraus, daß Literatur mit Ausdrucksdrängen, „Spannungen" und mit der Formung und Gestaltung dieser Dränge zu tun hat. Der Aufforderung, das in ein Bild zu bringen, kommen die Schülerinnen nach, indem sie Ausdrucksqualitäten von Spannung, Überleitung und Formung kennzeichnen; sie beziehen Drängendes, Überleitung, Formung aufeinander: das sieht **wie ein Baum aus.** Das entspricht dem Prototyp, der für die Unterrichtsphase entwickelt wurde.

Nun wird die Frage aufgeworfen, wie das zusammen wirken könne, wie das möglich sei. Es muß eine Verbindung in dem ganzen geben, etwas, das die Einzelheiten zusammenhält. Mit dem Stichwort „Gliederung" kann viel an „Wissen", das unverbunden und unbeweglich aufkommt, belebt werden: die Entwicklung bei der Lektüre wird mit einer Treppe verglichen, mit Steigerungen, mit Keimen und Entfaltungen von Blumen, mit Schale und Kern. Nun soll das auf ein den Schülerinnen bekanntes „Abenteuerbuch" bezogen werden: sie beginnen zu verstehen, daß das Inhaltsverzeichnis etwas mit der Gliederung und der Verbindung von Spannung und Formungen zu tun hat. Sie merken ferner, daß Gliederung mit Wiederkehr, Abwandlung, Weiterführung von Bedeutungen verbunden ist (Dunkel-Hell, Riskieren/Abenteuer-Gefahr, Bewegung-Beschränkung, Angenehmes-Unangenehmes, Anfang-gutes Ende).

Dritte und vierte Stunde: das Problem der beiden Stunden ist, ob es gelingt, die „großen Linien" aus dem Ablauf der Lektüre eines bestimmten Buches wiederzuentwickeln. Dazu wird nahegelegt, die Beziehung von Erlebensgliederung und Gliederung des Buches irgendwie auf ein (gemeinsames) Stichwort zu bringen. Zum anderen, die Gliederung im Aufbau zu verfolgen und damit, wie die Schülerinnen es verstanden: „hinter den Plan der Autorin zu kommen". Daran werden einige Züge dieser Unterrichtskonzeption noch etwas deutlicher. Es sollte nicht darauf ankommen, das Buch ganz perfekt zu zerlegen — wichtig war, etwas von der Gliederung als Verbindung und Vermittlung zu verspüren; es kam auch nicht auf Lernen von Definitionen an: die Schülerinnen sollten mitkriegen, daß Literatur ein Gerüst oder Gefüge hat. Schließlich: wie die Schülerinnen die Sache selbst verstanden und formulierten, sollte den Prototyp spe-

zifizieren („hinter den Plan der Autorin kommen").

Das Herausrücken des Gefüges birgt jedoch einige Stolperstellen. Daher kann der Prototyp auch gar nicht bis ins einzelne gehen, sondern seine Gestalt erst in die Auseinandersetzung mit dem Sich-Einstellenden gewinnen. So wird ein Gefüge zwar deutlich — mehrfaches Ansteigen mit einigen Verrückungen oder Verschiebungen dabei —; aber das einfach Nacherzählen überströmt immer wieder die Organisation. Andererseits stellen sich die üblichen Einordnungen — „spannend", „Unterhaltung" — immer wieder ein. Sie „behindern" es zu kapieren, was man bereits weiß und praktizieren kann. Dennoch ist das Entwickeln-Können bereits so weit gediehen, daß das Abenteuerbuch als eine besondere Form von Literatur charakterisiert werden kann. Es teilt auf in Risiko und Gefahr, Hell und Dunkel, gut und böse; es läßt ähnliche Folgen wiederkehren, geht aber auf eine „normale", entzaubernde Klärung ohne Rest zu. Das Gefüge trägt dazu bei, das Abenteuerbuch als eine Art Beseitigungs- oder Durchhaltebuch zu kennzeichnen.

Fünfte, sechste und siebte Stunde: Die Entwicklung eines prototypischen Unterrichts bewegt sich zwischen Festlegungen und Umbildungen, Zerlegungen und (Wieder-) Zusammenfassungen. Daher brauchen die Schülerinnen auch Hinweise auf Techniken des Notierens, sie brauchen „Bilder" und Formeln, und sie brauchen Aufgaben, an denen sie trainieren können. Für eine Unterrichtsphase zwischen dem üblichen Unterricht bringt das eigene Probleme; die Notizen und Zettel, die abgegeben wurden, boten eine erfreuliche Überraschung. Was daneben ging, ließ sich eigens aufgreifen und bot Anlaß, den Prototyp, Plan, Gliederung, Formen, Sinn des Literaturunterrichts nochmals zu besprechen (Beginn der sechsten Stunde).

In der fünften Stunde wird eine andere literarische Form behandelt: das Märchen. Die Schülerinnen geben das ihnen bereits bekannte Märchen „Vom Fischer und seiner Frau" wieder. Daß es bekannt ist, zeigt Vorteile und Nachteile. Gliederung und Gefüge werden bald einsichtig, ebenso Beziehungen (Wiederkehr, Steigerung, Anfang—Ende). Aber zugleich treten auch Festlegungen auf: es gehe um „Gier" und Bestrafung der Gier; damit scheint das ganze irgendwie erledigt.

Die darauf folgenden Stunden stehen nun vor der Aufgabe, den Prozeß des Entwickeln-Könnens und die genaue Analyse der Übergänge zwischen „Plan" und den beschreibbaren Einzelheiten zu beleben und voranzutreiben. Nur dann kann über die eigentümliche Form des Märchens etwas gesagt werden, das vom bloß Moralischen abgeht. Gegen den Widerstand von „erledigt, bekannt, kein neuer Aufwand" wird der Text Zug um Zug durchgegangen; gerade bei Prototypen ist das Hin und Her nicht zu umgehen. Wiederum wird auch das Methodische betont: wir müssen das „ausmessen", untergliedern, den Bedeutungswandel verfolgen — und immer wieder: Hinsehen, genau charakterisieren. Schon dabei stellen sich Züge des Märchens heraus: Hinzunehmendes, nicht weiter zu Befragendes, nicht in Geschichten Aufzulösendes.

Gegen die verschiedenen Anhaltspunkte für Abweichungen und Ausweichen — Ins-Erzählen-Geraten, alte Überlegungen beleben — wird ein Gefüge des Märchens herausgearbeitet. Dazu lassen sich wiederum Beschreibungsqualitäten aufgreifen: das Wellenförmige, das Anschwellende, der einfache Ausgangspunkt und das Abkippen von der höchsten Stelle in den Pott zurück. Aufgegriffen werden kann damit aber auch, was bei der Analyse der Etappen des Märchens zutage trat: das Ineinander von Wunschregungen und Regungen der Natur, das Ineinander von Wunsch und Widerstand, von Mann und Frau, die Wandlung von Wünsche-Haben in Besessenheit, das Widersprüchliche von bloß Haben (Schloß, Königtum) ohne Machen (mit dem Gegebenen etwas anfangen können). In den Blick rückt, daß in dem Formelhaften viel über Verwandlungen der Wirklichkeit gesagt wird; daß diese Literatur „Wahres", etwas über das Leben ausspricht, und daß das Märchen nicht weniger packt als ein Abenteuerbuch. Pläne des Lesens und Pläne des Lebens. Im Märchen wird nicht so sauber aufgeteilt wie im Abenteuerbuch; da werden wir stärker in Verwandlungen einbezogen.

Achte und neunte Stunde: Die Stunde gerät unter den Druck einer ganzen Reihe von Problemen. Die Schülerinnen ringen mit Schwierigkeiten, die Züge des Märchens mit eigenen Worten zu formulieren; der Lehrer berücksichtigt zunächst mehr den Gesichtspunkt der Kontrolle des Experiments und geht damit stärker auf Feststellbarkeiten als auf Entwickeln-Können ein. Erst nach einiger Zeit spielt sich das wieder darauf ein, das Unterrichtsprogramm weiter zu entwickeln. Das Ineinander beim Märchen, die Lebensprobleme, die es aufwirft — beispielsweise die Probleme glatter Wunscherfüllung —, die Veränderung in allem kommen nochmals zur Sprache.

Die letzte Stunde soll einen Überblick über die Entwicklung bringen und zugleich Punkte markieren, an denen eine psychologische Behandlung ansetzen kann. Deutlicher als erwartet betonen die Schülerinnen die „neuen" Selbstverständlichkeiten: daß es um Ausdrucksformen geht, um Gefüge im ganzen, um Lebenspläne. Sie können in groben Zügen die mit Literatur verbundene Konstruktion von Wirklichkeit, mit der sie sich acht Stunden beschäftigt haben, entwickeln. Dann verschärft sich das Entwickeln-Können: indem Leiden-Können und Methodisch-Werden thematisch werden. Die Verfassung von Unterricht, das Schicksal dieses speziellen Unterrichts und was dabei so ins Spiel kommt — das hebt sich heraus und wird weiter verrückt.

Peinlich berühren die Schülerinnen Hinweise, die deutlich machen, daß in dem Unterricht mehr „drin" ist als das „offiziell' Verabredete: Kindliches, Kram, Klischees, Versinken, Automatisches, Nicht-Reflektiertes. Zugleich wirkt das aber auch befreiend. Sie selbst kommen auf Unterricht als „Hindernis" zu sprechen, ohne das kein Lernen zustande kommt. Sie grenzen Sich-Unterhalten und Ins-Erzählen-Geraten ab von angemessenen „kurzen" Formeln, die vieles zusammenfassen, auch von Selber-Fragen, Selber-Erklären, selbst eine Form des Vorgehens finden. Am Beispiel einer Snoopy-Geschichte („Snoopy schreibt ein Buch") bringen die Schülerinnen dann ihr Entwickeln-Können als „kritische" Bearbeitung an.

Ins-Bild-Rücken

Bildende Kunst und Literatur vergegenwärtigen Lebens-Bilder oder Lebens-Gestalten. Sie vermitteln im Wandel der Gestalten den Abglanz des Lebens, die Vielfalt und den Reichtum von Lebensmöglichkeiten; durch Kunst-Werke können wir Anteil daran gewinnen und überschreiten so unsere geschichtlich begrenzte Lebenspraxis. Das ist etwas anderes als „Phantasie": Kunst entfaltet die Konstellationsprobleme dieser Lebensbilder, sie bezieht uns in ihr Schicksal ein, sie entfaltet die Gesetze ihrer „Mechanik". Dadurch fördert Kunst das Leben von Produktion: durch Einsicht, durch Übertragung, durch selbständige Regulation, durch „Selbstbewegung".

Zugleich schafft Kunst Zentrierungen, indem sie ihre Gestalten ins Bild setzt. Umgang mit Leiden-Können und Methodisch-Werden arbeiten auf die Entwicklung solcher Lebens-Bilder hin. Sie lenken den Blick darauf, daß Bilder aus Bewegungen, Verrückungen, Umzentrierungen erarbeitet werden — so wie Bewegungen und Brechungen zu Bildern führen müssen. Besonders das Umdrehen vertrauter Verhältnisse macht auf Ins-Bild-Rücken aufmerksam. Ganzheit wird spürbar als „Teil" des Bildes, Strukturierungsprozesse werden sichtbare Formulierung, Wirksamkeiten werden Ansicht, Anhaltspunkte Übergang. Darin liegt ein methodisches Bewegen und ein betontes Herausstellen des Ganzen.

Das Ins-Bild-Rücken versinnlicht den Umsatz von „Methode und Theorie", der mit der Gegenstandsbildung von Wissenschaft wie mit der Produktion von Kunstwerken verbunden ist. Das Umdrehen als „Bewegung" und „Zentrierung" von Bildern bestätigt GOETHEs Satz, daß Tätigkeiten und Anhalte, Beobachtung und Theoretisieren ständig ineinander übergehen. Die Behandlung geht auf entschiedene Gestalten zu, indem sie aus der Bewegung des Leiden-Könnens und des Methodisch-Werdens (wieder) etwas ins Bild rückt. Auch das ist kunstanalog, macht Kunst nach.

Ins-Bild-Rücken gleicht dem Handhaben eines Prismas bei der Behandlung eines „Falles": Geschichten, die uns angeboten werden, werden auf Konstellationsprobleme und spezifische Gestalten hin transparent, indem wir sie mit dem Entwicklungsgang vorwärts und rückwärts zusammensehen. Ein Charakter entwickelt seine Gestalt vermittels der Versionen, in denen er Probleme und Lösungen von Geschichten verarbeiten kann — unsere Methode folgt diesen Wendungen, von den Geschichten aus, die uns angeboten werden.

Leiden-Können und Nicht-Leiden-Können bieten erste Anhaltspunkte, wo mit Störungen von Ausdruckstendenzen und Wendungen zu Polarisierung, Formalisierung oder zur Verkehrung von Paradoxien zu rechnen ist. Von hier aus erweist sich das Methodisch-Werden als Bewegung im Dazwischen von Geschichten und Bildern. Das Ins-Bild-Rücken bringt umrahmende Gestalten ins Licht, deren Künste das ganze organisieren oder zumindest organisieren könnten.

Die Selbstbewegung dieser Konstruktion grenzt sich notwendig durch Gestalten ein. Das entspricht dem „System", das in Verwandlung wirksam ist. Aber die Handlungsanweisung dieser Gestalten kann oft erst durch einen eigenen Behandlungsprozeß verfügbar gemacht werden. Dazu muß sich ein kunstanaloger Umgang mit den Mechanismen der Verwandlung ausbilden, die dann im Ins-Bild-Rücken zusammengefaßt werden.

Bilder: Werke in Bewegung

Kunst ist ein Glück verheißendes Ärgernis — das tritt in ihrer eigentümlichen Behandlung zutage: das alles ist nicht perfekt, führt nicht zu sauberen Trennungen, und dennoch hat das Methode, holt Wirklichkeit heraus, zeigt Bilder auf, um die es „entscheidend" geht. Man sucht in den großen Museen vergeblich nach Bildern, die man eindeutig „normal" nennen könnte; sie alle sind mehr oder weniger verrückt. Ihr Maßstab findet sich nicht in bestimmten „reinen" Auffassungen, allenfalls in gekonnt „verrückt" oder nicht. Genauso kann auch die Charakterologie nur irgendwie in den Griff kriegen, zwischen welchen Bildern, Brechungen, Problemen ein Charakter wirksam ist.

Am Muster der Kunst erfährt die psychologische Behandlung, daß es nicht um einen bestimmten „entscheidenden Punkt" geht, in der Kindheit vielleicht, den der Patient nicht leiden will. Es geht auch nicht darum, „alles" als wirksam durchzuziehen — das verläuft ins Endlose. Es geht eher darum, eine mehr oder weniger bewegliche Konstruktion ins Bild zu rücken, die das aktuelle Handeln bestimmt. Zu dieser Konstruktion gehören die Mechanismen und Prozesse wie Verrücken, Übertragen, Verkehren, Umdrehen; in ihnen wird das Getriebe eines Lebenswerkes eingeübt. Man kann das nur durch entsprechende Bewegungen ins Bild bringen, und zwar in das Bild eines Werkes in Bewegung. An ihm lassen sich dann spezifische Chancen, Begrenzungen, Konsequenzen, Entwicklungen ablesen.

Ins-Bild-Rücken bezieht sich auf den „Haushalt" oder das Getriebe eines Werkes von Wirklichkeiten und Wirksamkeiten. Daher spielen sowohl im Traum wie in der Kunst „Architekturen" eine wichtige Rolle — Leibesanalogien, kosmische Analogien, Werkanalogien. Statt Erleben und Verhalten auf „frühe" Geschichten zurückzuführen, zeigen Kunstwerke Grundverhältnisse mit einem spezifischen Entwicklungs-Schicksal (Gewinnen—Verlieren, Festhalten—Verrücken); sie arbeiten Paradoxien des „Haushalts" heraus, indem sie ihn ins Bild rücken. Darauf bezieht sich die Behandlung. So versuchte auch FREUDs letztes Konzept, das Urtrauma, in ein Bild zu bringen, was an einem Menschenwerk nicht zu perfektionieren ist: Ergreifen und Verfehlen von Wirklichkeit in einem.

Es scheint gar nicht so wichtig zu sein, eine bestimmte „Ursache" auszugraben, nach FREUD oder JUNG oder ADLER. Wichtiger ist, daß Gestalt als Werk, als leibhaftiges Prinzip der Gestalten des Verhaltens und Erlebens, ins Bild gerückt wird, wobei auch der Prozeß wichtig ist, das Aufdecken von

Brechungen, Doppelleben, Überdeterminierung, das Verfolgen spezifischer Konstruktionen, von Verkehrt-Halten, von „Resten". In jedem Fall müssen wir uns auf ein Bild des Werkes festlegen, um ein Prisma ansetzen zu können, das Beweglichkeiten und ein „verrücktes" Bild im Rahmen des Versalitätsproblems sichtbar werden läßt. Wir verstehen damit das Werk und seine Probleme in Bewegungen zwischen Hauptbild und Nebenbild.

Wenn Kunst etwas neu ins Bild rückt — oder etwas in ein anderes Bild rückt —, stellen sich Krisen ein. Etwas paßt nicht mehr in den gewohnten Rahmen; oder ein Rahmen wird überhaupt erst einmal sichtbar — eine Begrenzung, ein Zwang, eine Ansicht unter anderen. In Krisen wird „neben" oder „in" Bildern ein weiteres Bild spürbar — Hauptbild und Nebenbild treten auseinander. Dabei können Reste, „Unreinliches", Störungen eine Rolle spielen; genauso Extremisierungen oder Umbruch in neue Kompositionen. Wir sehen das Werk in einer Bewegung zwischen verschiedenen Konzepten und Sinnbestimmungen, und die Behandlung sucht die Verspannungen und Überkreuzungen darin herauszuheben. Dadurch soll der Weg zu einer entschiedenen Gestalt unserer Werke (wieder) freigelegt werden — so wie die Kunst zu einem Werk führt, das sich in sich entwickeln kann.

Wissenschaft und Behandlung führen Krisen absichtsvoll herauf. Wissenschaft konstelliert Krisen in methodischem Zweifel, in Proben, in extremen Formalisierungen, in aufstörenden Experimenten, in ihrer „Sturheit", eine Sache nach allen Seiten durchzuexerzieren. Auch die Behandlung ist darauf angewiesen, daß Krisen überhaupt einmal erfahren werden: daß „eigene" Wirksamkeiten etwas anderes ins Bild rücken könnten als uns vertraut ist, daß Selbstverständlichkeiten ins Schwanken geraten, daß anderes genauso möglich wäre. Erst dann kann sie Veränderungen einleiten, die uns einer in sich entwickelten Gestalt näherbringen.

Wie bereits gesagt, folgt aus dem Ins-Bild-Rücken nicht automatisch eine Umbildung unserer Werke. Daß anders eingeordnet und daß ein Spektrum von Übergängen aufgedeckt wird, kann sich als „interessantes" Werk selbständig machen. Der Zwang, Veränderungen in alltäglichen Gestaltungen fortzusetzen, wird dadurch abgeschwächt. Kunst und Wissenschaft haben Appellcharakter. Doch auch in diesem Appellcharakter unterstreichen sie einen Grundzug der Lebenszirkulation: das Anders-Werden-Können (Anders-Leben-Können). Hierin gründet jede Methode des Umgangs mit Wirklichkeiten, die von Werken getragen wird.

Wenn die Behandlung die Konstruktion des Patienten in ein ihm vertrautes Hauptbild und ein fremdes Nebenbild verrückt, das sich ebenfalls auf eigene Wirksamkeiten stützt, tritt das eigene Werk wie im Licht „anderer" Ansicht ins Bild. Das kann zu einer Umverteilung der Akzente von Hauptbild und Nebenbild führen; das kann aber auch neue Abwehr hervorrufen, die die anders umrissene Konstruktion unleidlich macht.

Indem die Kunst etwas ins Bild rückt, wird die Wirklichkeit auf Zusammenhänge hin überschritten, die das zu Sehende morphologisch auslegen: in Entsprechungen, in Gegenläufen, in Versionen, in Funktionsformeln und materialen Symbolen. Dahin will auch die Behandlung gelangen. Sie will nicht allein spürbar machen, daß da Probleme, Verkehrungen, Ängste und Abwehrmechanismen wirksam sind. Sie möchte das auch an einem psycho-logischen Modell des Funktionierens ins Bild rücken; denn nur dadurch ist Übertragung und selbständige Regulation in neuen Situationen möglich. Aber da sie an ein bestimmtes Schicksal und seine Veränderungsmöglichkeiten gebunden ist, muß sie diesem Bild bestimmte Qualitäten abfordern, wenn sie wirken will.

Und damit wird abermals ein Sprung in der Charakterisierung von Behandlung durch den Prototyp Kunst erkennbar. Eine Veränderung durch Behandlung setzt voraus, daß das bewegende Bild uns betroffen macht — als ob wir immer schon geahnt oder befürchtet hätten, daß es so ist, und nun wird es unausweichlich, von diesem Bild aus weiterzumachen. Diese Betroffenheit durch das Ins-Bild-Gerückte ermöglicht es, das Verkehrt-Gehaltene nochmals in Bewegung zu bringen. Die Behandlung drängt darauf, die Bewegung in der Entwicklung eines entschiedenen Werkes in sich weiterzuführen — ohne den Risiken der Entschiedenheit durch Spaltung auszuweichen.

Austausch in Entwicklung — als Methode und Inhalt — erweist sich hier als eine Formel für die Chancen des Gewinnens von Wirklichkeit und zugleich als eine Formel der Begrenzung von Wirklichkeit in endlichen Werken. Damit wird immer ein Umschwung heraufbeschworen, welcher die Spirale des Entwicklungsganges zu einem „Fall" macht, der das Werk in das Schweigen eines Materials, die Konstruktion in Banales, der die Handlung zum Gegenstand, das Maß einer Entwicklung zum Zufälligen übergehen läßt. Die Kunst nimmt eine Schlüsselposition im Umgang mit der Welt und im Erkennen unserer Wirklichkeit ein, weil sie diese Konstruktion in ihren Werken zur Darstellung bringt und die Paradoxie ihrer Bewegung und Zerstörung wie einen „Fall" herausrückt.

Der Umgang mit den beiden Bildern löste bei der Patientin G. heftige Bewegungen aus. Was sich dabei als Gestalt (Verwandlungs-Konstellation) abzeichnete, erwies sich in den Metamorphosen der Behandlung als ein Hauptproblem: Frau G. hatte sich in ein Umkippbild verstrickt.

Rekonstruktion: Fallanalyse im Behandlungsraster

Fall G. (Dr. Seifert)
    (Kontrolle Dr. Berk; Salber)

Leiden-Können	Methodisch-Werden	Ins-Bild-Rücken	Bewerkstelligen
Nicht verstanden — nicht verstehen findet sich sexy — will mehr sein als Oberfläche Angebot—Rückzug	Welche Versicherungen gegen welche Verunsicherungen?	Betrug? (wofür hält sie sich — für einen Verräter, für verraten — in ihrem Werk?)	Magritte-Bilder vorlegen Prostitutions-Gebärden
(1) Findet sich unmöglich Ambivalenz ordentlich—verrückt, aufdringlich—abhängig	welche Entdeckung befürchtet? Wie ist Nicht-Leiden-Können?	Was drückt sich in „Frauen-problemen" aus?	
(2) Sich selbst / Körper nicht leiden können „Da will was raus" — Nicht=Zugehöriges Traum: Erstickung Unruhe / Fliehen-Wollen	Körper als stummer Mittler (Bildersprache; widerwilliges Angebot) Verschärftes Nachfragen	Rauswollendes — warum soll das nicht raus? 2 Bilder ins Spektrum rücken	Zugeben: klappt nicht mit Männern Regeln setzen
(3) „Bekenntnisse": will im Vordergrund stehen; Ambivalenz der Körper-hülle; Ehen aufbrechen Materialflut	Psychisches darin? Kunst-Körper-Traumsprache vergleichen (Metaphern) Warum Ersticken mit Bekennen und Material	wo „Logik"? will alles anders haben (Verkehrungen): insgeheim „Bambi" ins Werk setzen?? (abstruse Nymphe)	bewerkstelligte Betrugs-techniken: vor sich selbst — über sich
(4)	„Geheimnis": selbst lügen und betrügen; verdeckendes „Chaos" Affekte gegen „großartiges" Kind wird neugierig: warum das?	(Ungeschichtlichkeit?) kindliche „Freundschaften", „Unverschämtheiten", „Unverantwortlichkeiten". Toter Vater „lebt"?	Chaos-Machen, Szenen-Machen (unter Zwang) Wie aus Kreis heraustreten?
(5) Erinnerung: Vater—Selbstmord— „doppelter Kopf"; Vater schlug sie; Sexualisierungen Halluz.: Vater „unter" Erde	Herausrücken von „Kindlichem" (Narrenfreiheit; armes Kind; Lolita) Lesbisches	zwei Bilder in Krise bringen, zum Kippen bringen a) tolles, armes, böses Mädchen b) Erwachsenen-Welt (zwischen Anerkennen und Verwirren)	Auflösen von Verhältnissen
(6) Erzählungen, Übertragung, Agieren	statt auf Lügen, Ansichten, Versionen einzugehen: Wiederholungen	umgeht Thema „böses" Mädchen	
(7) mal so — mal so: woran sich halten? weiß nicht, warum und was zum Leben nötig	kommt selbst auf Meth.-Werden; Affekte gegen Männer; Verfügbares jetzt auserzählt	Wendepunkt: — Regeln wiederbeleben — Widerstand; — Übertragung besprechen	keine Lust mehr — möchte sich treiben lassen
(8)	Unterrichten über Verhältnisse der Therapie Welcher Übergang in Kind — „gemeine Bestie"?	Umrisse des Bildes: Kinderfreuden — Anweisungen erhalten — Gemeinwerden — Rausschmiß — Erwachsenen peinlich	Selber-Entwickeln-Können (als strategisches Ziel) Alles auf die Bilder zentrieren
(9) Leiden und Freuden der Bilder des Verrückens	Methode einsetzen, um zwei Bilder herauszurücken	Auf Bilder zentrieren: — niedliche Bestie: so handeln, so behandelt werden — „Knäuel" von Hexe, Triumph, Geschlagenwerden, Behextsein, Geliebtsein	Erwarten von Kristallisationen und Aufbrechen (Erinnerungen, Einfälle)
(10) Hexenkind — Macht und Ohnmacht — Macht über Tote	Hexe—Entdeckung — Aufklärung: „Satansbraten", Schadenfreude, Tot-Lachen, Bedrohungen, Verbergen-Müssen	Im Alltag (Fest) brechen störende Bilder auf: Hexen, Behextes, Hexen (vgl. Selbstbild Antihexe). Hexen und Bestrafung, Lähmung, Verwirrung	Durchziehen im Alltäglichen Wandern statt Explosion oder Starre

Leiden-Können	Methodisch-Werden	Ins-Bild-Rücken	Bewerkstelligen
(11) Bewirktes Scheinbild bricht zusammen: Widerstand gegen Erleiden	Herausstellen des Verrückens, des Brechens, des Prismas! Verrücken auf Hexen-Probleme. Sich beobachten lernen	„Fest" als Rahmen, Hexenbild ins Jetzt zu rücken: „Makelloser" Auftritt — Verkrampfung: Pipimädchen-Verkehrung: die anderen = Marionetten	„Übertragung" (i.w.S.) und Konsequenzen > Hilfe, „wandern" zu lernen; statt Alleinunterhaltung: in Antwortfolgen leben
(12) Unangenehm: das „Unausgegorene", das aus ihr kommt.	Versteht „Pendeln" des Hexenkindes, zwischen Macht und Ohnmacht. Zirkulation von „Übertragungen"	Erwartet: Hintergründe für Freude an Hexen. Bringt Beispiele für Unfehlbarkeitsmaß. Verrücken: von makellos zu Ordnung, von Pendeln zu geordneter Entwicklung	„Wandern" statt Pendeln: „das wäre ja Arbeit!" Sind Metamorphosen des Hexens schmackhaft zu machen?
(13) Keine Lust mehr an Sex („verlogen")	Resignation; Erzählungen / Rationalisierungen (Rausreden)	Perfektes vs. Menschliches (Macht haben wollen), klammert „Häßliches", „Bosheit" aus	wie weit auf Liebe und Haß einlassen?
(14) Warum noch (weitere) Therapie? Zugleich von Geben und Zerstören (Vater) — Kränkung	Beschreibungen; Vermutung: ungemütliche Arbeit beginnt; sture Fragen des Analytikers	Deutung: unterdrückte Mordtendenz > zugleich Glück mit Mann und Umbringen des Mannes (= „Durchdrehen bis zum Exzeß") Häßliche Seite des Hexens	(alles läuft andersrum); Lernen, das Aufgebrochene zusammenzusehen Wollte „beweisen"
(15) Art Selbsbestrafung in diesen Wechselbädern?	Deutung: alles im „alten" Spiel: Kind, Frau, Teufelsbraten (sehr kunstvoll!)	statt Leitfaden Übertragung / Widerstand: „Doppelbilder" herausrücken; Hexen als Nicht-Entkommen-Lassen: Zwang durch Liebe oder Tod	Bricht mit Freund — behext anderen (Ehe-)Mann; mit „Geheul" danach. Andere dürfen über diese „Traumbilder" nicht lachen; sie selbst kann es schon

Bewerkstelligen

Bewerkstelligen hört sich an wie ein Symptom: wir stellen fest, ob jemand das herstellen kann, was er zu können beansprucht, in der Kunst wie im Leben. Aus Störungen des Bewerkstelligens schließen wir auf zunächst verborgene Begründungen. So kam FREUD zu seiner Theorie vom Seelischen, indem er auf Können und Doch-nicht-Können, auf Wollen und Doch-nicht-Wollen, auf „Freisein" und „Gezwungensein" achtete. Seine Patienten gerieten in die „paradoxe" Situation, daß sie banale und gemeine Dinge nicht bewerkstelligen konnten, weil ihr „Ich" im ganzen gespalten war. Also wäre Bewerkstelligen ein Anhaltspunkt für anderes, ein Symptom?

Dann brauchten wir aber auch gar nicht von Bewerkstelligen zu reden; es genügte von Ausführung oder Ausformung zu sprechen. Offenbar reicht das jedoch nicht aus. Denn wir verfehlen etwas, das sich in den beschriebenen Situationen zeigt; etwas, das wir mit „dieser" Situation hier, mit ihren materialen Gegebenheiten, ihrer Geschichtlichkeit und ihrem Zufall zusammenbringen müssen. Bewerkstelligen meint, daß man etwas anfangen kann mit diesem scheinbar banalen und gemeinen Zufall hier – das ist ein konstitutionelles Moment von Produktionsprozessen.

Bewerkstelligen ist kein Symptom. Es geht dabei um einen Grundzug der Konstruktion, durch die sich Wirklichkeit herausbildet: Bewerkstelligen bedeutet, das in dieser Situation Gegebene ergreifen und auch wieder aufgeben oder umbilden können – „diesem-da" seinen Sinn abgewinnen und ihm ohne Zwang folgen oder sich dagegen entscheiden können. Das sind oft ganz banale Prozeduren, aber sie können offenbar unser ganzes System erschüttern; das sind oft scheinbar kunstlose, „gemeine" Handlungen, ohne Schwierigkeit praktizierbar – und doch besitzen sie offenbar eine Macht, die unsere Verfassung von Wirklichkeit umstoßen kann.

Es erscheint komisch, was „Leidende" alles nicht können – Klinken anfassen, über die Straße gehen, auf permanentes Händewaschen verzichten –, und es überrascht, was sie alles mit großer Kunst anstellen, um diesem „Gemeinen" zu entgehen. Die Kunst hat sich hier in den Dienst von Verkehrungen und Täuschungen gestellt, während für Gegebenheiten keine Bewegungsmöglichkeit und keine „Liebe" übrig zu sein scheint. Mit Kunst wird anderswo und irgendwie bewegt, was sich zu entwickeln sucht – so etwas steckt in „Projektionen", „Umkehrungen", „Isolierungen"; denn aufhalten läßt sich die Entwicklungstendenz und ihre Selbstbewegung nicht.

Das wirkt wie ein paradoxer Triumph des Zufalls, des Banalen, des Geheimen, des Heute gegenüber der Kunst. Darin kommt das Paradoxe der Wirklichkeit zum Ausdruck, die zugleich als „seiend" und als „werdend" unsere Produktionsprozesse beansprucht. In Zufall und Gemeinem begegnet uns Wirklichkeit als „faß mich", „laß mich", „iß mich" – denn das könntest du; du solltest erst davon ablassen, wenn du dich dazu entscheiden kannst.

Das Bewerkstelligen und die entschiedene Gestalt, die wir entwickeln, fordern sich immer wieder heraus. Das läßt sich nicht umgehen; denn entschiedene Gestalten kommen nicht um banales Bewerkstelligen herum, Bewerkstelligen nicht um Auslese durch Entschiedenheit. Auch das ist nicht ein Gegensatz zwischen zwei „Reichen" der Wirklichkeit, sondern ein untrennbarer Übergang, dem wir mit Bezeichnungen wie „sinnlich-sittlich" naherücken können. Bewerkstelligen ist etwas „Sinnlich-Sittliches".

Psychologische Behandlung ist kunstanaloge Behandlung. Sie veranlaßt, Regeln künstlerischer Gestaltung in Situationen, die uns zum Handeln zwingen, zu befolgen – Kunst nachzumachen, kunstanaloge Gestaltungen zu riskieren. Also: Aushalten, daß etwas herauskommt, wenn wir uns auf die Logik seelischer Qualitäten, auf Rotation, auf Paradoxien einlassen; Aushalten, daß sich Sinn in Probieren und Verrücken herstellt, Sinn für eine Zeitlang, Sinn aus Gestaltung und Umgestaltung. Zugleich ist Behandlung ein Bewerkstelligen, das sich den Gegebenheiten hier und jetzt, Zufallendem und Banalem nicht entzieht, sogar daraus seine Entscheidungen entwickelt.

Kunstanalog ist der Versuch, den Kreis des Verkehrt-Haltens aufzubrechen und die Ausgangssituation von Verkehrungen wiederzubeleben. Kunstanalog ist der Versuch, eine Situation in Bewegung zu bringen, indem wir sie stauchen und dehnen, zuspitzen und entfremden – als handhaben wir ein Prisma. Kunstanalog ist der Umgang mit Leiden-Können, Methodisch-Werden, Ins-Bild-Rücken. Wie die Kunst uns mit Landschaften der Wirklichkeit umstellt, so können wir uns mit Bildern umstellen, die uns den Reichtum von Seelenlandschaften vor Augen führen. Das Bewerkstelligen stellt demgegenüber „sinnlich-sittliche" Aufgaben: etwas entschieden zu leben, ohne diese Landschaften zu leugnen – auf jeweils Gegebenes einzugehen und das mit entschiedenen Gestalten zu verbinden – zugunsten von Kunst nicht das Banale und Gemeine des Heute auszuklammern.

Paradoxien des Bewerkstelligens

Die Prozesse des Bewerkstelligens haben mit Werken zu tun, aber sie sind nicht das gleiche wie Ins-Werk-Setzen; darin liegt ein ähnliches Verhältnis vor wie zwischen Kunst und Bewerkstelligen bei der Behandlung. Bewerkstelligen ist ein paradoxer Übergang: „diese" Materie wird zu einer Struktur – Strukturen bewegen sich auf „diese" Gegebenheit zu – „diese" Bewegung und „dieser" Zufall werden in Entschiedenheit überführt – „dieses" Gemeine bindet uns, es wird in unseren Metamorphosen und in unserer Kunst wirksam, und umgekehrt – was wir sind, erfahren wir, indem wir uns auf Geschichte einlassen und sie zu „unserer" machen. Aus den Übergängen des Bewerkstelligens erwächst die entschiedene Gestalt, in deren Entwicklung wir mit dem Versalitätsproblem fertig zu werden suchen.

Anhand der Paradoxien des Bewerkstelligens läßt sich die Bewegung von entschiedenen Gestalten verfolgen. Dafür bietet auch das Verhältnis von Werk und Bewerkstelligen Anhaltspunkte. Das Bewerkstelligen bestätigt paradoxerweise das Leben unserer Werke, indem es unser Verfügen-Können bis zur Destruktion zuspitzt; erst dadurch stellen wir uns Werke als „unser Werk" gegenüber. Dadurch ermöglichen wir aber auch, daß unser Werk in Umbildungen weiterleben kann, die Zufall und Gemeinem nicht ausweichen müssen.

Es ist „neurotisch", daß man nie zu einem Ende kommen kann oder daß eine andere Gestaltung unmöglich erscheint. Daß umgestaltet werden könnte, hat etwas mit Frei-Sein zu tun: das ins Werk Gesetzte erscheint zugleich abgeschlossen und veränderlich. Die malenden Affen können nicht zurücktreten und zu einem Werk „fertig" sagen; der Routinier wie der Dilettant sehen keine Umgestaltungsmöglichkeit. Natürlich bedeutet das nicht, jede Veränderung sei automatisch eine Verbesserung.

Das Bewerkstelligen bringt uns Paradoxien künstlerischer Gestaltung nahe, denen wir auch im Alltag und bei psychologischer Behandlung folgen. Etwas erhält sich durch Anders-Werden-Können, die Hoffnung unendlicher Metamorphosen trägt unser Werk und wird zugleich im konkreten Werk zur „Abstraktion" gemacht. Das Bewerkstelligen bringt einen Tod, an dem sich zeigt, was Werke mit dem Leben machen können. Das Werk sucht die Dichte und die Unbegrenztheit psychästhetischer Entwicklungen mit der Härte des Bewerkstelligens und dem unbegreiflichen Glanz von Endlichem zu vermitteln. An Härte und Entschiedenheit brechen aber auch die Chancen neuer Werke auf.

Das Bewerkstelligen gibt dem Maß der Werke ein festes Ende. Es unterstreicht, daß Werke ein Ding unter anderen werden; sie vergegenwärtigen dadurch so etwas wie die Toleranzbreite des Reichtums der Wirklichkeit, aber auch eine unumgängliche Entschiedenheit. Werke-Bewerkstelligen: das beansprucht „Zeit und Raum" — es nötigt, einen Anfang zu machen und aufzuhören, es schafft Grenzen und verleibt sich Wirklichkeiten ein. Werke halten uns vor Augen, was es bedeutet, Konstruktionen zu durchleben und Entwicklungen in sich voranzutreiben — Bewerkstelligen sagt etwas über Können und Nicht-Können, über Anspruch und Regulierung, Aufgabe und Lösung dabei.

Die Behandlung will Patienten veranlassen, Situationen zu bewältigen, indem sie Kunst nachmachen und indem sie die Paradoxien von Werken und Bewerkstelligen aushalten. Dadurch gewinnt ihr Handeln festen Boden: es wird konkret, endlich, gegenständlich, es wird zu Ende gebracht, „praktiziert", ist nicht zu leugnen. Bewerkstelligen-Können setzt dem Prozeß der Behandlung ein Ende, der verkehrte Konstruktionen wieder und anders in Bewegung zu bringen suchte.

Auch hier findet sich in der Beziehung zu Kunstwerken ein entscheidender Sprung. Die Destruktion im entschiedenen Bewerkstelligen von Situationen ist härter, banaler, gemeiner als die zerstörerische Seite von Kunst. Das Kunstwerk ist entschieden „für sich", als endliche Gestalt und als Vorbild — nicht aber als Anweisung für unsere Situationen heute, die wir ständig zu Ende bringen müssen. Kunst „tröstet" uns als Formel für umfassende Metamorphosen — diese Situation hier muß der Patient selber lösen lernen; die Härte seines banalen Leben- und Sterben-Lassens hat ihren eigenen Glanz.

Wieder zeigt sich: Kunst ist mehr und weniger zugleich. Sie ist „wahrer" als aneinandergereihte Wirklichkeiten; sie ist mächtiger als Direktaktionen. Aber sie ist uns auch ferner als die banale, irdische Liebe, die wir aufbringen müssen, und sie ist schwächer als das gemeine Bejahen oder Verneinen in „dieser" Situation. Kunst schafft es, den Reichtum der Wirklichkeit in die unbegreifliche Endlichkeit eines Werkes zu bringen — aber noch tiefer und schmaler ist die Linie, die „gut" und „böse" in unserem Handeln voneinander trennt und die wir in jedem Augenblick verfehlen können (Lessing).

In diese Linie entschiedener Gestalten drängen sich die umfassenden Produktionen der Wirklichkeit. Der Traum gibt uns ein Bild der Vielfalt von Strukturierungsprozessen, die zur Entscheidung anstehen, die Paradoxien der Evangelien führen uns die befremdlichen Gesetze in solchen Entscheidungsprozessen vor Augen; die Propagandafilme, die den anderen zuschreiben, was man selber tut, lassen uns erkennen, welch „dünne" Grenzen unsere Geheimnisse halten. Dem steht die Leistung von Kunst nicht nach, auch nicht die Kunst der Behandlung. Das sind Künste, ein Bewerkstelligen zu konstellieren — den letzten, entscheidenden Schritt abnehmen, das kann auch die Kunst nicht.

Bildnachweis

Seite 7 S. Steinberg Lithographie zu Le Masque, Paris 1966

11 J. A. Ingres Ödipus, Stahlstich von Gaillard

12 Faksimile des Anthropologie-Manuskripts von I. Kant (Ba 24 ff); aus Kant Werke Bd. X Darmstadt 1968[2]

14 F. Goya La Romera de San Isidoro, Madrid; aus A. L. Mayer Francisco de Goya, München 1923

F. Goya Al Aquelarre, Madrid; aus A. L. Mayer a. a. O.

P. Cézanne Landschaft im Westen von Aix-en-Provence, Köln; aus T. Falk Sieben französische Gemälde, Köln 1965

15 Zeichnung einer Patientin (Fall S.); Foto N. Elz

19 W. Salber Schema des Aufbaus der Analyse

20 F. Goya El Destino, Madrid; aus A.L. Mayer a.a.O.

E. Manet Frühstück im Freien, Paris; aus G. Bataille Manet, New York 1955

21 A. Segal Drei Tassen, Privatbesitz

S. Freud Zeichnung Architektur der Hysterie; aus Anfänge der Psychoanalyse, London 1950

22 J. Kerner Kleksbild; aus Kleksographien, Suttgart 1857

Rembrandt Anbetung der Könige; aus W. v. Alten Rembrandt Zeichnungen, Berlin 1947

23 R. Huelsenbeck Dadaistische Gebete, Berlin 1920[2]

Einzeichnung in ein Buch über Raffael; Foto N. Elz

24 P. Klee Schwangerschaft und Entbindung; aus Das bildnerische Denken, Basel/Stuttgart 1971[3]

25 P. Klee Die Wassermühle a. a. O.

26 W. Staig Dreams of glory, New York 1953

G. Kellers Schreibunterlage 1855; aus P. Schaffner G. K. als Maler, Stuttgart 1923

27 E. Delacroix Freiheit das Volk führend, Paris; aus M. Laclotte Louvre, München 1970

29 J. Callot Capi Mala Gamba und Capi Bellauita, Kupferstich

J. I. van Ruisdael Blick auf Haarlem, Amsterdam; aus R. v. Luttervelt Dutch Museums, London 1960

H. Bosch Johannes auf Patmos (Rückseite); aus R. Oertel Gemäldegalerie Berlin, Berlin 1969

31 C. Permeke Jabbeke in 1940, Jabbeke; aus R. Avermaete Permeke, Brüssel 1958

„Hausvotiv"; aus N. Daly Llhuros, Köln 1974

32 G. Brus Körperanalyse; aus P. Weibel Wien, Frankfurt 1970

A. Rainer Rembrandt; aus Interfunktionen, H 6, 1971

33 J. Thurber Men, Women and Dogs, New York 1943

M. Sendak Es ist fein klein zu sein, Zürich 1968

Szenenfoto zu Viridiana von L. Bunuel; aus W. Salber Film und Sexualität, Bonn 1971[2]

35 S. Steinberg Fourteenth Street, Plakatentwurf für Ausstellung in Köln 1974

36 Anonym Vor der Sündflut, Kreidezeichnung

37 Michelangelo Studien zur Libyschen Sibylle; aus H. Leporini Die Künstlerzeichnung, Braunschweig 1955[2]

Leonardo Blühende Pflanzen, Federzeichnung; aus L. Goldscheider Leonardo da Vinci, London 1952

38 W. Salber Kruzifixtypen

39 Umkreis M. Guggenbichler Kruzifix, Holz, Privatbesitz

40 Rembrandt Blick vom Amsteldeich; aus W. v. Alten a. a. O.

Leonardo The Virgin and Child with S. Anne and S. John the Baptist; aus The National Gallery Catalogue, London 1973

Wandtafel in einem Psychologischen Institut; Foto N. Elz

Seite   43 J. S. Negges Aus mehreren Eines, Mezzotinto

S. Dali Les métamorphoses érotiques, Edita 1969

F. Rabelais zugeschrieben Gargamelle, Kupferstich

S. Dali a. a. O.

45 J. Tinguely Objekt und Zeichnungen; aus META, Paris 1964

47 W. Vostell Mania (Emigration); aus W. Salber Vostell Mania, Köln 1975

W. Vostell Mania (Tourismus); aus W. Salber a. a. O.

48 W. Vostell Einzeichnung zu F. Hals Malle Babbe

W. Vostell Einzeichnung zu P. P. Rubens Perseus befreit Andromeda

49 M. Liebermann Reiter und Reiterin am Strand; aus R. Andree Katalog der Gemälde des 19. Jh. im Wallraf-Richartz-Museum, Köln 1964

Schülerzeichnung zu M. Liebermann

51 H. Nitsch Aktion, aus P. Weibel a. a. O.

F. Goya Mitten in der Fastenzeit, Kreidezeichnung; aus W. Michel Das Teuflische und Groteske in der Kunst, München 1919

Hermaphrodit, Rom; Foto W. Salber

V. van Gogh Zeichnung; aus M. E. Tralbaut Vincent van Gogh, Amsterdam 1955

N. Maurin Erotische Karikatur, Lithographie

53 A. Menzel Fest am 25. August 1750; aus F. Kugler Geschichte Friedrich des Großen, Leipzig 1840

54 C. Mellan Ecco Homo, Kupferstich

A. Golowin Tänzer, Aquarell

55 Raffael Fliehende Männer, Federzeichnung; aus H. Leporini a. a. O.

F. Guardi Küste mit antiken Ruinen, Federzeichnung; aus H. Leporini a. a. O.

J. Bellini Zeichnung; aus A. Springer Hb. Kunstgeschichte, Leipzig 1898^2

P. Klee Das Auge des Eros; aus R. W. Eichler Die tätowierte Muse, Velbert und Kettwig 1965

56 Leonardo Zeichnung; aus L. Goldscheider a. a. O.

Lautrec Zeichnungen; aus D. Jacomet H. de Toulose Lautrec, Paris o. J.

57 C. Oldenburg Object into Monument, Pasadena 1971

K. Arnold Was ein Kunstmaler in den sechs letzten Jahren ausstellte; aus R. W. Eichler a. a. O.

58 P. Klee Blutkreislauf; aus P. Klee a. a. O.

59 Raffael St. Michael, Paris; aus A. Rosenberg Raffael, Stuttgart/Leipzig 1905

Raffael Allegorie, London; aus A. Rosenberg a. a. O.

Umschlag zu W. C. Seitz The Art of Assemblage, New York 1961

60 P. Picasso Bottle of suze; aus W. C. Seitz a. a. O.

61 G. Braque The Programm; aus W. C. Seitz a. a. O.

62 H. Bosch Garten der Lüste (Ausschnitt); aus C. Linfert Hieronymus Bosch, Köln 1970

H. Bosch Garten der Lüste (Ausschnitt); aus C. Linfert a. a. O.

63 F. Goya Ya tienen asiento, Radierung

Fürst der Welt, Nürnberg; aus W. Stammler Frau Welt, Freiburg/Schw. 1959

64 Kladderadatsch Die Berliner Siegessäule; aus F. Wendel Das Schellengeläut, Berlin 1927

Rembrandt Raub des Ganymed; aus W. v. Alten a. a. O.

66 S. Eisenstein Sturz der Zarenstatue (Oktober); aus A. W. Lunatscharsky Der Russische Revolutionfilm, Zürich 1929

67 E. Paetz Load stone; Foto N. Elz

H. Goltzius Gula (Ausschnitt), Kupferstich

Seite 68 V. van Gogh Zeichnung; aus M. E. Tralbaut a. a. O.

J. da Pontormo, Zeichnung; aus H. Leporini a. a. O.

Shunhei Geistererscheinung, Holzschnitt

70 W. Salber Kleidungstypen

71 A. Gaudi Kirche der Güell-Kolonie; Foto W. Salber

73 Ch. G. Winterschmidt Quodlibet, Kupferstich, Feder, Gouache und Aquarell, Privatbesitz

74 H. Bosch Die sieben Todsünden, Madrid; aus C. Linfert a. a. O.

75 H. Bosch Versuchung des Hl. Antonius, Madrid; aus C. Linfert a. a. O.

76 H. Bosch Garten der Lüste, Madrid; aus C. Linfert a. a. O.

77 Antes Kölner Dom, Offset-gestanzt, edition tangente 1968

Anonyme erotische Karikatur, Kupferstich

Umschlag zu Knaurs lachende Welt, Hg. W. Grabinger, München 1972

Anonym Der letzte Freund, Privatbesitz

79 P. Klee Mildtropische Landschaft; aus W. Haftmann Paul Klee, München 1950

H. Daumier Ecco Homo, Essen; aus C. Roy Daumier Genf 1971

81 A. Jank Das Universal-Compositionsschema Muster 97, Jugend III/8 1898

83 S. Steinberg Zeichnungen (Ausschnitte); aus W. Herzogenrath, G. Textor Saul Steinberg, Köln 1974

85 A. Schmidthammer Allerlei Merkwürdiges von der Münchner Internationalen Kunstausstellung 1897, Jugend II/43 1897

W. Turner Ulysses deriding Polyphemus, London; aus J. Gage Colour in Turner, London 1969

R. Magritte La philosophie dans le boudoir; aus P. Waldberg René Magritte, Brüssel 1965

86 K. Junker Modell für das Haus in Lemgo; Foto M. Bonney

87 Einzeichnung in Buch über Raffael, Foto N. Elz

V. van Gogh Zeichnung; aus M.E. Tralbaut a.a.O.

Punch-Karikatur auf zwei Bilder von W. Turner; aus F. Wendel a. a. O.

88 H. B. Baerenz Collage; aus Pardon, H. 11, 1974

G. Blum, B. Stepan, H. B. Baerenz Collagen; aus Pardon, H. 11, 1974

89 S. Dali Les métamorphoses érotiques a.a.O.

90 R. Magritte Les Fleurs du mal; aus P. Waldberg a. a. O.

92 G. Brus Körperanalyse; aus P. Weibel a. a. O.

J. Thurber Strategien der männlichen Annäherung; aus J. Thurber a. a. O.

93 B. Stirnberg Spiralbrunnen; Foto L. Salber

94 Szenenfoto aus Spiegelglanz im goldnen Auge; aus W. Salber a. a. O.

Szenenfoto aus Töte Django; aus W. Salber a. a. O.

98 H. Daumier Eltern mit Kind, Federzeichnung; aus H. Leporini a. a. O.

H. Janssen Sich schon als Schwiegermutter Wähnende unerhört Betende; aus H. Janssen Mißverständnisse, Hamburg 1973

99 Kruzifix aus Limoges (Ausschnitt); Foto L. Salber

Kore (Ausschnitt), Athen; Foto W. Salber

100 Mosaik Die Schöpfung (S. Marco), Venedig; Ardo-Postkarte

F. Goya Spiegelbild, Zeichnung; aus A. Malraux Goya, Köln 1957

W. Turner Light and Color (Goethes Theory), London; aus J. Gage a. a. O.

102 Anonyme Karikatur Promenade am Palais Royal, Kupferstich

R. Magritte L'invention collective; aus P. Waldberg a. a. O.

F. Kobell, Landschaft, Federzeichnung

Seite 103 Durchblick in Kuppel des Oktogon, Dom zu Aachen; Foto W. Delbrouck

Leonardo Apokalyptischer Sturm; aus L. Goldscheider a. a. O.

104 G. Grozs, Zeichnung; aus R. Huelsenbeck a. a. O.

105 A. d. Castagno Himmelfahrt Mariä; aus B. Berenson Italian Pictures of the Renaissance Bd. II, London 1963

P. Klee Du Starker —o—oh—oh—du!, Zeichnung; aus P. Klee a. a. O.

106 W. Vostell Einzeichnung zu P. P. Rubens Kind mit Vogel

F. Goya Kampfszene, Zeichnung; aus A. Malraux a.a.O.

107 H. Nitsch Aktion; aus P. Weibel a. a. O.

J. J. Sempé, Zeichnung; aus Carton Nr. 1, 1974

Rembrandt Nackte Frau; aus E. W. Bredt Sittliche oder unsittliche Kunst, München o. J.

108 Wols Deux tetes, Federzeichnung und Aquarell; aus E. u. S. Rathke Wols, Frankfurt 1965

109 Michelangelo Ringende Männer, Rötelzeichnung; aus H. Leporini a. a. O.

H. Daumier Ödipus, Lithographie

110 Cham Au Salon de 1878, Paris 1878

111 Cham Au Salon de 1878, Paris 1878

112 F. Goya Der Frosch (Drei Fassungen); aus A. Malraux a. a. O.

113 Einzeichnungen in kunstgeschichtlichen Büchern; Foto N. Elz

114 W. Blake Beatrice addressing Dante from the Car, Lav. Federzeichnung; aus M. Butlin William Blake, London 1972[3]

A. Gentileschi Susanna und die Alten; aus A. Mour The Italian Followers of Caravaggio, Cambridge Mass. 1967

P. Klee Grundverhältnisse und Myron Diskuswerfer; Foto N. Elz

E. Degas Danseuse au bouquet saluant; aus Réunion des Musées Nationaux Degas, Paris 1969

115 Rembrandt Der Engel verläßt Manoah; aus E. W. Bredt Rembrand-Bibel, München 1921

Gebilde-Einzeichnung zu Rembrandt (162)

116 ,,Fälschung" und ,,grobe Kopie" zu Manet

,,Grobe Kopie" und ,,Fälschung" zu Rembrandt

117 P. P. Rubens Höllensturz, Aachen; Foto L. Salber

118 G. Grosz Nackte, Zeichnung, Privatbesitz

V. van Gogh Ruhendes Paar, Paris; Foto W. Salber

G. Doré Zeichnung; aus P. Scher Das heilige Rußland, München 1917

119 W. Vostell Einzeichnung zu Cranach Jungbrunnen

120 K. Schwitters Nescafe, Collage; aus G. Rühm Kurt Schwitters, Wien 1976

Automat für Plaisir; Foto L. Salber

Trinkbrunnen in Paris; Foto L. Salber

122 P. Cézanne Versuchung des heiligen Antonius; aus J. Meier-Graefe Paul Cézanne, München 1923[5]

P. Cézanne Die Badenden; aus J. Meier-Graefe a. a. O.

123 Benard Anatomie, Kupferstich

Reiz-Reaktions-Prozesse; aus G.R. Lefrancois Psychologie des Lernens, Berlin, Heidelberg, New York 1976

135 R. Magritte Les jours gigantesques; aus P. Waldberg a. a. O.

R. Magritte Le viol; aus P. Waldberg a. a. O.

Für die Hilfe bei der Herstellung der Druckvorlagen danke ich Herrn N. Elz.

Literaturverzeichnis

Adler, A.:	Der nervöse Charakter, Wiesbaden 1912
Adorno, Th.W.:	Ästhetische Theorie, Frankfurt 1970
Baeumler, A.:	Kants Kritik der Urteilskraft, Halle 1923
Becker, O.:	Dasein und Dawesen, Pfullingen 1963
Bergson, H.:	Das Lachen, Jena 1921
Burke, K.:	A Grammar of Motives, New York 1945
Croce, B.:	Grundriß der Ästhetik, Leipzig 1913
Dilthey, W.:	Das Erlebnis und die Dichtung, Stuttgart 1957[13]
Eisenstein, S.:	Gesammelte Aufsätze I, Zürich o.J.
Fiedler, C.:	Schriften über Kunst, Leipzig 1896
Fischer, E.:	Von der Notwendigkeit der Kunst, Hamburg 1967
Fränger, W.:	Das Tausendjährige Reich, Coburg 1947
Freud, S.:	Gesammelte Werke, London 1942/52
Goethe, J.W.:	Schriften zur Morphologie I u. II, Stuttgart o.J.
—	Schriften zur Farbenlehre I u. II, Stuttgart o.J.
Heidegger, M.:	Der Ursprung des Kunstwerks, Stuttgart 1960
Herder, J.G.:	Zur Philosophie und Geschichte, Carlsruhe 1820
Herrmann, E.:	Naturgeschichte der Kleidung, Wien 1878
Heubach, F.W.:	Die Ästhetisierung, Köln 1974
Jolles, A.:	Einfache Formen, Halle 1956[2]
Jung, C.G.:	Wirklichkeiten der Seele, Zürich—Leipzig—Stuttgart 1934
Kant, I.:	Ästhetische und religionsphilosophische Schriften, Leipzig 1921
Klee, P.:	Das bildnerische Denken, Basel/Stuttgart 1971[3]
Kris, E.:	Psychoanalytic Explorations in Art, New York 1952
Lützeler, H.:	Kunsterfahrung und Kunstwissenschaft, Bd. I—III, Freiburg/München 1975
Malraux, A.:	Psychologie der Kunst, Hamburg 1957/58
Nietzsche, F.:	Werke I—III, Darmstadt 1973[7]
Poe, E.A.:	Vom Ursprung des Dichterischen, Köln 1947
Rothacker, E.:	Die Wirkung des Kunstwerks, Jb. Ästh. KW, Bd.1, 1954
Ruskin, J.:	Moderne Maler, Leipzig 1902
Salber, W.:	Morphologie des seelischen Geschehens, Ratingen 1965
—	Wirkungseinheiten, Ratingen 1969
—	Film und Sexualität, Bonn 1971[2]
—	Literaturpsychologie, Bonn 1972
—	Entwicklungen der Psychologie S. Freuds, I—III, Bonn 1973/74
Sander, F. / Volkelt, H.:	Ganzheitspsychologie, München 1962
Schelling, F.W.J.:	Über das Verhältnis der bildenden Künste zu der Natur, München 1807
Schiller, F.:	Werke, Bd. 11/12, Stuttgart 1867
Schleiermacher, F.:	Sämtliche Werke, III. Abt., Bd. 3, Berlin 1835
Schopenhauer, A.:	Die Welt als Wille und Vorstellung, Leipzig 1892
Silberer, H.:	Der Traum, Stuttgart 1919

Solger, K.W.F.:

—

Spitzer, L.:

Stekel, W.:

Weizsäcker, V. v.:

Wertheimer, M.:

Wölfflin, H.:

Erwin, Berlin 1815

Vorlesungen über Ästhetik, Leipzig 1829

Eine Methode Literatur zu interpretieren, München 1970[2]

Leben, Erleben und Dichten, Leipzig 1912

Der Gestaltkreis, Stuttgart 1950[4]

Drei Abhandlungen zur Gestalttheorie, Erlangen 1925

Kunstgeschichtliche Grundbegriffe, München 1948

Die Deutsche Bibliothek – CIP-Einheitsaufnahme

Salber, Wilhelm: Kunst - Psychologie - Behandlung /
W. Salber. - 3. Aufl. - Köln: König, 1999
(Werkausgabe / Wilhelm Salber; Bd. 7)

© 1999 Verlag der Buchhandlung
Walther König, Köln
Titelgestaltung: Wolf Vostell
Layout: W. Dalber, H. O. Hövelborn
Herstellung: Druckerei Fries, Köln

ISBN-3-88375-397-1

WERKAUSGABE WILHELM SALBER

Herausgeber: Armin Schulte

I. PSYCHOLOGISCHE MORPHOLOGIE

Band 1
Kunst der Charakterschilderung

Band 2
Der Psychische Gegenstand

Band 3
Morphologie des seelischen Geschehens

Band 4
Wirkungseinheiten

Band 5
Charakterentwicklung

Band 6
Literaturpsychologie

Band 7
Kunst – Psychologie – Behandlung, 1999

Band 8
Wirkungsanalyse des Films

Band 9
Konstruktion psychologischer Behandlung

Band 10
Psychologie in Bildern

Band 11
Der Alltag ist nicht grau

Band 12
Märchenanalyse, 1999

Band 13
Gestalt auf Reisen, 1998

Band 14
Seelenrevolution

Band 15
Traum und Tag, 1997

Ergänzungsband: Gesammelte Aufsätze
Registerband

BOUVIER VERLAG BONN

VERLAG DER BUCHHANDLUNG
WALTHER KÖNIG, KÖLN